大学生心理教育与人文素养

王芳芳 著

中国纺织出版社有限公司

内　容　提　要

教育改革和社会发展为大学生带来机遇和挑战的同时，也带来了较大的心理冲击，大学生心理健康逐渐被各高校重视，开设大学生心理健康教育是预防大学生心理问题的重要举措之一。本书内容共九章，在凝练了前人诸多研究成果的基础上，以在阐述心理健康教育理论的同时力求达到理论和实践相结合，其中第一至第四章介绍了适应、认知、网络心理、情绪、大学生人格心理等理论知识，第七、第八章着重结合人文、艺术素养、传统文化等知识点，提出实践和教育方法，也和国家提出的素质教育、坚定文化自信、加强美学美育教育贯穿一致。

图书在版编目（CIP）数据

大学生心理教育与人文素养 / 王芳芳著. -- 北京：中国纺织出版社有限公司，2024.6. -- ISBN 978-7-5229-1959-1

Ⅰ. G444; G640

中国国家版本馆CIP数据核字第2024U56K00号

责任编辑：刘桐妍　　责任校对：王蕙莹　　责任印制：储志伟

中国纺织出版社有限公司出版发行
地址：北京市朝阳区百子湾东里A407号楼　邮政编码：100124
销售电话：010—67004422　传真：010—87155801
http://www.c-textilep.com
中国纺织出版社天猫旗舰店
官方微博 http://weibo.com/2119887771
三河市宏盛印务有限公司印刷　各地新华书店经销
2024年6月第1版第1次印刷
开本：710×1000　1/16　印张：18.5
字数：270千字　定价：89.00元

目录

CONTENTS

第一章

心理健康与人文素养导论

第一节　心理健康的定义与重要性

在现代社会，随着生活节奏的加快和各种挑战的不断涌现，心理健康问题逐渐凸显出其重要性，并引起越来越多人的关注和重视。大学生作为社会的新生代和未来的中坚力量，正处于人生的重要阶段。他们面临着来自学业、职业发展、人际关系、自我认知等多方面的挑战和压力，这些都对他们的心理健康水平提出了更高的要求。

心理健康对大学生来说，不仅是他们学业成功的关键，更直接关系到他们的人际交往能力、情感调控能力，以及未来的人生规划和发展。在这个信息爆炸、社会快速变革的时代，大学生必须具备良好的心理素质和健康的心理状态，才能积极应对各种挑战、保持心态平衡，实现自身的全面发展和成长。

因此，深入探讨心理健康的定义和内涵，帮助大学生充分理解心理健康的重要性和必要性，就显得尤为重要。通过这样的探讨，我们希望能够为大学生提供有关心理健康的理论知识和实用方法，帮助他们更好地维护和提升心理健康水平。

我们期望，通过本节的学习和理解，大学生能够对自己的心理健康有更加清晰、准确的认识和评估，并能够运用所学知识，有效地应对生活中的种种压力和挑战。最终，我们期待每一位大学生都能够在大学生活中展现出更加健康、积极、向上的状态，为社会、为人类的发展贡献出自己的力量。

一、心理健康的定义与内涵

心理健康是一个综合且复杂的概念。从广义上讲，心理健康是指个体在心理、情感、社会适应等方面都表现出一种良好而稳定的状态。这种状态能够使个体有效地应对各种压力和挑战，保持内外环境的平衡，激发个人的潜能，获得幸福感。具体地说，心理健康的定义包含以下五个方面：

1.心理稳定性：情绪之锚与应对压力的能力

心理稳定性是心理健康的重要组成部分。心理健康的个体通常能够保持情绪的稳定，不易被外界的干扰所影响。他们具有应对压力和逆境的能力，能够有效应对生活中的挑战。这种稳定性使得他们能够在面对困难时保持冷静，迅速恢复内心的平衡，从而更好地应对各种情况。对他们来说，情绪的波动和外界的压力并不容易击垮他们稳健的内心。

2.积极的自我认知：接纳自我，追求更好的自我

积极的自我认知是心理健康的另一个关键特征。心理健康的人通常对自己有积极、准确的认知。这意味着他们能够清楚认识到自己的优点和缺点，并接纳自己。他们不仅珍惜自身的存在，也对自己的价值有清晰的认识。这种积极的自我认知推动着他们持续发展和改进自己，追求更好的自我。

3.良好的人际关系：和谐交往与健康边界的艺术

良好的人际关系也是心理健康的重要表现。心理健康的个体通常能够与他人建立良好的关系。他们擅长沟通，能够理解他人，与他人产生共鸣。在人际交往中，他们能够有效地处理冲突，保持亲密关系的稳定和健康。同时，他们也懂得如何设置个人边界，保护自己的权益和尊严，避免被他人利用或伤害。

4.适应能力与学习发展：灵活应对挑战，持续进步之道

适应能力和学习发展也是心理健康的标志之一。心理健康的人往往具备较强的适应能力，在面对环境的变化和其他挑战时，他们能够灵活应对，迅速适应新的情况。同时，他们拥有持续的学习动力，渴望不断学习和成长。这种学习和发展的态度推动他们不断进步，以实现个人的成长和进步。

5.生活满意度与幸福感：珍惜现在，拥抱未来

生活满意度和幸福感是心理健康的最终目标。心理健康的个体通常能够体验到生活的满足和幸福。他们对自己的生活持有积极的评价，无论生活如何起伏，他们都能找到快乐和满足的源泉。这种积极的生活态度和幸福感使得他们更加珍惜生活，享受每一个瞬间，并充满希望和期待地面对未来。

值得注意的是，心理健康的状态并不是一成不变的，而是持续变化的。实

际上，个体的心理健康状态是受到多种复杂因素的影响的。这其中，既包括基因、遗传等生物因素，也包括环境、文化背景等外部因素。

基因和遗传是我们无法选择的，它们在我们的心理健康方面起到了一定的作用。然而，这并不意味着我们无法改变或维护心理健康。环境因素同样起着重要的作用。一个支持性的环境，例如家庭、学校或社区，可以促进个体的心理健康水平得到发展。相反，不利的环境因素可能会导致心理健康问题。同时，我们的文化背景也影响着我们的心理健康。不同的文化对心理健康有不同的理解和作用方式。

因此，维护心理健康不仅需要偶尔的关注或努力，还需要个体在日常生活中的持续努力和关注。这可能需要我们养成良好的生活习惯，例如规律的作息、健康的饮食、适量的运动等。同时，也需要我们关注自己的心理状态，及时发现并处理可能出现的问题。

对大学生来说，大学阶段的心理健康尤为重要。大学生活带来了许多新的挑战和机会，如学业压力、人际关系、未来规划等。在这个阶段，了解心理健康的定义与内涵，就显得更为关键。这不仅能帮助大学生构建健康的心理状态，还能使他们更加有效地应对各种挑战。

二、心理健康的重要性

心理健康对每一个人而言都是至关重要的，它构成了个体健康与幸福的重要基石。大学生正处于人生关键阶段，心理健康的重要性不容忽视。在大学生涯中，学生们面临着来自学业、人际关系和未来职业规划等多方面的压力和挑战，这使得心理健康的作用显得尤为突出。

1.学业发展与成就

（1）专注与自律

心理健康的大学生更能持续集中精力学习。他们具备自律的能力，能够自主规划和管理学习时间，从而有效应对学业上的压力。这种自律和自主学习的能力，为他们在学业上取得优异成绩提供了有力支持。

（2）应对挫折

面对学业上的困难和挫折，心理健康的大学生更容易保持积极的心态。他们不会轻易放弃，而是坚信自己能够克服障碍，这种心态有助于他们在逆境中迅速恢复，并找到解决问题的方法。

2.人际关系与社交能力

（1）人际沟通

心理健康对大学生建立良好的人际关系起着至关重要的作用。一个心理健康的大学生往往具有较高的情商和较好的沟通技巧，能够有效地与他人进行沟通，减少人际冲突。这种良好的沟通能力有助于他们在大学中建立广泛而稳固的社交网络。

（2）情感支持

心理健康的大学生更懂得如何为他人提供情感支持。他们具备同理心，能够理解和分享他人的情感。同时，他们也更容易获得他人的情感支持，从而形成正向的人际循环，增强彼此间的情感纽带。

3.未来职业规划与人生目标

（1）目标设定

心理健康的大学生通常能够更明确、更实际地设定自己的职业规划和人生目标。他们对自己的能力和兴趣有清晰的认识，这使他们能够制订可行的计划，不迷茫、不彷徨地朝着目标迈进。

（2）应对变革

面对职业生涯中的变革和挑战，心理健康的人会展现出更高的适应性和韧性。他们能够有效地应对不确定性，灵活调整自己的计划和策略。这种心理弹性使他们能够在变革中抓住机遇，不轻易被困难挫败。

4.心理疾病预防与身心健康

（1）心理免疫力

心理健康的大学生具备较强的心理免疫力，这使他们能够更有效抵抗心理疾病的侵袭，如抑郁症、焦虑症等。他们懂得如何调节自己的情绪，保持内心的平衡和稳定。

（2）身心关联

心理健康与身体健康之间存在着紧密的关联。心理健康的大学生更容易保持良好的身体状态，因为他们的心理状态有助于提高免疫力，减少身体疾病的发生。这种身心之间的积极互动，构成了他们全面健康的重要基础。

三、如何理解和维护心理健康

1.如何理解心理健康

理解心理健康对我们每个人来说都是至关重要的。我们需要明确一点，心理健康并不是一种遥不可及、难以实现的理想状态，而是一种可以通过自我调整、积极寻求帮助和行为改变来实现和维持的稳定状态。它涉及个体情感的平衡、心理的稳定以及良好的社会适应性。为了更好地理解心理健康，我们需要从以下两个方面入手：

（1）接受自己的情绪

情绪是每个人生活中不可避免的一部分，每个人都有情绪起伏的时候。因此，接受自己的情绪是心理健康的第一步。这意味着我们不应该抑制、否认或者逃避自己的情绪，而是要学习如何正确地识别、表达和管理情绪。只有这样，我们才能更好地与自己的情绪和谐相处，并实现内心的平衡。

（2）理解心理弹性的重要性

心理弹性是指个体在面对压力、逆境或创伤时，能够迅速恢复和适应的能力。理解心理弹性的重要性可以帮助我们更好地应对生活中的种种挑战，保持身心的健康与和谐。心理弹性强的人，不仅能够在困境中迅速恢复，还能够从中学习和成长，变得更加坚强和成熟。因此，我们应该积极培养和提高自己的心理弹性，以更好地面对生活中的不确定性。

2.维护心理健康的方法

维护心理健康对于我们每个人来说都是非常重要的。下面列举的一些方法可以帮助我们维护心理健康。

（1）培养积极的生活习惯

良好的生活习惯对心理健康有着至关重要的影响。我们应该保持规律的作息时间，确保每天有足够的睡眠，并尽量避免熬夜。此外，均衡饮食也是关键，我们应该选择健康、营养均衡的食物，避免过度摄入咖啡因和糖分等刺激性物质。适度运动也有助于缓解压力，提升心理状态。定期参加适合自己的运动，如散步、慢跑、瑜伽等，可以释放身心压力，提高身体的健康水平。

（2）寻求社会支持

与家人、朋友保持良好的沟通是非常重要的。他们是我们生活中最亲近的人，可以给予我们情感上的支持和理解。与他们分享自己的感受和困惑，不仅可以减轻心理负担，还能获得他人的帮助和建议。建立稳定的人际网络，参加社交活动，加入兴趣团体等，可以拓宽社交圈子，增加与他人的交流机会，获得更多支持和帮助。

（3）放松与调节

为了缓解紧张情绪，保持内心平静，我们可以学习一些放松技巧。例如深呼吸、冥想、温热浴等，这些方法都可以帮助我们舒缓身心，减轻焦虑和压力。此外，我们还可以尝试放松的音乐、绘画、写作等活动，以调节情绪和放松心情。

（4）培养兴趣爱好

投入时间和精力培养自己的兴趣爱好对于心理健康非常有益。无论是音乐、绘画、读书、写作、旅行还是其他爱好，都可以丰富我们的生活，带来快乐和满足感。通过追求自己热爱的事物，我们可以激发积极的情感，增加生活的乐趣和幸福感。

（5）寻求专业帮助

当我们自我调整后仍无法解决问题时，要积极寻求专业的心理咨询帮助。心理咨询师是专业的心理健康工作者，他们可以提供更深入的指导和支持。他们能够帮助我们识别问题、厘清思绪，并提供有效的解决方案和应对策略。与心理咨询师合作，我们可以获得全面、个性化的心理健康关怀。记住，寻求专业帮助是一种智慧的选择，不是软弱的表现。

3.倡导心理健康的重要性和实践自我关怀

在当下快节奏的社会中，心理健康的重要性不容忽视。倡导心理健康，不仅是为了提高个人的生活质量，更是为了建设一个更加和谐、富有爱心的社会。在这个过程中，自我关怀被视为一个非常重要的环节。那么，如何实践自我关怀呢?

首先，我们需要明白，关爱自己并不仅仅要从外在因素着手，还要从内心层面出发。真正地关心自己，意味着要深入了解自己的内心世界，认识到每一种情感、每一种想法都是有价值的，都是值得被尊重和被珍惜的。

每个人的内心世界都是独一无二的，正如每个人都有自己的故事和经历。这些经历和故事塑造了我们的价值观、情感和行为方式。因此，我们应该时刻倾听自己内心的声音，真正地去理解自己的需求和期望，然后给予自己足够的关怀和爱护。

同时，我们也要清醒地认识到，心理健康问题并不是什么羞耻的事情。事实上，它是每个人都可能遇到的问题。当我们面对心理困扰时，不应该选择沉默或者自我否认，而是要勇敢地寻求帮助。与家人、朋友分享自己的困境和感受，不仅可以获得情感上的支持，还可以得到有价值的建议和帮助。

更进一步说，我们每个人都有责任和义务去向社会宣传心理健康的重要性。通过我们的努力，可以打破社会对心理健康问题的沉默和禁忌，让更多人意识到这个问题的严重性。当更多的人开始关注和理解心理健康问题，社会就会变得更加包容和开放。这样的环境不仅有助于个体心理健康的恢复和维护，更能够为社会的和谐稳定创造有利条件。

因此，倡导心理健康和实践自我关怀是相辅相成的。当我们真正做到关心自己、理解自己时，就能更加积极地参与到心理健康的宣传工作中，为自己和他人创造一个更加健康、温暖的环境。

四、结论

在经过对心理健康深入而详尽的讨论之后，我们更加明确地认识到心理健康在大学生活中不可或缺的重要性。不可否认，心理健康不仅与学生的学业成就息息相关，更会对其人际关系、未来发展以及整体幸福感产生深远而广泛的影响。

为了维护和提升心理健康水平，大学生可以采取一系列行之有效的策略和方法。首先，培养健康的生活习惯是至关重要的，这包括保持规律的作息时间、均衡饮食以及适度的运动，这些都有助于缓解压力并提升心理状态。其次，积极寻求社会支持和建立良好的人际关系也是必不可少的。与家人、朋友保持沟通，分享感受和困惑，能够获得情感上的支持和理解，从而建立更加稳固的人际网络。此外，增强自我认知和自我关怀的能力同样不可忽视。倾听自己内心的声音，理解自己的需求，给予自己足够的关怀和爱护，是实现心理健康的重要途径。

在面对心理困扰时，我们应保持积极的态度，勇于面对并及时寻求专业的心理咨询帮助。通过这样的行动，我们不仅能够解决自身的问题，还能为宣传心理健康的重要性做出贡献。我们通过打破沉默，勇敢谈论心理健康问题，能让更多人关注和理解这个问题，共同创造一个更加健康、温暖的环境。

展望未来，学校和社会在大学生心理健康方面的责任和作用不容忽视。应加大对大学生心理健康的关注和支持力度，提供必要的心理健康资源和帮助。通过制定相应的政策和措施，促进大学生心理健康的全面发展和提升。

同时，每个人也要将心理健康视为一个持续关注的领域。这意味着我们需要不断地学习、成长和自我调整，以实现内心与外在的平衡与和谐。在日常生活中，我们也应时刻警惕各种可能对心理健康造成不利影响的因素，并主动采取适当的措施来应对和化解这些压力。

总而言之，心理健康不仅是大学生全面发展的重要组成部分，更是他们追求幸福生活的坚实基石。因此，我们衷心希望每一位大学生都能够高度重视并积极维护自己的心理健康，以积极向上、乐观开朗的生活态度迎接未来生活中的种种挑战与机遇。通过这样的努力，我们可以共同为构建一个更加健康、美好的社会做出贡献。

第二节　人文素养的内涵与价值

在瞬息万变的现代社会里，人们越来越深切地体会到个体全面发展的重要性。这种全面发展不仅局限于专业领域的知识与技能的精进，更涉及个体的人格塑造、价值观念、社会责任感等多个层面的全面培养。其中，人文素养的培养尤为引人注目。

人文素养，往往被理解为对人类文化、历史、哲学、艺术等多个领域的深层理解与领悟能力，它是体现一个人精神风貌与文化底蕴的重要方面。对大学生而言，人文素养的培养具有不可估量的重要性。首先，人文素养对于个人成长起到至关重要的作用。通过深入接触和理解各种文化现象，大学生能够开阔自己的视野，丰富自己的内心世界，形成独立思考与判断的能力，从而更加从容地应对人生的各种挑战与机遇。

其次，人文素养对于社会的进步与发展起到积极的推动作用。大学生作为未来社会的中坚力量，他们的思想、行为以及价值观念将直接对社会的发展方向产生深远影响。那些具备较高人文素养的大学生，更能够在未来的职业生涯中发挥创新精神，关注社会福祉，推动社会文化的繁荣与进步。

因此，我们有必要深入探讨人文素养的内在涵义及其价值所在，这对大学生而言具有极其重要的现实意义。通过这样的探讨，我们期望能够帮助大学生更加全面深入地理解人文素养的重要性，并引起他们的重视，从而使其在个人成长与社会发展中发挥更大的作用。同时，要实现这一目标，需要教育机构、家庭、社会等各方面的共同努力与配合，为大学生提供丰富多彩的人文教育资源与实践机会。只有这样，他们才能真正在实践中感受到人文精神的深邃魅力，成为具备高尚人文素养的现代社会公民。这样的大学生不仅能够在个人层面上实现自我价值，更能在社会层面上为社会进步与发展贡献积极且深远的影响力。

一、人文素养的内涵

人文素养是一种综合品质，它涉及个体在人文领域所具备的各种知识、能力、情感和态度。具体来说，人文素养的内涵包括以下四个主要领域。

1.文学艺术素养

文学艺术素养，指的是个体在面对文学、艺术作品时所展现出的欣赏与理解能力，它体现了一个人对美的感知与追求。这种深厚的素养并非凭空而来，而是需要通过多种渠道和方式去悉心培养。例如，通过阅读经典名著，人们可以领略不同时代的文学风采，感受文字间的情感与意境；通过观赏优秀影视作品，人们可以体验视觉与听觉的盛宴，深入解读角色与情节背后的意义。

当个体具备了较高的文学艺术素养后，他的世界将更加丰富多彩。他不仅能够欣赏到美丽的文字和画面，更能够深入理解作品背后的深层含义，挖掘出那些隐藏于字里行间的真挚情感与人生哲理。这样一来，他的审美情趣得以培养，鉴赏能力和创作能力也随之提高。

更为重要的是，文学艺术素养的具备对于个体的精神世界有着极大的丰富作用。它能够激发人们的想象力和创造力，使个体在面对生活的种种挑战时，能够从多角度思考，迸发出更多的创意与想法。因此，我们应该注重培养自身的文学艺术素养，让我们的生活因此变得更加多彩与充实。

2.历史文化素养

历史文化素养，指的是个体对历史和文化遗产的认知、理解和尊重。它不仅仅是对过去的知识和事件的了解，更是一种对于民族传统、历史文化的深度理解和珍视。这种素养要求我们关注人类文明的发展进程，研究各种文化现象如何起源、如何发展，以及它们如何影响我们今日的生活。

具备深厚历史文化素养的人，不仅能够熟知各个历史时期的重要事件和人物，更能深入理解这些事件和人物对当今社会，乃至全人类文明的深远影响。他们能够透过历史的镜头，洞察各种文化现象的根源，从而能更加全面、客观地看待世界。

更为重要的是，具备历史文化素养的人往往拥有出色的跨文化交流能力。

他们能够理解并尊重不同的文化传统，欣赏各种文化的独特之美，这在全球化背景下尤为重要。这样的人，无论在国际商务交流中，还是在国际事务的协商中，都能够更好地融入国际社会，搭建起不同文化之间沟通的桥梁，促进各种文化的交流和理解。

因此，历史文化素养不仅是一种学术素养，更是一种生活素养，它有助于我们更好地理解世界，更全面地认识自我，更积极地参与国际交流，为构建和谐世界贡献力量。

3.哲学思辨素养

哲学思辨素养，指的是个体在思考和解决问题时能够运用哲学的思维方法，进行深入分析和解决问题的能力。这种素养在当今这个信息爆炸的时代尤为重要。哲学思辨素养不仅是一种思维能力，更是一种对待生活和世界的态度。

要培养哲学思辨素养，首先需要培养独立思考的习惯。这意味着在面对各种问题和现象时，不要盲目接受别人的观点，而要经过自己的思考和分析，形成独立的判断。其次，辩证思维也是哲学思辨素养的重要组成部分。辩证思维要求我们从多个角度去看待一个问题，既要看到问题的正面，也要看到问题的反面，从而得出更为全面和客观的结论。

此外，形成正确的世界观、人生观和价值观也是哲学思辨素养的重要内容。一个具备哲学思辨素养的人，能够理性地面对生活中的各种问题，对人生有明确的目标和追求，对世界有深刻的理解和认知。这样的人，无论在生活还是工作中，都能够从容应对，处变不惊。

最终，具备哲学思辨素养的人，他的思维品质会得到显著提高，面对复杂情境时也能够更加游刃有余。他不仅能够看到问题的表面现象，更能洞察问题的本质，从而提出富有洞察力和前瞻性的解决方案。因此，我们应该注重培养自己的哲学思辨素养，让我们的生活因此变得更加充实和有意义。

4.道德伦理素养

道德伦理素养，是指个体在社会生活中所应具备的道德品质和伦理观念。一个具备道德伦理素养的人，不仅个人的品德高尚，更对社会的和谐稳定作出积极贡献。

道德素养首先要求个体遵守社会公德，即在公共场合和社交行为中尊重他人、顾及他人感受，遵守公共秩序和规则。在日常生活中，时刻关注自己的行为是否影响到了他人，是否尊重了他人的权益。

此外，职业道德也是道德伦理素养的重要组成部分。在工作中，具备道德伦理素养的人会坚守职业道德，诚实守信、敬业奉献，以高度的责任感和使命感对待自己的工作。

同时，关爱他人也是道德伦理素养的重要体现。一个具备道德伦理素养的人，会关心他人的困难和需要，愿意伸出援手帮助他人，从而营造互相关爱、互相帮助的社会氛围。

在面临道德困境时，具备道德伦理素养的人能够作出正确的判断和选择。他们会根据道德原则和伦理观念，做出符合道德要求的行为。

总的来说，道德伦理素养有助于维护社会的和谐稳定。当越来越多的人具备这种素养时，社会的整体道德水平就会得到提升，人们的生活也会更加美好。因此，我们应该注重培养自己的道德伦理素养，通过自己的行为为社会的和谐稳定作出贡献。

二、人文素养的价值

人文素养对于大学生而言，具有无可估量的价值，它不仅对个体的全面发展有着重要的促进作用，而且对社会的进步和发展也具有不可忽视的影响。以下是人文素养在四个方面的价值体现。

1.促进个人全面发展

通过培养人文素养，大学生能够实现个人在德、智、体、美等各方面的全面发展，提升自身综合素质。人文素养的培养具有深远的影响，它不仅能丰富大学生的内心世界，还能促进其全面发展。

首先，提升文学艺术素养，能够培养大学生的审美情趣和创作能力。文学艺术是人类情感和思想的表达方式，通过欣赏优秀的文学作品，大学生能够增强对美的感受力，提升情感表达能力。同时，创作能力的培养有助于大学生将内心的情感与想法通过文字、艺术等形式展现出来，增强与他人的沟通能力。

其次，历史文化素养的培养有助于大学生树立正确的历史观和文化观，增强民族认同感和自信心。通过学习和了解民族传统、历史文化，大学生能够更加深刻地理解自己的文化根源，认同自己的民族文化。同时，了解人类文明的发展进程，有助于大学生树立全球视野，尊重其他文化，促进文化交流与理解。

这些素养的综合提升，能促使大学生形成健全的人格。人格的培养是一个复杂的过程，需要个体在道德、智慧、体魄、美感等各个方面进行努力。通过人文素养的培养，大学生能够在面对人生挑战时，以更加积极、健康的态度去应对，提升个人的精神境界。在这个过程中，大学生也能更好地实现个人价值，为社会的进步做出贡献。

2.增强社会适应能力

在现代社会中，变革与发展日新月异，永不停歇。为了适应这种快速变化的社会环境，大学生需要具备较高的人文素养。通过培养人文素养，大学生能够更好地理解社会现象，把握社会规律，从而积极应对社会变革和发展的需求。

具备较高人文素养的大学生往往具备较强的创新思维。他们能够从不同的角度审视问题，发现新的解决方法和可能性。这种创新思维使得他们在面对复杂多变的社会现象时，能够迅速适应并找到应对之策。

此外，人文素养也有助于提高大学生解决问题的能力。在现实生活中，许多问题往往涉及多个领域和层面，需要综合考虑各种因素。具备较高的人文素养的大学生由于视野更加开阔，思维方式更加灵活，因此能够更有效地解决这些问题。

在面对社会变革和发展的各种挑战时，具备较高人文素养的大学生能够保持积极的心态，从容应对。他们更容易融入社会，与人建立良好的关系，实现个人与社会的和谐发展。这种积极应对挑战的态度，使他们在社会中能够更好地发挥自己的潜力，在实现个人价值的同时，也为社会的进步和发展做出贡献。

3.推动社会进步

社会的进步是一个复杂而持续的过程，离不开每一个个体的努力与贡献。大学生作为社会的精英力量，他们的思想、行为和价值观对于社会的发展具有深远的影响。因此，他们的人文素养将直接影响社会的整体风貌和发展方向。

当大学生具备较高的人文素养时，他们更容易树立崇高的社会理想。这些理想不仅利于个人的追求和成功，更关乎社会的整体福祉和进步。具有较高人文素养的大学生会以文明、和谐的行为为准则，努力成为社会的楷模和榜样。在与他人的交往中，他们会传递正能量，发扬友善和尊重，促进社会的和谐与稳定。

更重要的是，大学生的人文素养将成为推动社会文化繁荣与进步的强大动力。文化是一个社会的灵魂，它承载着历史、传统和智慧。具备较高人文素养的大学生，能够深入了解和珍视自己民族的文化传统，同时积极吸收世界其他文化的精华。他们的创造力和创新精神将为社会文化带来新的活力和元素，推动文化的传承与发展。

因此，大学生的人文素养不仅关乎个人成长，更能培养他们对社会的责任和担当。通过不断提高自身的人文素养，大学生可以为社会的进步做出积极的贡献，成为一个时代的精神引领者。

4.促进国际交流与合作

在全球一体化不断深化的时代背景下，国际交流与合作变得日益频繁与重要。这种交流不仅局限于经济、科技等领域，更涉及文化、教育、社会等各个方面。在这一进程中，具备较高人文素养的大学生发挥着不可或缺的重要作用。

具备人文素养的大学生，更能够进行有效、深入的跨文化交流。他们理解文化差异，并尊重不同文化背景，能够减少文化摩擦，促进不同文化之间的理解与融合。他们的沟通与合作，不仅是基于利益交换，更是基于互相理解、互相尊重。

通过他们的努力，可以推动国际友好合作，加深不同国家、不同文化之间的友谊与理解。这种友好的国际交流与合作，不仅能够为个人的学习、工作、生活带来更多的机会与可能，更能够在国家层面产生积极的影响。

这种能力对于国家的外交事务有着重大的意义。在处理国际关系、解决国际争端时，国家需要拥有一支具备深厚人文素养的人才队伍，他们在与外国的交涉中更能够顾全大局，减少误解，增进互信，为国家的外交事务创造更有利的条件。

同时，他们也是塑造国家国际形象的重要力量。他们的言行举止，直接代表着国家的形象与精神风貌。具备人文素养的大学生，他们的开放、包容、智慧与大气，将为国家的国际形象增添更多的魅力与光彩。

三、如何培养人文素养

提升大学生的人文素养是一项系统工程，涉及学校、社会、家庭和学生个人等多个层面。有效提升大学生的人文素养，可以从以下四个具体方面着手。

1.改革课程体系

在当代大学生教育中，高校作为主阵地，对于大学生的全面发展负有重大责任。为了增强大学生的人文素养，高校在课程设计上必须进行有针对性的改革。

首先，要完善人文课程体系。这意味着高校需要审视现有的课程结构，确保学生能够在大学期间接触到丰富多样的人文知识。为了实现这一目标，高校可以增加文学、历史、哲学、艺术等人文类课程的数量和深度。例如，开设经典名著导读课程，引导学生深入阅读和理解中外经典著作，从而培养其对人类文化的深刻认识。

除此之外，课程设置还应注重跨学科性。在现今知识爆炸的时代，单一学科知识已经难以满足复杂问题的解决需求。因此，高校应鼓励学生跨学科选修课程，打破学科壁垒，拓宽知识面和视野。例如，可以结合文学与历史，开设“文学与历史中的中国文化”等课程，让学生从不同角度、不同学科层面来思考同一问题。

这样的课程体系改革，不仅能够为大学生提供更为丰富、多元的知识养分，还能够培养他们的跨学科思维，提高其综合人文素养。最终，这种改革将有助于大学生更好地理解和面对复杂多变的世界，为其未来的人生和职业道路铺设坚实的基石。

2.丰富实践活动

课堂学习固然重要，但仅有理论学习是远远不够的。要真正培养起大学生的人文素养，实践活动同样是一个非常重要的途径。因此，高校在这方面也应该给予足够的重视和支持。

具体来说，高校应积极鼓励学生参与各种与人文素养相关的实践性活动。比如，学生可以参加文学社、历史研究社、哲学探讨社等社团，通过与志同道合的同学一起探讨、交流，深化自己对人文领域的理解。同时，相关的实践活动也非常关键。这些活动可以让学生将所学理论知识付诸实践，真正体验到人文知识在实际生活中的应用。

不仅如此，高校还可以与博物馆、图书馆、艺术馆等社会文化机构建立起合作关系。这样，学生就有机会走出校园，参与到社会文化机构的各种活动中。例如，学生可以在这些机构中实习，或者提供志愿服务，这样他们就能更加直接地接触到社会文化的发展过程，感受社会文化跳动的脉搏。

通过这些方式，学生不仅能够锻炼自己的实际操作能力，更能够在实践中亲身感受到人文精神的无穷魅力，提升自己的人文素养水平。因此，高校应该充分认识到实践活动在培养人文素养方面的重要作用，积极为学生提供各种实践机会，促进他们的全面发展。

3.营造校园文化

校园文化作为大学生活的重要组成部分，对大学生的人文素养培养起着至关重要的作用。一个积极向上、充满人文气息的校园文化，能够在潜移默化中陶冶学生的情操，提升他们的人文素养。

为了营造这样一种良好的校园文化氛围，高校需要不断加强校园文化建设。具体来说，高校可以通过多种方式激发学生对人文领域的兴趣和热情。例如，定期举办人文讲座，邀请国内外知名学者、作家、艺术家等来校与学生进行面对面的交流；举办学术研讨会，鼓励学生积极参与，提交学术论文，与同行进行深入探讨。此外，艺术展览、读书活动、文化节等也可以丰富学生的文化生活，提升他们的人文素养。

除了举办各种活动，高校还应重视校园内的文化设施建设。图书馆是学生的第二课堂，丰富的藏书和安静的阅读环境有利于学生进行深入的学术研究；博物馆、艺术馆等文化设施则可以为学生提供实物资料，帮助他们更加直观地了解历史文化和艺术成果。这些设施不仅可以为学生提供良好的学习环境和资源，还能为他们的人文素养培养提供有力的支持。

综上所述，高校应该充分认识到校园文化在培养大学生人文素养方面的重要作用，不断加强校园文化建设，营造积极向上、充满人文气息的校园氛围。同时，积极提供和利用各种文化设施和资源，为大学生的人文素养培养创造有利条件。

4.自我学习提升

在大学阶段，学生作为学习的主体，对于自身人文素养的培养和提升负有不可推卸的责任。要实现这一目标，大学生需要自觉地在课余时间加强人文知识的学习。

具体而言，大学生可以选择在空闲时间里阅读经典名著、传世文献，以此来丰富自己的知识和思想。这些经典作品中蕴含了人类的智慧和思考，能够为学生提供深厚的文化底蕴。此外，观看优秀影视作品也是一种很好的学习方式。影视作品能够生动展现人类情感和社会现象，让学生在娱乐的同时获得启发。

除了阅读和观影，参观各类艺术展览也是拓宽视野的有效途径。艺术展览能够让学生接触到不同类型的艺术作品，感受艺术的魅力和力量。在参观过程中，学生可以观察、思考、品味，提升自己的审美能力和艺术素养。

在学习过程中，大学生还需要培养独立思考的能力和批判性思维。这意味着在面对各种信息和观点时，学生应该保持警惕，不盲目接受，而是要学会进行深入的思考和分析。通过独立思考和批判性思维，学生能够更加理性、全面地看待问题，提升自己的思维品质。

总之，通过自我学习和提升，大学生可以不断增强自己的人文素养。这种学习和提升不仅是为了获取知识，更是为了成为一个全面发展的人。在这个过程中，大学生将不断挖掘自己的潜力，实现个人的价值和社会的期望。

四、结论

经过详细且全面的分析与探讨，我们得以进一步明确一个观点：人文素养对于当代大学生来说，是一种不可或缺的品质。它如同一座坚实且稳固的基石，为大学生的全方位发展提供了扎实且可靠的基础。这一基石的稳固性，使得大学生能够在学术与人生的道路上稳步前行，不因短暂的风吹草动而摇动，而是在深入的理解与探索中，实现自我价值的提升与完善。

人文素养的内涵丰富而深远，它不仅涵盖了文学艺术素养，让大学生能够在文字的世界里畅游，感受语言的魅力，理解人类的情感与想象；还包含了历史文化素养，使大学生能够深入了解人类的过去与现在，理解文化的多样性与独特性，把握历史的发展脉络。同时，哲学思辨素养的培养，让大学生学会了独立思考，批判性地看待问题，从而在纷繁复杂的世界中保持清醒与理智。道德伦理素养的提升，更让大学生在追求个人价值的同时，不忘对社会的责任与付出，以高尚的道德品质赢得他人的尊重。

人文素养的丰富内涵使大学生在探索人类精神世界的过程中，能够更为全面、更加深入地理解和把握。这种理解和把握不仅是知识的积累，更是智慧的开启，是人生观、价值观的升华和提炼。所以，人文素养的重要性不容忽视，我们应该积极提升并深化对大学生人文素养的培养，让他们在探索世界的旅途中，更有深度、更有厚度。

更为重要的是，人文素养不仅深深地影响着大学生个体的成长和发展，同时也对社会整体的进步和发展起着重要的催化作用。在现今这个日新月异的社会中，那些具备较高人文素养的大学生更显得如鱼得水，他们拥有更加敏锐的洞察力，更加全面的视角，因此更有可能在未来的职业生涯中发挥出更大的作用。

这些具备高人文素养的大学生就如同社会的中流砥柱，将成为推动社会持续进步的中坚力量。他们的思考更深入，行动更有力量，他们的影响力也更为深远。他们不仅能够在自己的专业领域内做出杰出的贡献，更能跨越领域，以人文的关怀和理解来推动社会的和谐发展。

而他们的贡献并不仅仅局限于职业的领域，具备较高人文素养的大学生还将在社会的各个领域以其独特的智慧和行动，积极推动社会的和谐、进步和繁荣。他们的影响力不仅局限于现在，更将深远地影响未来。他们的人文素养将犹如一盏明灯，照亮他们的人生道路，同时也将照亮社会的进步之路。他们的每一次努力，每一次付出，都将为社会的发展注入新的活力，激发新的可能。因此，人文素养不仅塑造了个体，更会在无形中推动着社会的进步和发展。

因此，提升大学生的人文素养，不仅是一项具有重要意义的工作，还是一项迫切且必要的任务。为了实现这一重要目标，我们不仅需要大学生自身的积极投入和努力，更需要学校、社会以及家庭等各方的共同参与和全力支持。

学校作为大学生学习、生活的主要场所，在提升大学生人文素养方面承担着重要责任。学校可以通过推进课程体系的全面改革，增加人文类课程的数量和深度，确保学生在课堂学习中能够接触到丰富多样的人文知识。同时，学校还可以积极丰富实践活动，鼓励学生参与社会实践、志愿服务等活动，让他们在实践中感受人文精神的魅力，锻炼自己的实际操作能力。另外，营造良好的校园文化氛围也是学校的重要任务之一。学校可以通过举办人文讲座、学术研讨会、艺术展览等活动，激发学生对人文领域的兴趣和热情，营造一种积极向上、充满人文气息的校园氛围。

社会作为大学生成长的外部环境，也应当承担起培养大学生人文素养的责任。社会可以通过各种渠道和平台，如博物馆、图书馆、艺术机构、历史文化遗址等，为大学生提供更为丰富的学习资源和实践机会。这些机构和平台可以帮助大学生拓宽视野，了解历史文化和艺术成果，激发他们的创造力和创新精神。同时，社会各界还应当重视人文素养的社会价值，倡导并践行人文关怀，为大学生提供良好的社会氛围和榜样。

总之，提升大学生的人文素养需要全社会的共同努力和支持。学校应积极推进课程体系改革、丰富实践活动、营造良好的校园文化氛围；社会应重视人文素养培养，提供丰富的学习资源和实践机会。只有这样，我们才能共同创造出更加有利于大学生人文素养提升的环境和条件，让他们成为具备深厚人文素养的未来社会的中坚力量。

第三节　心理健康与人文素养的关系

在现代社会，心理健康与人文素养已经成为人们越来越关注的两个重要概念。尽管这两个概念在初看时似乎各自独立，但实际上它们之间存在着深厚且紧密的联系。理解这种联系对正在接受高等教育的大学生来说尤为重要，因为他们正处于身心发展和世界观形成的关键时期。

心理健康，指的是个体在心理上保持的一种稳定、健康的状态。在快节奏、高压力的社会环境中，人们越来越意识到心理健康的重要性。对大学生而言，他们面临着学业压力、生活压力、就业压力等多重挑战，维护心理健康能够帮助他们更好地应对这些挑战，保持积极向上的心态，并在遇到困难时更有韧性和拥有更好的应对策略。

而人文素养，通常指的是个体在人文领域所具备的知识、能力和品质。提升人文素养有助于大学生开阔视野，丰富精神世界，形成全面而均衡的人格。它使大学生能够在更广阔的背景下理解自己和他人，从而更好地与社会和谐共处，为未来的生活和职业发展做好更全面的准备。

因此，深入探讨心理健康与人文素养之间的关系，对大学生来说具有不可估量的意义。这种探讨不仅能够帮助大学生更好地维护心理健康、提升人文素养，更重要的是能够促进他们的全面发展，为他们在未来社会生活中发挥更大的作用奠定坚实的基础。

在接下来的讨论中，我们将详细探讨心理健康与人文素养的内在联系与相互影响，希望通过对这两个概念的深入分析，为大学生的人文教育与心理健康教育提供一些新的启示与借鉴。通过这样的探讨，我们期望能够帮助大学生更好地认识自己，发掘潜力，推动个人和社会的和谐发展。

一、心理健康对人文素养的影响

心理健康对人文素养的培养和发展具有重要的影响。以下是具体的两个方面。

1.情绪调控与人文素养

情绪调控作为一种心理健康的体现，其实是一种内在的力量，它让人们能够在风浪中稳住阵脚，面对生活中的喜怒哀乐，保持平和与冷静。这种平和与冷静不是冷漠，而是一种对生活的热爱与珍惜。正因为热爱，所以不会轻易被情绪左右，而能够用理智去调控自己的情绪。

这种理智与情感之间的平衡，正是人文素养中的文学艺术素养所追求的。文学艺术，无论是小说、诗歌、音乐还是绘画，都在表达着人类最为真实、深沉的情感与思考。这些作品中蕴含的情感与思考，需要一个平静而敏感的内心去体验、去感知。

因此，当我们说情绪调控能力影响到文学艺术素养的培养时，我们不只是说它能够让我们更冷静地去欣赏作品，更是说它能够让我们更深入地体验到作品中的情感与思考。而这种体验，这种深入，正是文学艺术素养的核心。当我们能够深入体验作品时，我们的人文素养也在不知不觉中得到了提升，我们的内心世界也变得更加丰富与多彩。

综上所述，情绪调控与人文素养，特别是文学艺术素养，是相辅相成的。它们共同构建了一个人的内心世界，使其更加丰富、更加深邃。而培养这种情绪调控能力与人文素养，不仅是为了个人的心理健康与成长，更是为了能够更好地理解世界、理解生活，真正地体验到人生的美好与价值。

2.自我认知与人文素养

自我认知对于心理健康的个体来说是一项至关重要的能力。这种能力使他们能够准确地描绘自己的内心世界，清晰地认知自己的优点、不足和潜力。他们不满足于表面的自我了解，而是深入探索自己的心灵深处，基于这种深入的认知，他们更有力量去进行自我完善，更有方向去追寻真正的自我。

而这种深入的自我认知能力，正是人文素养中哲学思辨素养的基石。哲学思辨素养注重对人生、世界和价值观的深入思考和分析，而这所有的一切都建立在对自我有深刻认知的基础之上。一个心理健康的人，在面对人生、世界的种种疑问时，能够站在一个更为全面、深入的角度去思考，形成自己独立的见解和判断。

这种独立的思考和判断能力，使他们在面对各种问题和挑战时，能够辩证地看待，不盲目跟风，具备批判性思维。他们懂得自主思考的重要性，不会轻易被外界的声音左右，而能坚定地听从内心的声音，走自己的路。

这些素养的提升，不仅能帮助他们形成正确的世界观、人生观和价值观，更能为他们的全面发展奠定坚实的基础。因为一个真正了解自己，能够深入思考的人，他的人生方向是明确的，他的步伐是坚定的，他的内心是充满力量的。这样的个体的每一次进步，每一次成长，都是全面的、深入的，都是真正的自我发展。

二、人文素养对心理健康的促进

1.社交能力与心理健康

人文素养中的社交能力对于个体的心理健康有着不可忽视的促进作用。通过培养良好的社交能力，个体能够更好地与他人建立良好的人际关系。在与他人交往中，他们能够更有效地与人沟通、倾听和理解对方，从而避免或减少误解和冲突的发生。

这种良好的人际关系不仅能够增强个体的社会适应能力，还能减轻他们在社交场合中的焦虑和压力感。当个体面临社交挑战时，他们能够更加自信、从容地应对，不再过于担心自己的表现和他人的评价。

因此，这种良好的社交能力是维护心理健康的重要因素之一。它能够帮助个体在人际互动中保持平衡和积极的心态，减少心理问题的发生。同时，通过与他人建立良好的关系，个体还能够获得更多的支持和帮助，进一步提升自己的心理健康水平。

2.历史文化认知与心理健康

通过深入培养历史文化素养，个体不仅能够拓宽对过去的认知，更能够对人类文明的进程和多样性产生更为全面的理解。这种深入了解使个体得以更为客观地审视历史，从而树立正确的历史观和文化观。当个体能够理解并尊重各种文化的差异和独特性时，他们的心态也会更为包容和开放。

这种对历史和文化的正确认知，对于个体的心理健康有着积极的促进作用。首先，它有助于个体在心理上形成稳定和积极的态度。面对生活中的种种挑战和变迁，拥有深厚历史文化素养的个体更容易保持冷静和乐观，因为他们懂得在历史的长河中，变迁是常态，而稳定的心态是应对变迁的最好武器。

更为重要的是，这种认知还能够增强个体对自身的认同感和自尊心。当个体深知自己身处的文化和历史背景时，他们更能够为自己的文化、传统和成就感到自豪。这种自豪感会转化为内在的力量，提升他们的自信心，使他们在面对生活中的种种困难时，能够有足够的勇气去面对和克服。

因此，我们可以看出，培养历史文化素养不仅有助于个体树立正确的历史观和文化观，更能够在深层次上提升他们的心理健康水平。

3.艺术创作与心理健康

培养文学艺术素养在维护心理健康方面发挥着重要的作用。培养文学艺术素养，能够激发个体丰富的创造力和表达能力。艺术创作会成为他们情感表达的出口，让他们为内心深处的情感找到独特且富有意义的表达方式。

艺术创作不仅是一种表达方式，更是一种情感的宣泄和压力的释放途径。在创作过程中，个体可以将积压在内心的情感、焦虑和压力通过艺术作品呈现出来。这种宣泄和释放有助于减轻个体的心理负担，维护其心理平衡。

同时，艺术创作过程本身也具有疗愈和舒缓的效果。在艺术创作的过程中，个体能够暂时忘却烦恼和压力，沉浸于创作的过程，体验创作的乐趣和成就感。这种沉浸式的体验有助于平复情绪、舒缓压力，进一步促进心理健康的维护。

因此，培养文学艺术素养可以激发个体的创造力和表达能力，艺术创作也因此成了维护心理健康的有效途径。它不仅有助于情感的宣泄和压力的释放，还能够提供愉悦的体验，维护个体的心理平衡和健康。

三、融合心理健康与人文素养的综合教育

在现代教育中，越来越多的教育者和学者认识到了心理健康和人文素养对大学生全面发展的重要性。为了促进大学生的全面发展，心理健康教育和人文素养教育不能再作为两个独立的部分存在，而应该相互融合、相互渗透，共同构成大学生教育的重要内容。

实现心理健康与人文素养的融合教育，可以从以下三个方面进行规划和实践。

1.课程整合

课程整合是实现心理健康与人文素养融合教育的关键环节。为了使学生全面发展，我们需要对现有的课程结构进行有意识的整合与调整。这意味着，我们不能仅将两个学科的内容简单相加，而要从课程设计的角度出发，有意识地寻找心理健康与人文素养之间的连接点与交叉点。

在人文课程中，我们可以深入挖掘文学作品、历史事件、哲学思考中的心理健康元素。比如，在文学作品中，人物的心理变化、情感起伏都可以作为探讨心理健康的切入点；在历史课程中，我们可以引导学生思考历史事件对人们心理健康的影响，以及如何从历史经验中汲取心理健康的智慧；在哲学课程中，我们可以引导学生反思自我、探索生命意义，从而培养他们的心理健康素养。

同时，心理健康课程也需要引入人文素养的内容。这不仅可以增加课程的趣味性，还可以帮助学生从更广阔的角度理解心理健康。例如，在心理健康课程中，我们可以引导学生通过艺术创作、音乐欣赏等方式表达自己的情感，这既能舒缓压力，也有助于培养他们的审美情趣；我们还可以通过批判性思维的训练，帮助学生学会独立思考，从而更好地维护自己的心理健康。

因此，课程整合是实现心理健康与人文素养融合教育的有效途径。通过这种整合，我们不仅可以让学生在学习过程中获得更丰富的知识和体验，还可以帮助他们更好地理解自己、关爱自己，从而实现全面发展。

2.实践活动

实践活动在教育过程中占有举足轻重的地位。对于心理健康与人文素养的融合教育而言，实践活动是巩固理论知识、提升实际能力，并将所学应用于生活中的关键环节。

学校作为教育的主阵地，应当积极策划并组织学生参与各种实践活动。例如，可以定期组织心理健康周，通过讲座、工作坊、心理咨询等形式，让学生深入了解心理健康的重要性，并学习相关的自我调节技巧；文化艺术节则是展示学生人文素养、锻炼其审美和表达能力的绝佳平台，学生可以通过参与各种文艺比赛、演出、展览等活动，感受艺术的魅力，提升个人的文化素养。

此外，学校还可以鼓励学生参与社会服务活动。这类活动不仅能让学生走出校园，深入社区，了解社会的多元性，还能培养他们的社会责任感和公民意识。在服务过程中，学生需要与各种人打交道，这无形中锻炼了他们的团队协作能力、社交能力以及解决实际问题的能力。

这些实践活动，一方面能让学生在行动中深刻体验到心理健康与人文素养的重要性，另一方面也能帮助他们实现知行合一，将所学理论真正转化为内在的素养和能力。因此，学校应当充分重视实践活动的组织和开展，为学生提供多样化的实践机会，促进他们的全面发展。

3.心理咨询与辅导

心理咨询与辅导在现代教育中扮演着越来越重要的角色。为了全面保障学生的心理健康，学校应当重视并加强心理咨询与辅导工作。

要实现这一目标，学校可以首先建立完善的心理咨询与辅导体系。例如，设立专门的心理咨询中心，配备训练有素、经验丰富的专业心理咨询师。这些咨询师不仅能为学生提供心理健康的评估，更能为他们提供个性化、有针对性的心理健康支持和建议。

除了传统的心理咨询内容，在心理咨询的过程中还可以创造性地融入人文素养的培养。例如，在心理咨询环节中，咨询师可以不仅限于解决学生的即时问题，而是更长远地引导学生思考人生意义、价值追求等更深层次的哲学问题。通过此种方式，心理咨询不仅有助于学生心理健康的维护，还将成为提升学生哲学思辨素养的重要途径。

此外，辅导员在这一过程中也发挥着不可替代的作用。辅导员在日常工作中更加贴近学生，他们可以通过组织各种团体活动，让学生在轻松愉快的氛围中自然地思考和探讨上述问题。这种团体活动的方式既能缓解学生的心理压力，也有助于他们在互动中提升自己的人文素养。

因此，通过完善心理咨询与辅导体系，并在其中巧妙融入人文素养的培养，学校不仅可以有效保障学生的心理健康，还能更全面地促进他们的个人成长和发展。

总之，融合心理健康与人文素养的综合教育，有助于使大学生全面、均衡地发展。这种教育模式不仅能够提高大学生的心理素质和人文素养，还能为他们未来的人生发展奠定坚实的基础。

四、结论

经过深入分析与探讨，我们得出了明确的结论。心理健康与人文素养之间的关系是紧密而复杂的，它们之间不仅相互影响，更能相互促进。当一个人的心理健康水平得到提升时，其在人文素养方面的表现也会更上一层楼，进而增强个体的创造力、审美情趣以及社交能力。这些能力的提升会为其在社会中更好地交往、生活、工作打下坚实的基础。

反过来，强化人文素养的培养对于心理健康的维护同样具有积极的作用。通过良好的人际关系交往，个体能够形成稳定、健康的心理状态；通过艺术创作和欣赏，个体能够抒发情感，调节情绪，达到心理健康的平衡状态。

因此，对正处于学习黄金时期和发展关键阶段的大学生而言，综合培养他们的心理健康和人文素养显得尤为重要。这不仅有助于他们在学业上取得更为出色的成绩，对其未来的生活和职业发展也具有深远的影响，能够帮助他们成为一个身心健康、全面发展的个体。

为了达到这一培养目标，学校和家庭的作用不可忽视。学校作为教育的主体，应当为学生提供更加完善的教育和培养环境，例如整合课程、开设实践活动并提供心理咨询与辅导支持等。而家庭则是学生成长的温暖港湾，家长们在日常生活中应当关心孩子的心理健康，鼓励他们积极参与各种艺术和文化活动，助力他们培养起丰富的人文素养。

只有学校和家庭形成合力，共同努力，才能为大学生的全面发展创造更加有利的条件和环境。让我们为了这一共同的目标携手共进，以培养身心健康、人文素养兼备的大学生，使他们能为构建一个更加和谐、进步的社会贡献自己的力量。

第二章

大学生的心理健康

第一节　心理健康基本理论

一、心理健康的定义与内涵

心理健康是一个深入且多方面的概念，它深入个体的心理、情感、行为等多个层面。从广泛的角度来看，心理健康反映的是个体在心理层面的健康状况，以及个体在社会环境中的良好适应能力。详细地说，心理健康代表了个体在心理、情感和行为等方面维持的一种正常、稳定、积极的状态。这种状态能助力个体更好地融入社会生活，当面对各种压力和挑战时能够有效应对，不易产生心理障碍或疾病。

心理健康的意义不仅局限于消除心理问题或疾病，更核心的是推动个体的全方位发展和挖掘个人潜能。一个心理健康的个体，应具备自我认知、情绪调控、社交能力，还应具备面对挫折和压力的能力，以及保持乐观积极的心态等。这些能力和素质，对于大学生的成长和发展尤为重要，因为他们正处在一个身心迅速变化、面临多重压力的阶段，这些能力和素质的培养有助于他们更好地应对挑战，促进个人发展。

同时，心理健康也是人类健康不可忽视的组成部分。拥有心理健康的个体更易于建立积极、健康的人际关系，能更好地适应社会的变迁和发展，进而在学习、工作和生活中取得更加出色的成绩和表现。因此，对于大学生而言，关注和维护自身的心理健康，不仅能为个人成长和发展提供助力，也能对社会的进步和发展产生积极的影响。心理健康的维护和提升，有助于构建更和谐的社会环境，促进整体人类社会的发展和进步。

综上所述，心理健康是一个综合性的、多层次的概念，它涉及多个层面和维度，包括个体的心理、情感、行为以及与社会环境的互动关系等。对大学生来说，他们正处于人生的关键阶段，关注和维护心理健康，无疑是促进他们全面发展和激发人生潜能的重要基础。所以，我们应当充分认识心理健康的重要性，积极参与相关活动和培训，不断维护和提升自身的心理健康。

二、心理健康的基本标准

心理健康对每个人都至关重要，尤其是对处于学习、成长关键期的大学生而言更是如此。心理健康的标准不仅是指没有心理疾病或问题，更包括一系列的积极心理特质和能力。以下是心理健康的一些基本标准。

1.正常的智力水平

智力正常被公认为是心理健康的首要标准。拥有正常的智力水平，意味着个体具备了进行正常思维、学习、判断和解决问题的能力。这为确保个体在学习、工作、社交等各个生活领域能够有正常的表现和发展奠定了坚实的基础。

对大学生而言，正常的智力水平尤为重要。在大学阶段，学生需要承担更为复杂和高级的学习任务，如独立思考、学术研究、创新项目等。这些任务的完成，无疑需要他们具备较高的智力水平和认知能力。同时，正常的智力水平也是大学生参与各种社会活动、担任学生组织职务、进行社会实践的基础。

更为重要的是，正常的智力水平为大学生的未来发展铺设了道路。在毕业后，大学生将步入社会，承担起各种职业角色和社会责任。在这一过程中，他们需要运用所学的知识和技能，解决现实生活中的问题，为社会的发展做出贡献。这一切，都离不开他们正常的智力水平和在大学期间所积累的知识与经验。

总而言之，正常的智力水平不仅是个体心理健康的重要标志，更是大学生在学习、生活和未来发展中不可或缺的基础。只有具备了正常的智力水平，大学生才能更好地应对各种挑战，实现个人的价值，为社会做出积极的贡献。

2.稳定的情绪状态

心理健康的个体一般都能够维持情绪的稳定，这表现为他们不容易被外界环境过度干扰或影响。在日常生活的各种情境中，无论是面对喜悦还是悲伤，成功还是失败，他们都能够保持相对平稳的情绪，不轻易出现情绪上的剧烈波动。这也意味着他们有能力在喜怒哀乐中维持一个平衡的态度，不会轻易陷入某种情绪的极端。

这种稳定的情绪状态，为他们的生活和工作都带来了诸多益处。首先，稳定的情绪有助于他们更为理性、冷静地应对生活中的各种问题和挑战。在遭遇困难或变化时，他们能够较为平稳地处理，不容易因情绪的剧烈波动而做出冲动的决策或行动。其次，稳定的情绪状态也有助于他们与他人保持良好的人际关系。因为情绪的平稳，他们更能够与他人和谐相处，不易因情绪的失控而对他人造成伤害或误解。

总的来说，保持稳定的情绪状态是心理健康的重要标志之一。这种稳定性不仅能够帮助个体更为理智、从容地应对生活中的各种挑战和变化，同时也是个体维护良好人际关系，进行正常社会交往的基础。因此，对于每个人而言，学会调控自己的情绪，维持情绪的稳定，是维护心理健康的重要方面。

3.良好的人际关系

心理健康的个体通常都具备与他人建立和维护良好关系的能力。他们不仅能在与人沟通时表现得自如、流畅，更为难得的是，他们真正懂得如何去理解他人的感受和看法，并且能够给予他人足够的尊重。

在大学生活中，良好的人际关系显得尤为重要。在大学中，大学生需要面对更为复杂和多元的人际交往场景。例如，他们需要与同学、老师、宿舍管理员、校内外各类组织等多方进行交往。心理健康的大学生能够在这其中游刃有余，迅速与他人建立起互信互助的关系。

更为重要的是，良好的人际关系还能为大学生带来许多实质性的帮助和支持。通过与他人建立良好的关系，大学生能够更为便捷地获取各种资源和信息，如学习资料、考试技巧、实习机会等。同时，他们也更容易找到志同道合的伙伴，共同参与到各种校园活动和社会实践中，从而丰富自己的大学生活。

此外，良好的人际关系还能为大学生提供情感上的支持和慰藉。大学生在大学生活中难免会遇到各种挫折和困惑，如学业压力、感情问题、职业规划等。而有了良好的人际关系，大学生就能够找到倾诉的对象，获得鼓励和建议，从而更好地渡过这些难关。

综上所述，良好的人际关系不仅是心理健康的重要标志，也是大学生顺利度过大学时光的有力保障。通过与他人建立良好的人际关系，大学生能够获得更多的资源和支持，更为充实、快乐地度过自己的大学生活。

4.健康的自我认知

心理健康的个体通常都具备清晰且客观的自我认知能力。这意味着他们能够较为准确地认识自己，理解自己的内心世界，包括自己的情感、动机、需求等方面。他们不仅了解自己的优点和长处，也对自己的缺点和不足有着清醒的认识。

这种健康的自我认知使得他们在面对生活中的种种困难和挑战时，能够保持自信和坚定。他们知道自己的能力和潜力，对自己的未来有着合理的期望和规划。因此，在面对问题时，他们能够迅速找到问题的症结，并有针对性地去解决。

同时，健康的自我认知还能够帮助他们更好地接受自己，包括自己的不足和缺陷。他们能理解每个人都有自己的局限和不足，这是人之常情。因此，他们不会过分苛责自己，而能以一种平和、接纳的态度面对自己的不足。更为重要的是，他们会积极寻求改进和提升的途径，努力完善自己，实现个人的成长和进步。

总的来说，健康的自我认知是心理健康的重要组成部分。它不仅能够帮助个体更为准确、全面地认识自己，了解自己的优点和不足，还能够为自己提供方向和动力，让自己在面对生活中的种种挑战时，能够有信心、有决心地去应对和解决。同时，健康的自我认知也是个体实现自我接纳、追求个人成长和进步的基础。

5.有效地应对压力

大学是一个充满挑战与压力的阶段，学生们会面临来自学业、人际关系、未来规划等多方面的压力。对于心理健康的大学生来说，他们应当具备一套行之有效的应对策略，以应对这些压力。

首先，心理健康的大学生在面对压力时能够保持冷静和理智。他们不会被压力压垮，而能够冷静分析压力的来源和本质，进而制订出相应的应对计划。

他们善于调整自己的心态，不易陷入过度焦虑或恐慌的情绪中。

其次，他们会采取积极的方法来缓解压力和解决问题。他们知道如何应对学业压力，如制订合理的学习计划、寻求老师和同学的帮助、利用学校资源等。在面对人际压力时，他们会主动沟通、理解他人、寻求妥协和解决方案。当面对未来规划的压力时，他们会做调研、寻求建议、制定目标、规划行动步骤等。

最重要的是，心理健康的大学生能够保持心理的平衡和健康。他们懂得调整自己的心态，注重压力的释放和排解。他们会通过运动、娱乐、冥想等方式来缓解压力，保持心理的健康状态。同时，他们也能积极寻求心理支持和帮助，如与亲朋好友交流、咨询心理辅导师等。

综上所述，有效地应对压力是心理健康的大学生的重要特征之一。他们能够以积极、冷静的态度面对压力，采取适当的策略和方法来解决问题，从而保持心理的平衡和健康。这种应对压力的能力不仅有助于他们在大学阶段的顺利发展，也为他们未来的人生道路奠定了坚实的基础。

三、心理健康的影响因素

心理健康是一个复杂的现象，不仅受到内部因素的影响，还与外部环境和社会互动密切相关。

1.生物遗传因素

近年来，随着遗传学研究的不断深入，我们逐渐认识到生物遗传因素在心理健康问题上的重要性。事实上，某些心理问题，如抑郁症、焦虑症等，可能与个体的遗传基因有着密切的关系。科学研究发现，某些特定基因变异或组合可能会增加个体患上这些心理疾病的风险。

值得注意的是，尽管遗传因素在心理问题的发生中起到一定作用，但它并不意味着命运是注定的，不可改变的。事实上，遗传因素只是心理健康问题发生的一个方面，环境因素以及个体的生活方式同样起着重要的作用。

营造良好的生活环境，采取健康的生活方式，能减少或抵消遗传因素对心理健康的不良影响。例如，一个充满爱与支持的家庭环境，或者积极的生活态度和健康的生活习惯，都有助于个体增强心理韧性，减少心理问题的发生。

因此，在面对心理健康问题时，我们不应过分强调遗传因素的作用，而是要从多角度思考和理解。生物遗传因素只是其中一个方面，我们还需关注环境因素、生活方式等多个方面，以便更好地预防和应对心理健康问题。

2.环境因素

（1）家庭环境

家庭被誉为人类成长的摇篮，既是个体与外部世界初次接触的地方，也是最重要的课堂。在这个课堂里，孩子不仅能学到知识，更能在生活的每一个细微瞬间中塑造着自己的性格与认知。

家庭氛围是一种难以言表的力量。它可以是温馨和谐的，充满了爱与关怀；也可以是冷漠、争吵不断的。不同的氛围，会对孩子的心理发展产生深远的影响。在和谐的家庭环境中长大的孩子，往往性格开朗，积极向上；而那些长期在家庭冲突与冷漠中成长的孩子，可能会变得内向、消极，甚至产生心理障碍。

父母的教养方式也是一个关键因素。有的父母倾向于严厉管教，希望子女严格按照自己的意愿行事；而有的父母则更加宽容，愿意给予孩子更多的自由与选择。不同的教养方式，会在孩子的心中留下深刻的烙印，影响他们对人与事的看法和态度。严厉的教养方式可能会让孩子变得顺从但缺乏自信，而宽容的方式则有助于培养孩子的自主性和创新思维。

再者，家庭的经济条件也会对孩子心理健康产生影响。虽然金钱不能决定一切，但拥有一个稳定的经济状况可以为家庭提供更好的生活和教育条件。相反，经济困难可能导致家庭氛围紧张，增加孩子的心理压力。

综上所述，家庭环境对孩子的心理健康有着无可替代的重要性。一个温馨、和谐的家庭环境，如同温暖的阳光，不仅能照亮孩子的成长道路，更有助于他们形成积极、健康的心理状态，为他们的未来奠定坚实的基础。

（2）学校环境

对众多大学生来说，学校已不仅仅是一个学习的场所，更像是他们生活中的第二个家。在这里，他们度过了人生中最宝贵、最灿烂的青春时光，结识了五湖四海的朋友，接触了前所未有的广阔知识世界。

学校的整体氛围，对学生的心态有着微妙而深远的影响。有的学校注重严谨的学术态度，强调纪律与规范，这样的环境会让学生更加注重细节，形成严谨务实的学术态度。而有的学校则更崇尚自由开放，鼓励学生自主创新，这样的氛围有助于培养学生的创意思维和自主能力。

在学校里，师生关系也是一个不可忽视的因素。如果师生关系纯粹只是知识的传授与接收，那么学生可能会对学校生活产生一种冷漠、疏离的感觉。如果师生间能够融入更多的情感交流，如关心、鼓励、建议等，那么学生会更感受到学校的温暖，形成更加积极、乐观的人生观。

同时，同学间的交往方式也会对学生的心理健康产生重大影响。无论是竞争还是合作，都会让学生在与人交往中不断磨炼自己，学会如何处理复杂的人际关系。在竞争中，学生可以培养出不服输的精神和强烈的进取心；在合作中，学生可以学会团结、互助，体会到团队的力量。

综上所述，学校环境对大学生的心理健康有着重大的影响。学校的整体氛围、师生关系、同学间的交往方式等，都会直接或间接地影响学生的心态、情感、认知等。因此，营造一个健康、和谐、积极向上的学校环境，对促进大学生心理健康发展具有重要的意义。

（3）社会环境

当我们离开学校的庇护，真正踏入社会的大门，一个更加复杂、多元的世界在我们的眼前展开。我们突然发现，社会的文化、价值观和经济状况，这些曾经看似遥远和宏大的命题，实际上与我们的心理健康有着千丝万缕的联系。

社会的竞争压力无处不在，它既是推动我们前进的动力，也可能成为我们焦虑不安的源头。面对竞争，有的人感到压力倍增，开始怀疑自己的能力和价值；而另一些人，却能在竞争中看到机遇，激发自己的斗志和潜能。这两种不同的反应，除了个人性格的差异外，也与社会的整体环境和氛围密切相关。

社会对某些行为的认同或排斥，也会对我们的自我认同和社交选择产生深远影响。如果我们身处的环境鼓励创新、包容多元，那么我们更容易形成健康、积极的自我认同，更愿意尝试新事物，更能接纳不同的观点和文化。相反，如果社会环境对创新和多元性持否定或排斥态度，那么我们可能会变得保守、封闭，甚至产生自卑和抵触情绪。

此外，社会的经济状况也会对个体的心理健康产生重要影响。经济繁荣时期，人们更容易感到乐观和满足；而经济衰退时，失业率上升，生活水平下降，这些都可能导致人们产生焦虑、不安和失落感。

因此，我们不能忽视社会环境对个体心理健康的影响。一个健康、积极的社会环境，能够孕育出心理健康、积极向上的个体；而一个充满压力、排斥和贫困的社会环境，则可能导致心理问题频发。为了我们的心理健康，我们应该努力营造一个鼓励创新、包容多元、公平竞争、关爱互助的社会环境。

3.心理社会因素

（1）心理状态

个体的心理状态是一个复杂而多维的概念，涵盖了诸多方面，并且这些方面都直接或间接地影响着个体的心理健康。自尊心是其中一个重要的方面，它是个体对自身价值和能力的主观评价。一个拥有健康自尊心的人通常能够对自己的价值有正确的认知，并且不易受到外界的贬低和打击，他们更能够珍惜自己，并在面对挫折时保持坚韧不拔的勇气。

自信心也是一个关键的心理状态。它是个体对自己能否完成任务、达到目标的信任程度。自信心充足的人通常更勇于接受挑战，他们相信自己的能力，并且面对困难时不易放弃。这种心理状态有助于培养个体积极的态度，并且有助于提高他们的心理韧性。

抗压能力同样是一个不可或缺的心理状态。它衡量的是个体在面对压力和挑战时能否保持冷静、理智，并且有效应对的能力。抗压能力强的人通常更能够在逆境中保持冷静，他们具备寻找解决问题的方法的能力，并且能够避免自己陷入过度的焦虑或恐慌中。这种心理状态有助于个体在应对生活中的种种压力和挑战时保持心理平衡。

综上所述，这些心理状态都在不同程度上影响着个体的心理健康。一个乐观、积极的人通常更容易保持心理健康，因为他们能够积极面对生活的种种挑战，不轻易放弃，并且能够看到自己的成长和进步。因此，我们应该注重培养和维护良好的心理状态，通过积极的心态和行动来促进个体的心理健康发展。

（2）社会互动

人与人之间的交往、互动，对个体的心理健康来说，是一个不可忽视的关键因素。人类是社会性动物，我们无法脱离社会群体而独自生活，与他人的交往是我们日常生活中不可或缺的一部分。

在与人交往中，我们不仅能够学到很多知识和技能，还能够学会如何表达情感、如何与他人建立良好的关系。这种积极、健康的社会互动，对我们的成长和心理健康都有着非常重要的影响。它能够帮助我们形成良好的人际关系，提高我们的社会适应能力，使我们更加擅长与人相处，更加能够应对各种社交场合。

当我们面对复杂的社会环境、人际关系时，良好的社会互动能力能够帮助我们迅速适应、融入，减少因为不适应环境而产生的心理压力。这对于维护心理健康有着非常正面的作用。然而，如果我们的社会互动是负面的，比如经常遇到人际冲突、被孤立等状况时，那么这种负面的社会互动就可能导致我们的心理压力增大，进而影响心理健康。

因此，我们应该积极地参与健康的社会互动，努力建立良好的人际关系，并不断提高自己的社会适应能力。我们可以多参加一些社交活动，多与他人交流，学习如何与人沟通、如何处理人际关系。这样，我们就能够在与人交往时更加自信、从容，进而促进我们心理健康的发展。同时，我们也要学会避免和减少负面的社会互动，保护好自己的心理健康。

心理健康是一个复杂而多维的概念，它受到多种因素的影响。这些影响因素相互交织、相互作用，共同塑造了个体的心理健康状态。为了维护和提高心理健康的水平，我们需要从多个方面入手，全方位地保护和促进心理健康。

四、大学生心理健康的重要性

大学生正处于人生中的黄金时期，大学阶段既充满了机遇，也充满了挑战。学业上的高深知识追求、人际关系的纷繁复杂、未来职业的不确定性等，都使大学生面临着前所未有的心理压力。因此，大学生心理健康的重要性不言而喻。

1.学习效果

心理健康对大学生的学习效果具有直接且深远的影响。一个心理健康的学生通常能够更有效地集中精力，保持对学习的持久兴趣和热情，这将有助于提高他们的学习效率。这种学生在面对学习挑战时，更有可能积极寻求解决方案，展现出更好的学习适应能力和应对压力的能力。

相反，心理问题可能会对学习产生负面影响。心理健康问题可能会导致大学生学习分心，无法有效集中注意力，这将不可避免地影响他们的学习效果。成绩下滑可能会成为一个显性的问题，甚至可能严重到影响学业的顺利完成。此外，心理健康问题还可能影响学生的学习动力和自信心，进一步削弱他们的学习效果和学业成就。

因此，为了优化大学生的学习效果，我们必须重视并关注他们的心理健康。需要采取适当的措施来维护和促进大学生的心理健康，提供必要的心理支持和辅导服务，以确保大学生能够以最佳的心理状态投入学习，从而取得理想的学习效果和学业成就。

2.人际关系

大学不仅是求知的殿堂，更是人际关系网络建立的关键阶段。在这一时期，大学生开始独立地与来自不同背景的同龄人交往，为他们未来的人生铺设社交基础。

心理健康的大学生在这一阶段具有显著的优势。他们更容易与他人建立起深厚、稳定的关系。拥有这种能力不仅是因为他们拥有更加健康的心态和个性，更是因为他们能够更好地理解他人，与人沟通，以及处理人际矛盾。这样的学生更有可能在大学中形成稳定的社交圈子，这些关系不仅为他们的大学生活增添了色彩，更为他们未来的人生发展提供了宝贵的资源。

深入思考，这种人际关系的建立对于大学生未来的人生发展具有不可估量的价值。在未来的职业生涯中，这些大学时期建立的人脉可能成为合作伙伴、业务联系人或者生活中的朋友。更为重要的是，这些关系为大学生提供了一个更广阔的视野，使他们能够了解到不同的文化、思想和观念，从而为自己的人生做出更加明智的决策。

因此，大学时期的心理健康不仅会影响大学生在校的生活质量，更深远地影响着他们未来的人生轨迹。我们应该充分认识到心理健康在人际关系建立中的重要性，并为大学生提供必要的支持和指导，帮助他们在这一时期建立起有益且持久的人际关系。

3.未来职业发展

大学阶段的学习和经历对个体的未来职业发展具有至关重要的作用。这个阶段不仅是知识技能的储备期，也是个人性格、价值观、职业兴趣形成的关键时期。心理健康的大学生在这个阶段通常表现得更为出色。他们拥有更强的自信心和决心，能够清晰明确地规划自己的职业路径，并积极地去追求自己的职业梦想。

心理健康会对大学生的职业规划和发展起到推动和促进的作用。心理健康的大学生通常具备更好地应对压力和挑战的能力，能够积极面对职业发展中遇到的各种困难和挫折。他们善于调整自己的心态，保持乐观积极的态度，从而更容易在激烈的职场竞争中脱颖而出。

然而，心理问题和困扰可能会成为个人职业规划和发展的绊脚石。这些问题可能导致个体缺乏自信，犹豫不决，无法明确自己的职业方向和目标。更严重的是，心理问题可能会影响到个体的日常工作和生活表现，造成其工作效率下降，职业发展受阻。

因此，为了保障大学生的未来职业发展，关注和维护他们的心理健康显得尤为重要。大学教育除了要注重专业知识的传授，也需要加强学生的心理健康教育，帮助学生建立健全的心理素质，以更好地应对未来职业发展的各种挑战。

4.整体生活质量

心理健康对每一个人的整体生活质量都有着深远的影响，尤其是对大学生而言。在大学生活中，大学生们面临着学术、社交、就业等多方面的压力，因此心理健康的重要性不容忽视。

心理健康的大学生更容易感受到生活的幸福和满足。他们通常拥有积极的心态，能够欣赏生活中的美好事物，珍惜自己所拥有的幸福生活。无论是在学业上取得好成绩，还是在社交活动中结识新朋友，他们都能从中获得满足感和快乐。

此外，心理健康的大学生更能够积极面对生活中的各种挑战。他们具备解决问题的能力和应对压力的策略，不会轻易被困难击倒。即使面对挫折和失败，他们也能从中汲取经验教训，以更坚强的心态重新开始。这种积极的生活态度使他们在面对生活中的种种困难时，都能保持较高的生活质量和幸福感。

因此，心理健康对大学生的整体生活质量具有直接而重要的影响。为了提升大学生的生活质量，我们应该关注他们的心理健康状况，提供必要的心理支持和辅导，帮助他们建立积极健康的心态，以更好地面对生活中的各种挑战，享受美好的大学生活。

鉴于心理健康的上述重要性，重视和维护大学生心理健康不仅是学生自身的责任，也是高等教育机构和社会的重要任务。大学应该提供心理咨询服务，开设相关课程，帮助大学生了解和维护自己的心理健康。同时，家庭和社会也应该为大学生创造一个宽松、支持的环境，让他们在面临挑战时能够有足够的资源和支持。只有这样，我们才能确保大学生在人生最重要的阶段健康、快乐地成长。

五、维护大学生心理健康的途径

有效地维护大学生的心理健康，需要从多个方面入手，以下是更详细的途径。

1.建立健全心理健康教育体系

（1）深入进行心理健康教育课程的研究

为了更好地满足大学生的实际需求并贴合他们的心理发展特点，我们需要对心理健康教育的课程内容进行持续而深入的研究。这种研究不应是表面的，而应当深入挖掘大学生的内心世界，理解他们的困惑与需求。我们必须考虑大学生的年龄层次、心理成熟度以及他们常面临的心理问题，以确保教育内容能准确命中他们的痛点，为他们提供实实在在的帮助。同时，课程内容的实用性和操作性也是研究的重点，我们追求的不能仅是理论上的完备，更要让这些理论能在实际中被学生运用，真正起到指导他们生活的作用。

（2）将心理健康教育纳入学校的常规课程体系

让每一位大学生在校期间都能接受系统、全面的心理健康教育，这不仅是学生的需求，也是学校的责任。为了实现这一目标，将心理健康教育纳入学校的常规课程体系显得尤为重要。这样做不仅可以确保每一位学生都能接触到心理健康教育的内容，还能通过日常的教学活动，提高学生对其重视程度。同时，心理健康教育的融合也能让其他课程变得更加丰富多彩。学生在学习专业知识的过程中，也能自觉地应用心理健康的知识，提高自我调节能力，更好地面对学习、生活中的各种挑战。

（3）培训专任教师

教师在心理健康教育中扮演着举足轻重的角色。为了确保心理健康教育的质量，学校必须专门培训一批教师，使他们具备足够的心理健康知识和教学技能。这些教师不仅是知识的传播者，更应该是学生心理健康的守护者。他们应该定期接受进修和培训，不断更新自己的知识和技能，确保始终与最新的研究成果保持同步。同时，学校也应该创建一个教师之间交流和教学研究的平台，鼓励他们分享彼此的教学经验和心得，共同为提高学生的心理健康水平而努力。只有这样，我们才能确保学生在学校中接受到最好的心理健康教育。

2.提供心理咨询服务

心理健康问题在大学生中不容忽视，为了给学生提供一个安全、专业的心理服务环境，以下措施显得至关重要：

（1）设立专门的心理咨询中心

为了确保心理咨询服务的专业性和保密性，学校应当设立专门的心理咨询中心。这样的中心不仅为学生提供了一个私密的空间，还能够确保他们的个人信息和咨询内容得到严格保密。

专门的咨询中心还可以确保服务的连续性，使学生能够在需要时得到及时的帮助和支持。

（2）引进和培养专业的心理咨询师团队

提供高质量的咨询服务，核心在于有一支专业、有经验的心理咨询师团队。学校应当引进具有丰富经验和专业背景的咨询师，同时，对校内的咨询师进行持续的培训和提高，确保他们为学生提供最好的服务。

专业的心理咨询师团队还能够为学生设计个性化的咨询方案，以确保每位学生的问题都能得到妥善解决。

（3）定期推出心理咨询日或心理咨询周

鼓励学生主动寻求帮助是解决心理健康问题的第一步。学校可以定期举办心理咨询日或心理咨询周活动，让更多的学生了解心理咨询的重要性，减少他们对心理咨询的抵触心理。

在这些活动期间，学校可以为学生提供免费的初步咨询，以及相关的心理健康宣传资料，增进学生对心理健康的认识和重视。

3.开展心理健康教育活动

为了增进大学生对心理健康的认识和重视，开展多样化、有趣的心理健康教育活动是至关重要的。以下是几个方面的扩展：

（1）定期举办心理健康宣传周

宣传周是一个集中宣传心理健康的好时机。可以通过制作内容丰富、设计吸引人的宣传展板来展示心理健康的重要性和维护方法。

此外，为了更广泛地传播信息，可以制作简洁明了的手册，供学生随手翻阅，从而帮助学生快速了解心理健康的基本知识。

还可以利用现代技术，如短视频等，以生动有趣的内容吸引学生的注意，使他们在轻松的氛围中获取心理健康的相关知识。

（2）邀请心理健康领域的专家进行讲座

专家讲座能够为学生带来更权威、更深入的心理健康知识。专家们可以分享他们在实践中的经验和故事，使学生更真实地感受到心理健康的重要性。

讲座还可以设有互动环节，让学生提问、分享，进一步增进对心理健康的理解和认识。

（3）组织心理影片赏析、心理健康主题沙龙等活动

通过组织心理影片赏析，学生可以在放松的状态下，从影片中的情节和角色中体悟心理健康的内涵和意义。

心理健康主题沙龙则为学生提供了一个互相交流、分享的平台。在这里，学生可以围绕某个心理健康主题展开讨论，分享自己的经历和看法，从中得到更多的启示和帮助。

这些活动的综合开展，不仅能够增强大学生的心理健康意识，还能为他们提供多种学习和感悟的途径，促进他们的全面发展。

4.营造良好的学习环境

为了提高学生的心理健康水平，营造一个良好的学习环境是至关重要的。以下是一些建议：

（1）优化课程设置，减少不必要的学业压力

学校应该对课程设置进行合理的优化，避免过多的学业压力堆积在学生身上。应通过合理安排课程数量和难度，使学生能够有序地学习，减少焦虑和压力。

此外，学校可以鼓励学生参与课程设计的反馈机制，及时了解学生的学习需求和意见，对课程进行调整和改进。

（2）完善图书馆、自习室等学习场所，为学生提供舒适的学习空间

学校应该加强对图书馆、自习室等学习场所的建设和管理，为学生提供良好的学习环境。这包括提供宽敞、明亮、安静的学习空间，以及舒适的座椅、充足的照明和适宜的温度。

此外，学校还可以提供多元化的学习资源，如丰富的图书藏书、电子数据库等，从而满足学生的学习需求，促进他们的学习和成长。

（3）鼓励和支持学生成立各种兴趣社团，丰富学生的课余生活

学校应该积极鼓励和支持学生成立各种兴趣社团，使学生能够在课余时间发展自己的兴趣爱好和特长。这有助于培养学生的综合素质，提升他们的心理健康水平。

同时，学校可以为兴趣社团提供必要的场地和资源支持，鼓励社团组织丰富多彩的活动，让学生在参与社团活动中放松心情、结交朋友，促进身心的健康发展。

综上所述，营造良好的学习环境对于提高大学生的心理健康水平具有重要

的意义。学校应该关注学生的需求，提供舒适的学习空间和丰富的课余生活，促进学生的全面发展和健康成长。

5.增强个人心理素质

在现代社会，个人心理素质的高低对个体的健康和发展越来越重要。为了增强大学生的心理素质，可以采取以下措施：

（1）开设心理素质训练课程

学校可以开设专门的心理素质训练课程，如情绪管理、压力应对等，从而帮助学生了解和掌握心理调适的技巧和方法。通过这些课程，学生可以学会如何正确面对挑战和压力。

这些课程还可以结合实践训练，如情境模拟、角色扮演等，让学生在模拟的情境中学习和运用心理素质技能，更好地应对现实生活中的问题。

（2）定期开展团队建设活动

团队建设活动是提高学生团队协作能力和人际交往技巧的有效途径。学校可以定期组织各类团队建设活动，如团队合作游戏、沟通技巧培训等，让学生在活动中感受到团队的力量和合作的重要性。

通过团队建设活动，学生可以学会倾听与表达、信任与尊重他人，进而在日常生活中更好地与他人合作，形成良好的人际关系。

（3）引导学生参与社会实践和志愿服务

参与社会实践和志愿服务是提升学生社会适应能力和责任感的有效途径。学校可以积极引导学生参与各类社会实践和志愿服务活动，如社区服务、环保行动等，让学生在实践中感受到社会的复杂性和多样性。

通过参与社会实践和志愿服务，学生可以锻炼自己的沟通能力、解决问题的能力和承担责任的能力，进而增强自己的社会适应能力和责任感。同时，这些活动也有助于培养学生的同理心和感恩心态，使他们更加关注社会和他人的需要。

六、结论

大学生心理健康对他们的全面发展和健康成长具有不可替代的重要性，它不仅是每一个大学生个体健康的基础，更是国家和社会持续、和平与发展的关键保障。一个心理健康的大学生，能够更好地应对学业的挑战，更积极地处理人际关系，更有效地规划自己的职业生涯，更能够为社会的繁荣与进步贡献自己的力量。

对大学生而言，深入了解心理健康的基本理论和标准，是他们维护和提高自身心理健康的起点。这种知识不仅能够帮助他们自我识别心理问题，更能为他们提供解决问题的策略与方法。与此同时，大学生也应该把这些理论知识应用到实际生活中，通过实践来巩固和深化理解，不断调整自己的心态和行为，以确保自己始终维持一个积极、健康的心理状态。

然而，要维护大学生的心理健康，不能仅仅依赖学生个人。学校和家庭也承担着不可推卸的责任。学校作为学生成长的第二家园，应该为学生提供全方位的心理健康教育，确保每位学生在遭遇心理困扰时都能得到及时、专业的帮助。家庭作为孩子成长的摇篮，更是心理健康的守护者。家长应该时刻关心孩子的心理状态，为他们营造一个健康、和谐的家庭环境。

当然，社会和政府的作用也是不可忽视的。政府可以通过出台相关政策，进一步推动学校和家庭重视大学生的心理健康。社会各界也可以积极参与，共同为大学生心理健康助力。

总之，要确保大学生的心理健康，需要学校、家庭、社会以及学生个人四方面的共同努力。只有当这四方都深刻理解其重要性，并付诸实践时，我们才能真正培养出一代又一代健康、积极、向上的大学生，为国家和民族的辉煌未来奠定坚实的基础。这样的大学生将不仅是知识的拥有者，更是健康心灵的拥有者，他们将为社会的和谐与进步贡献自己宝贵的青春和力量。

第二节　大学生心理健康的重要性及挑战

在现今瞬息万变的社会中，大学生的心理健康问题逐渐凸显，并引发了社会各界的高度关切和广泛讨论。随着教育水准的普遍提高，人们对大学生群体的期待也越加殷切，大学生不仅需要在学业上取得杰出的表现，更要在人格、心理素质等方面实现全面的进步。

心理健康，对每一位大学生而言，都是一个不容忽视的核心议题。在大学阶段，大学生会面临各种压力和挑战，例如繁重的学习任务、复杂的人际交往、未来职业规划等，这一切都需要他们拥有一个健康的心理状态来应对。心理健康与否，不仅直接关系到大学生的学习成效、人际交往能力和未来职业发展，更深远地影响着他们的整体生活品质和幸福感。

因此，为了确保大学生在这一关键阶段实现全面的成长和发展，明确大学生心理健康的标准显得尤为重要和迫切。只有当我们清晰明确地了解什么是心理健康，什么是不健康后，才能更有效地引导大学生走向心理健康之路。

本文将对大学生心理健康的标准进行深入的探讨和研究。我们希望通过这样的方式，帮助大学生更加全面、深入地了解自己的心理状态，同时也为他们提供一些有效的方法和建议来维护和提升心理健康。最终，我们期望通过这份努力，为大学生的全面发展和健康成长贡献一份微薄的力量，助力他们在人生的旅程中走得更加坚定、更加从容。

一、大学生心理健康的基本标准

1.智力正常且充分发挥

在现今的高等教育体系中，大学生被普遍认为是社会上的知识精英。为了与这一称号相匹配，他们首先需要具备正常的智力水平。然而，仅仅拥有正常的智力并不足够，他们还需要在学习中展现出色的逻辑推理、分析判断和创新思维能力。这些能力让他们在学习新知识时，能够迅速捕捉核心，与他人交流时，能够快速响应并给出有深度的见解。

智力的正常发挥不仅会助力大学生的学业成绩，更为关键的是，它影响着他们的人生规划与决策能力。当一个大学生拥有上述提到的智力能力时，他们更可能对自己的未来有着清晰、明确的规划。不仅如此，他们也更有实力去实践自己的目标，面对困难时，能够迅速找到解决方法，持续为自己的未来努力。

同时，智力的发挥不仅局限于已知的技能和能力。大学生更应该深入挖掘自己的潜力，不断挑战自己的极限，探索未知的领域。这样，不仅他们的智力得到了充分的发挥，更为他们的人生增添了无数的可能性和色彩。

智力正常是大学生的基础，但真正使他们与众不同的是他们能够充分发挥自己的智力，不断追求进步，探索未知，为自己的人生创造更多的价值。

2.情绪稳定且积极

情绪稳定对大学生来说，是心理健康的一个非常重要的标志。情绪的稳定不仅能够帮助他们更好地应对生活中的各种压力和挑战，还能有效提高学习和生活效率。情绪稳定并不意味着大学生们不能有自己的情绪，而是要求他们学会有效地控制和管理自己的情绪。这样，在面对一些外界干扰时，他们就能够保持冷静，不易产生剧烈的情绪波动，从而避免情绪对生活和学习造成负面影响。

另外，保持积极的心态对大学生来说也十分重要。一个积极的心态能够让他们更加乐观地面对生活中的种种困难和挑战。当遇到困难时，他们能够积极寻找解决问题的方法，而不是消极退缩。同时，积极的心态还能帮助他们看到困难背后的机遇，从而把挑战变成自己成长的机会。这种积极向上的动力，将不断激励他们前行，无论面对什么样的困境，都能保持足够的信心和勇气。

因此，大学生应该注重培养自己的情绪管理能力，保持情绪的稳定，同时努力培养积极的心态。这样，他们将能够更好地应对生活中的各种挑战，享受更加丰富多彩的大学生活。

3.人际关系和谐

大学作为一个社会的缩影，人际关系的重要性在这里尤为凸显。对大学生而言，与他人建立和谐的人际关系不仅有助于营造一个良好的学习和生活环境，更是他们日后步入社会的重要准备。

在这个小社会中，大学生首先应该学会尊重他人。尊重是建立任何人际关系的基础，只有真正做到尊重他人，才能获得他人的尊重。此外，他们还需善于倾听和理解别人的观点。在多元化的大学环境中，每个人都有自己的思考和看法，善于倾听不仅能够增进彼此的了解，还能拓宽自己的视野。

同时，大学生也应该培养从他人角度看问题的能力。这样，他们更能理解他人的行为和决策背后的原因，进而减少误解和冲突。而这种理解与合作的精神，也是日后工作中团队协作的基础。

除此以外，清晰、准确地表达自己的想法和情感也至关重要。有效的沟通是人际关系中的润滑剂，它能够帮助大学生更好地与他人合作，进行健康、真诚的人际交往。

总之，和谐的人际关系是大学生在大学生活中不可或缺的一部分。通过尊重他人、倾听理解、换位思考以及有效沟通，他们能够建立起深厚的人脉网络，为未来的发展打下坚实的基础。

4.自我认知准确

自我认知对大学生来说，是心理健康的一个至关重要的组成部分。在青春期和成年期的交汇点，大学生正面临着一系列的选择和决策，这些选择将塑造他们未来的生活和职业道路。在这样的关键时刻，准确的自我认知如同一盏指路明灯，为他们照亮前行的道路。

具备准确的自我认知能力，首先需要大学生深入了解自己。这不仅是指学业上的能力，更包括性格、兴趣、价值观等多方面。了解自己的优点，可以让他们充分发挥所长，在未来的选择中更有自信。认识到自己的缺点，可以避免盲目自信，及时进行调整和改进。同时，明确自己的兴趣和价值观，可以帮助他们找到真正热爱的事物，使大学生活更加充实和有意义。

然而，自我认知并不仅仅意味着认识到自己的不足。更为关键的是，大学生需要能够接受自己的不完美。每个人都有瑕疵，正是这些瑕疵让我们更加真实和完整。接受自己的不完美，不仅有助于减少不必要的心理压力，更是迈向心理健康的一大步。

在接受自己的基础上，大学生还应该努力改进和提升自我。这并不意味着要彻底改变自己的本性，而是要针对自己的不足，进行有针对性的提升。通过这样的努力，他们能够更好地实现自我价值，找到自己在社会中的定位，为未来的生活和职业道路铺设坚实的基础。

5.适应能力强

大学生活是一个充满变化和挑战的阶段，在这样的环境中，大学生需要具备强大的适应能力。这种能力能够帮助他们灵活应对生活中的各种变化，无论是学习上的变动、人际关系的调整还是其他突发事件。

强大的适应能力首先表现为足够的韧性和毅力。面对困难和逆境时，心理健康的大学生不会轻易崩溃或放弃，而是能够坚韧不拔地持续努力。他们明白，困难和挑战是生活中不可避免的一部分，只有通过持久的努力才能克服障碍，实现自己的目标。

除了韧性，他们还应积极寻找解决问题的方法。当遇到困难时，他们会主动思考、寻找资源、寻求帮助，以找到最有效的解决方案。这种积极应对困难的态度，使他们能够迅速适应各种变化，并找到应对挑战的最佳策略。

更为重要的是，具备强大适应能力的大学生能够将挑战转化为成长的机会。他们不仅会为了解决问题而努力，还会从每一次的挑战中汲取经验教训，不断反思和总结。通过这样的过程，他们将不断成长和进步，变得更加成熟和自信。

因此，适应能力强是大学生必备的素质之一。它能够帮助他们顺利度过大学生活的各个阶段，在面对变化和挑战时保持冷静和乐观，从中获得宝贵的成长经验，为未来的生活和职业发展打下坚实基础。

6.行为协调且适度

心理健康的大学生，在行为表现上呈现出与年龄、身份和环境相适应的特点，这是他们心理健康的重要体现。这类大学生能够充分认识到自身行为的后果，并且有能力调整自己的行为，使之与周围的环境和自身的身份相契合。

他们的行为具有目的性和计划性，这意味着他们在行动之前会进行深思熟虑。他们清楚自己的行为目标，并能制订相应的计划来实现这些目标。同时，他们能够理性思考并控制自己的行为。在面对各种诱惑和冲动时，他们不易失去理智，而是能够用理智来克制自己的欲望，确保行为不会偏离既定的目标和计划。

此外，他们的行为还应符合社会规范和道德标准。大学生作为社会的一员，他们的行为受到社会规范和道德标准的约束。心理健康的大学生能够自觉遵守这些规范和标准，他们的行为不仅不会违背社会的期望，反而能够成为他人学习的榜样。

在校园生活中，他们能够自觉遵守校规校纪，展现出良好的学术和道德品质。他们尊重师长，友爱同学，积极参与校园活动，为校园的文化建设做出贡献。他们的行为能为自己赢得他人的尊重和信赖，也能为自己创造良好的学习和生活环境。

总之，行为协调且适度是心理健康大学生的重要特征。他们通过理性和自律的行为，不仅维护了良好的人际关系，也为自己的全面发展打下了坚实的基础。

二、如何判断大学生心理是否健康

判断大学生心理是否健康是一个复杂而重要的任务，需要综合考虑多个因素。以下是一些常用的方法。

1.观察日常行为

观察大学生的日常行为是评估其心理健康的首要步骤。在这里，我们需要细心留意他们的行为是否有明显的异常表现。

首先，我们可以关注他们的情绪波动。情绪波动是正常的生理反应，但是如果情绪波动过于剧烈或者频繁，如情绪高涨至亢奋或者低落至沮丧，这可能是心理健康问题的表现。同时，情绪的不稳定也是一个重要的观察点，如果大学生的情绪在短时间内频繁波动，这可能意味着他们正经历某种心理压力或者困扰。

其次，我们还应注意他们的行为是否有异常表现。例如，有些大学生可能会表现出退缩、孤僻的行为，他们可能会避免与他人接触，倾向于独处。过度焦虑也是另一个需要关注的行为表现，这可能表现为过度担忧、紧张，甚至出现恐慌。

最后，社交障碍也是一个关键的观察指标。大学生正处于社交活跃期，如果他们表现出无法与他人正常交流、缺乏社交技巧，或者避免社交活动等行为，这可能是他们心理健康问题的警示信号。例如，他们可能会避免眼神接触、对话中断频繁、无法维持对话等。

总的来说，通过观察大学生的日常行为，我们可以初步判断他们的心理健康状况。如果发现异常的行为表现，应该及时采取行动，为他们提供必要的帮助和支持。这样的观察和关注，有助于在早期发现并解决心理健康问题，促进大学生的健康成长。

2.使用心理测评工具

为了更为准确地洞察大学生的心理状态，我们不仅可以依赖日常的观察，还可以采用更为专业的方法——心理测评工具来辅助评估。这些工具为心理健康的评估提供了量化、标准化的方法，使得评估结果更具客观性和可比性。

心理问卷是其中的一种常用工具，它主要通过一系列精心设计的问题，来深入探究大学生的心理状况。例如，针对焦虑、抑郁、自尊等不同的心理维度，都有相应的问卷进行调查。大学生在回答这些问题时，可以真实地反映自己的感受和状况，从而为我们提供了他们心理健康的详细画像。

除了心理问卷外，心理测试也是另一种非常重要的评估工具。与问卷不同，心理测试更注重对大学生的心理能力和特质进行客观评估。例如，智力测试可以衡量大学生的认知能力、思维敏捷度；人格测试可以揭示大学生的性格特质、人际交往方式等。这些测试通常基于大量的研究和数据，因此其评估结果具有较高的可信度和有效度。

综上所述，心理测评工具为我们提供了宝贵的研究手段，使我们能够更为精确地了解大学生的心理状态。当然，在使用这些工具时，我们也应该保证大学生的隐私和权益，确保评估的公正性和准确性。

3.结合自我报告和他人评价

在评估大学生心理健康的过程中，除了直接观察和量化评估外，我们还应当注重结合大学生的自我报告以及他人评价。毕竟，大学生自身是最直接的心理状态观察者，他们对于自己的感受、情绪以及心理状态有着最直接的了解。他们的自我报告，无论是通过问卷还是面对面的交谈的形式，都能够为我们提供非常有价值的参考信息，帮助我们更好地了解他们的内心世界。

然而，单一的自我报告还是有可能存在偏见或主观性。为了更为客观地了解大学生的心理状态，我们还需要引入他人评价。这些他人可能包括同学、教师、家长等，他们与大学生有不同程度的交往，对大学生的行为、情绪等都会有自己的观察和理解。他们的评价从另一个角度为我们揭示了大学生的心理状态和特点。

但值得注意的是，无论是自我报告还是他人评价，都只提供了关于大学生心理健康的某些线索和参考。我们不能仅凭其中的某一方法，就轻易地断定一个大学生的心理健康状况。心理健康是一个相对且动态的概念，每个人的心理状态都会随着情境、时间而有所波动和变化。因此，在评估时，我们需要综合考虑多个方法得到的信息，结合专业的心理学知识，进行更为细致和深入的判断，进而更为准确地把握大学生的心理健康状况。

三、大学生心理健康面临的挑战

随着社会的快速发展和教育环境的变迁，大学生心理健康正面临着一系列严峻的挑战。这些挑战既来自内部的个人压力，也来自外部的复杂因素。以下是对大学生心理健康所面临挑战的一些详细扩展。

1.学业压力

大学是大学生接受高等教育的关键阶段，在这个阶段，大学生需要面对更为繁重和深入的学术任务。为了达到高绩点，他们需要付出更多的努力和时间，完成大量的作业和学习任务。同时，考试压力也时刻伴随着他们，每一次的考试成绩都可能直接关系到他们的学业前途。

这样的学业压力，使大学生在追求学业的道路上背负了沉重的包袱。他们可能每天都需要投入大量时间学习，为的是在考试中取得好成绩，在完成作业时得到老师的认可。这样的日子，加上竞争压力，很容易导致大学生出现焦虑、抑郁等心理问题。

长时间处于高压状态，不仅会影响大学生的心理健康，还会对他们的身体健康造成威胁。缺乏足够的休息和锻炼，身体容易出现疲劳、失眠等问题。心理健康与身体健康是相互关联的，一旦一方出现问题，另一方也很可能会受到影响。

因此，我们应该高度关注大学生的学业压力问题，帮助他们合理规划学习时间，调整学习心态，减轻学业压力。同时，学校和社会也应该为大学生提供更多的心理支持和辅导，确保他们在追求学业的道路上能够身心健康，更好地面对挑战，实现自己的人生价值。

2.职业规划与发展困惑

大学阶段，正值青春年华的大学生站在了人生的十字路口，面临着职业规划与发展的重要时刻。这个时期的他们，不仅要应对学术上的挑战，更要面对就业市场的竞争与不确定性。在如此多的选择面前，他们常常感到迷茫、困惑，甚至无所适从。

每一个大学生都渴望找到一个真正适合自己的职业方向，但这并不容易。他们开始思考：我真正热爱的是什么？我擅长的又是什么？哪些行业或职业与我的兴趣和技能相匹配？然而，这些问题的答案并不总是那么明确。这种不确定性和对未知的恐惧，很容易引发大学生的焦虑情绪。

与此同时，社会的竞争压力和对成功的渴望，也可能使大学生产生自卑情绪。当他们看到其他同学似乎已经找到了自己的定位，或者听到社会上对某种职业的过高评价时，他们开始怀疑自己，质疑自己的价值。这种自卑情绪不仅会影响他们的职业选择，还可能进一步影响他们的心理健康。

因此，职业规划与发展困惑是大学阶段的一个重要议题。大学生需要得到正确的引导和支持，来帮助他们认识自己、明确自己的定位，并鼓励他们勇敢地追求自己的梦想。只有这样，他们才能真正地走出迷茫，迎接未来的挑战。

3.人际关系纷扰

大学生活是一个丰富多彩的集体生活，大学生在这个环境中与同学、老师、室友等多方进行频繁的交往。这种交往不仅涉及学业上的合作，更涵盖了日常生活的方方面面。然而，在这种密切的交往中，人际关系的纷扰也不可避免地浮现出来。

由于不同的成长背景、性格特点和价值观，大学生之间的人际关系往往复杂而微妙。有时候，一些看似微不足道的小事也可能引发人际关系的紧张。如何处理这些关系冲突，以及如何在这样的环境中建立健康、稳定的人际网络，都是大学生在成长过程中必须面对的课题。

那些未能妥善处理人际关系纷扰的大学生，可能会面临一系列的心理问题。例如，人际关系的紧张可能导致孤独感，使学生感到自己在这个集体中被孤立。进而，这种孤独感可能演变为社交焦虑，使学生在面对社交场合时产生莫名的恐惧和不安。这些心理问题不仅影响学生的日常生活和学习，更可能对他们的长期心理健康造成不良影响。

因此，大学生应该积极学习并掌握处理人际关系冲突的技巧和策略，同时努力建立一个健康、稳定的人际网络。这样，他们不仅能够拥有一个愉快的大学生活，还能够为未来的生活和职业发展奠定坚实的基础。

4.网络信息的泛滥和社交媒体的影响

随着网络信息的泛滥和社交媒体的普及，大学生心理健康面临着一系列新的挑战。在数字化时代，大学生每天都面临着海量的信息冲击。这些信息不仅来源广泛，而且更新迅速，使得大学生在面对如此大量的信息时，往往感到无所适从。他们可能会担心错过重要的信息或者无法筛选出有价值的内容，从而产生信息焦虑。

与此同时，社交媒体的普及也带来了一系列问题。社交媒体提供了一个便捷的虚拟交往平台，使得大学生可以轻松地与他人保持联系、分享生活和心情。然而，过度依赖社交媒体可能导致学生忽视现实生活，减少与人面对面的交往。长时间沉浸在虚拟世界中，可能会进一步加剧心理问题，如孤独感、社交焦虑等。

综上所述，大学生心理健康在新时代面临的挑战是多种多样的。这些挑战既有个人内在的压力，也有外部环境中的复杂因素。为了有效应对这些挑战，我们需要从多个层面出发。首先，学校和家庭应该加强心理健康教育，提高大学生的心理素质水平和应对能力。其次，心理咨询和支持服务应该得到普及和推广，确保大学生在遇到困难时能够得到及时的帮助和指导。最后，社会各界也应该共同努力，营造一个积极健康的网络环境，减少不良信息的传播，促进大学生的全面发展。只有这样，我们才能真正帮助大学生建立健康的心态和应对机制，助力他们更好地应对挑战，走向成熟和成功。

四、结论

综上所述，我们可以清晰地看到大学生心理健康问题的重要性不容忽视。心理健康的标准不仅局限于没有心理疾病，更涉及智力、情绪、人际关系、自我认知、适应能力和行为协调等多个方面。这意味着，为了确保大学生心理健康的全面发展，我们必须采取综合性的、多维度的方法和措施。

学校和社会在教育和培养大学生方面承担着重要责任。他们不仅应该加强对大学生的心理健康教育，使他们充分理解心理健康的基本概念和标准，还应当着力培养大学生应对挑战和压力的能力，帮助他们建立良好的心理素质和应对机制。

此外，为了提供更具针对性的帮助，建立完善的心理咨询体系至关重要。这样的体系可以为每个学生提供个性化、专业化的心理支持和指导，确保他们在面对困境时能得到及时、有效的援助，从而维持健康的心理状态。

同时，学校作为一个重要的社区环境，其氛围对大学生心理健康有着直接影响。学校应当努力营造一个积极、健康、包容的校园氛围，鼓励学生积极参与各种活动，促进人际交流与合作，进而减轻他们的心理压力，增强他们的社会适应能力。

家庭的作用也是不容忽视的。家长应当更加关心孩子的心理健康，为他们提供情感支持，成为他们心理健康成长过程中的坚实后盾。家长自身也需要不断学习和提升，以更好地理解和引导孩子。

维护大学生心理健康不是单一方面的责任，而是需要学校、社会、家庭以及大学生本身共同努力和配合。这四个方面的协同合作，能形成强大的合力，促进大学生心理健康的全面发展。因此，我们每个人都应当深化对大学生心理健康的认识，积极推广心理健康的理念，为大学生走向健康、积极、充实的人生道路奠定更为坚实的基础。

第三节　维护大学生心理健康的策略与方法

随着社会的发展以及教育水平在全球范围内的普遍提升，大学生的心理健康问题逐渐凸显出前所未有的重要性。在现代社会中，大学生群体面临着日益复杂且多元化的压力来源。这些压力不仅局限于学业上的竞争和就业市场的挤压，还包括快速变化的社会环境、多元文化的冲击以及不断更新的技术带来的挑战。

心理健康对每一个人来说都是无价的财富。而对正处于人生关键阶段的大学生而言，它更是他们全面发展和未来成功的基石。一个健康的心态能帮助他们更好地应对生活中的种种挑战，更自如地与同龄人、教师和社会其他成员交往，更有效地进行学术学习、实践创新和自我探索。然而，心理问题，如果不加以注意和及时干预，则可能成为他们成长道路上的巨大绊脚石，不仅会影响他们的学业成绩和职业规划，更可能损害他们的人际关系、心理健康和生活品质。

鉴于心理健康在大学生群体中的重要地位，我们亟需采取一系列全面、系统而深入的策略与方法，来维护和促进大学生的心理健康。这些策略和方法应当综合考量大学生的多元背景和需求，不仅要能帮助大学生预防心理问题的出现，也要能在他们面临心理困境时提供及时、专业和富有同理心的支持和援助。同时，我们更期望能通过这些努力，进一步推动全社会对大学生心理健康的关注、重视和投入，形成一个有利于大学生心理健康发展的社会环境和文化氛围。

本文的目的，正是希望详细探讨并分析这些维护大学生心理健康的策略与方法，为社会各界、学校管理层、家庭成员以及大学生本身提供有益、实用和可操作的参考。我们深信，只有全社会共同努力，形成合力，才能真正守护每一个大学生的心理健康，助力他们培养健全的人格，走向更加美好、灿烂的未来。这样的未来不仅关乎每个个体的幸福和成就，更关乎整个社会的进步与和谐。

一、维护大学生心理健康的策略

大学生心理健康的重要性不言而喻，针对此问题，以下将详细阐述维护大学生心理健康的具体策略，并对其进行扩展。

1.制订并执行心理健康教育计划

为了切实加强大学生对心理健康的认知和理解，学校必须制定并执行一项全面、系统性的心理健康教育计划。这项计划不应仅仅局限于单一的课程设置，而应该通过多元化的教育形式来实施。例如，可以将心理健康教育融入课堂教学中，利用各专业课程的教学时间，引导学生认识心理健康与学业成功的密切关系。

此外，学校可以组织专题讲座，邀请心理健康领域的专家、学者，为学生讲解心理健康的最新研究成果和实践经验。这些讲座可以帮助学生更深入地了解心理健康的内涵和重要性。

除了课堂教学和专题讲座，实践活动也是心理健康教育计划的重要组成部分。学校可以开展心理健康工作坊、团体心理辅导等活动，让学生在实践中学习如何维护心理健康。

为了进一步加深大学生对心理健康的理解和重视，学校还可以定期举办心理健康周或心理健康月活动。在这些活动期间，可以通过举办研讨会、发布心理健康宣传资料、开展心理健康知识竞赛等多种形式，营造关注心理健康的校园氛围。这些活动不仅有助于提高大学生的心理健康意识，还能为他们提供实用的心理健康知识和技巧，帮助他们更好地应对生活中的挑战和压力。

2.设立完善的心理健康档案系统

为了更为精确地了解学生的心理健康状态，学校有必要为每一位学生创建详尽的心理健康档案。这样的档案系统不仅能用于记录学生的心理健康状况，更重要的是，它能在早期阶段识别并预防可能出现的心理问题。

一个完善的心理健康档案应包含多个方面的内容。首先，定期的心理评估是必不可少的。这些评估可以包括问卷调查、面对面访谈、标准化心理测试等，用于评估学生的心理状态、情绪变化、压力水平等。其次，心理咨询记录也应被纳入档案中。每次学生咨询的内容、问题、进展等都应被详细记录，以便后续跟进和分析。再者，心理干预计划是针对学生出现的问题制定的解决方案和策略，这些计划也应被记录在内，以便其他教师或心理咨询师了解学生的状况并采取相应的措施。

为了确保心理健康档案的专业性和准确性，学校应专门培训相关人员来负责管理档案系统。这些人员应了解心理健康的基本知识，知道如何收集和整理相关资料，并懂得如何解读和分析数据。此外，他们还应定期与心理咨询师、心理医生等专家进行沟通，确保档案的时效性和准确性，同时从专业角度获取更多的建议和支持。

通过这样的心理健康档案系统，学校不仅能更为全面地了解学生的心理健康状况，还能更加具有针对性地提供必要的帮助和支持，确保学生在一个健康、和谐的环境中成长和学习。

3.提供全方位的心理辅导和咨询服务

为了满足当代大学生在心理健康方面的多元需求，学校应当提供全面、多元化的心理辅导和咨询服务。这种服务不仅应当覆盖各个学院、宿舍楼，也应当在线上和线下都有提供，以确保学生在需要时能够及时地寻求帮助。

首先，学校可以设立专门的心理咨询中心，配备专业的心理咨询师，为学生提供个性化、专业化的心理咨询服务。不仅可以为学生提供一对一的心理辅导，还可以组织小组辅导或团体工作坊，帮助学生解决各种心理问题。

其次，为了方便学生更及时地获得心理帮助，学校可以在各个学院、宿舍楼等地设立心理辅导站。这些辅导站可以配备心理健康宣传资料，供学生自学和了解心理健康知识。同时，这些辅导站也可以定期举办小型的心理讲座或工作坊，增强学生的心理健康意识。

最后，为了确保学生在任何时间、任何地点都能获得心理支持，学校应建立24小时的心理援助热线。这条热线可以由专业的心理咨询师或心理医生值守，随时为学生提供危机干预、心理疏导等服务。

更进一步，学校还可以与外部的专业心理健康机构建立合作关系，引入更为专业和深化的心理咨询与治疗服务。例如，学校可以邀请这些机构的专家定期来校进行讲座，或者为学校提供远程心理咨询支持，这样不仅能为学生提供更高质量的心理健康服务，还能进一步提升学校心理健康工作的专业水平。

综上所述，为了维护大学生的心理健康，学校需要从多个角度、多个层面进行努力和配合。只有这样，才能建立起一个真正综合、系统的大学生心理健康维护体系，有效预防心理问题，全面提升大学生的心理素质和心理健康水平。这不仅需要学校的努力，也需要社会各界的关注和支持，共同为创造一个健康、积极的大学生活环境而努力。

二、维护大学生心理健康的方法

维护大学生心理健康不仅需要学校的策略，更需要大学生自身掌握一些有效的方法。以下是几种重要的方法。

1.培养积极、乐观的心态

心态是我们心理健康的基石，对大学生来说，培养积极、乐观的心态至关重要。乐观的心态可以帮助大学生更好地应对生活中的种种挑战和困难，以更积极的态度去面对困难。为了培养这种积极、乐观的心态，大学生可以在日常生活中进行一些有意识的训练。

首先，大学生可以每天花一些时间进行自我反思和自我激励。在早上醒来时，对着镜子微笑，告诉自己“我能行”“今天会是美好的一天”。这样积极的自我暗示可以帮助我们培养更乐观的态度。

其次，当遇到困难时，大学生可以尝试改变思维方式，从中找到学习和成长的机会。困难是成长的催化剂，通过以积极的方式看待困难，大学生能够更好地应对挑战，并提升自己的能力。

再次，培养兴趣爱好也是塑造积极心态的重要途径。大学生可以通过阅读、运动、音乐、绘画等各种兴趣爱好来丰富自己的生活。这些爱好不仅可以让大学生在忙碌的学习生活中得到平衡和放松，还能为他们带来满足感和幸福感。

最后，与乐观的人为伍，积极寻求社交支持也是很重要的。与心态积极的人交往，可以从他们身上学到乐观的态度和思维方式。同时，当大学生遇到困难时，与亲朋好友分享，寻求他们的鼓励和支持，也能够帮助大学生保持积极乐观的心态。

总之，通过培养积极、乐观的心态，大学生能够在面对挑战和困难时更有韧性，同时，丰富的生活兴趣和社交支持也能够增强生活的幸福感和满足感。

2.建立和维护良好的人际关系

人类从本质上来说是社会性动物，因此，良好的人际关系对我们的心理健康有着不可或缺的重要性。大学生正处于人生中最具活力、最富社交性的阶段，建立和维护良好的人际关系更显得尤为重要。

为了建立健康的人际关系，大学生首先需要积极与人沟通交流。无论是在日常生活中与同学、朋友的闲聊，还是在学术、兴趣社团中的深度交流，都能够帮助他们更好地了解他人，同时也让他人更好地了解自己。在交流中，真诚倾听是至关重要的一环。真诚地倾听他人的想法和感受，不仅能让对方感受到尊重和理解，还能加深彼此的信任和亲近。

除了真诚倾听，尊重他人观点也是建立良好人际关系的关键。每个人都有自己独特的成长背景和经历，因此对待同一件事情难免会有不同的看法。大学生应该学会接纳并尊重他人的观点，即使与自己有所不同，也要保持开放和理解的态度。

同时，理解他人情绪也是非常重要的。通过细致地观察和换位思考，大学生可以更好地体会他人的情感变化，进而做出恰当的反应，这对于建立和维护互信互助的关系是至关重要的。

此外，多参加各类社交活动也是大学生建立人际关系的有效途径。社团活动、志愿者服务、学术研讨会等，都可以为大学生提供与各种背景、各种领域的人交流和合作的机会。通过参与这些活动，大学生不仅能够锻炼自己的社交能力，还能扩大交际圈，结识更多的朋友，为自己的生活增添更多的色彩和可能性。

综上所述，大学生建立并维护良好的人际关系，不仅能够为自己的心理健康提供坚实的支撑，还能为自己的大学生活乃至未来的人生铺设一条更加丰富多彩的道路。

3.合理安排学习与生活时间

大学生的生活中，学习任务通常繁重且多样化，因此他们常常面临各种压力。为了有效地应对这些压力，合理安排学习与生活时间显得尤为重要。实际上，实现学习与生活的平衡不仅有助于提高学习效率，还有益于维护大学生的整体心理健康。

首先，制订一个实际可行的学习计划是必要的。这样的计划应该细化到每一天，每一个小时，确保大学生明确自己每个时间段应该做什么。这有助于提高大学生的时间管理能力，减少拖延，并避免由于任务积压导致的过大压力。

其次，遵循学习计划同样重要。计划制订得再好，如果不执行，也只是纸上谈兵。大学生需要培养自己的自律性，只有按照既定的计划持续学习，才能确保学习任务的顺利完成。

然而，仅仅专注于学习是不够的。生活中的其他方面同样重要。为了确保身心健康，大学生需要确保每天有足够的休息和娱乐时间。例如，散步就是一个简单而又有益于身心的活动，可以帮助大学生从繁重的学习中暂时抽离出来，放松紧绷的神经。看电影或者与朋友聚会也是不错的选择，这些活动不仅可以让大学生得到娱乐和放松，还能增进人际关系，拓宽视野。

这些休息和娱乐活动对于保持心理平衡是至关重要的。它们可以帮助大学生缓解压力，调整情绪，以更饱满的精神状态重新投入到学习中。

总之，大学生应该努力追求学习与生活的平衡。通过合理安排时间，既要保证学业任务的完成，又要让生活充满乐趣和色彩，从而实现个人的全面发展。

4.学会自我调节与压力管理技巧

在大学生活中，各种压力和挑战是不可避免的。因此，大学生应该学会自我调节和压力管理，使自己能够在压力面前保持冷静、乐观的心态，不被压力所压垮。

运动是一种被广泛认可的压力释放方式。激烈的运动如篮球、足球可以让人们在汗水中挥洒掉一部分压力，同时也能促进身体内啡肽等愉悦激素的分泌，有助于改善情绪。而轻松的运动如瑜伽、慢跑等则更注重呼吸与身体的和谐，能帮助人们通过深呼吸和舒缓的动作来平复紧张和焦虑。

除了运动，冥想和呼吸练习也是很受欢迎的压力缓解方式。冥想可以让人们在静坐中实现心灵的平静，观察自己的思绪起伏，并学会从中抽离，不被其所困。而呼吸练习则是通过调整呼吸的节奏和深度来影响自主神经系统，进而实现身心的放松。

当然，有时候自我调节可能难以完全奏效。这时，大学生可以寻求专业心理咨询师的帮助。心理咨询师具备专业的知识和技能，能够通过谈话、心理测试等方式帮助大学生识别压力的来源，使他们学会更为有效的压力管理技巧。与咨询师的交流不仅能够使大学生获得实用的方法，还能感受到被理解和被关心的温暖，从而增强自身对抗压力的能力。

总之，大学生应该积极学习和实践自我调节与压力管理的各种技巧，以便在面对压力时能够更加从容应对，保持身心的健康与平衡发展。

5.注重睡眠和饮食

对每一位大学生来说，良好的睡眠与饮食习惯是心理健康的两大基石。很多时候，大学生可能过于关注学业、社交等方面，而忽视了这两大基石的重要性。但实际上，睡眠与饮食会直接影响大学生的心理状态、情绪起伏以及学习与生活效率。

睡眠的重要性不言而喻。大学生正处于生理与心理的旺盛发展期，足够的睡眠不仅是身体恢复的关键，更是大脑进行知识与情感整合的重要时机。每位大学生每晚应确保获得7~9小时的高质量睡眠，并尽量维持固定的作息时间，从而形成健康的生物钟。这样，白天的注意力、记忆力以及情绪稳定性都将得到显著提高。

饮食方面同样不容忽视。均衡的饮食不仅能为大学生提供日常所需的能量，更能确保身体各种机能的正常运转。大学生在饮食中应确保摄入足够的蛋白质、矿物质、维生素等关键营养物质，这些物质能为大脑提供必要的“燃料”，保证其高效运作。同时，应尽量避免过度依赖咖啡因、糖分等刺激性物质来提供短暂的能量或提神效果，虽然它们短期内可能带来一定的振奋感，但长时间使用或过量摄入都可能对身体和心理健康造成不良影响。

综上所述，大学生应注重并培养良好的睡眠与饮食习惯，确保这两大基础稳固，进而为心理健康和整体的生活质量提供有力的支撑。

6.身体锻炼与心理健康

身体锻炼，常常被视为维持身体健康的重要手段，然而，其对心理健康的益处却常常被我们忽视。事实上，定期的身体锻炼不仅能够增强我们的体质，提高身体免疫力，更能够对心理健康产生积极的影响，从而帮助我们更好地应对生活中的种种压力和挑战。

运动是身体锻炼的一种有效形式。当我们进行运动时，身体内会释放出一种被称为内啡肽的物质。内啡肽是一种天然的镇痛剂和抗抑郁物质，它能够帮助我们缓解压力，改善心情，使我们感到快乐和放松。因此，通过运动，我们不仅能够锻炼身体，更能够改善心理状态，保持心理平衡。

对大学生来说，进行身体锻炼的机会和形式是多种多样的。他们可以积极参加体育课，这是大学提供的一个很好的锻炼平台。在体育课上，大学生不仅能够进行各种体育锻炼，还能够学习到一些科学的锻炼方法和健康知识。此外，大学生还可以选择加入运动社团，与一群志同道合的朋友一起进行锻炼，这不仅能够增加运动的乐趣，还能够结交更多的朋友，扩大社交圈。另外，与朋友一起进行户外活动也是一个很好的选择，这样既可以享受自然的美好，又可以增进友谊，何乐而不为呢?

总之，身体锻炼与心理健康之间存在着密切的联系。大学生应该将锻炼纳入自己的日常生活中，使其成为生活的一部分。定期的身体锻炼，不仅能使他们保持身体健康，还能够提高其心理素质，使他们更好地面对生活的挑战。

7.提升心理韧性

心理韧性是当代大学生不可或缺的心理素质之一。心理韧性指的是在面对逆境、压力和挑战时，个体能够迅速适应并恢复的能力。心理韧性强的人，不仅能够更好地应对生活中的种种困难，还能够在挫折和失败中找到新的机会和成长的可能性。

为了培养和提高心理韧性，大学生可以积极参与各种挑战性活动。这些活动可以是学术竞赛、体育比赛、艺术表演等，通过参与这些活动，大学生可以锻炼自己的意志品质，学会在压力下保持冷静和专注。此外，学习新技能也是培养心理韧性的有效途径。掌握一门新的技能，不仅可以让大学生在学业和未来的职业生涯中更具竞争力，还能够增加他们的自信心和面对挑战的勇气。

同时，大学生应该敢于接受并面对自己的失败和挫折。在成长的过程中，失败和挫折是难以避免的，而如何对待这些经历，则决定了大学生的成长速度和心理韧性。大学生应该积极从失败和挫折中学习和总结，看到其中的教训和机会，而不是沉湎于消极情绪中。

综上所述，提升心理韧性是大学生心理健康教育的重要一环。通过参加挑战性活动、学习新技能以及正确面对失败和挫折，大学生可以逐步提高自己的心理韧性，更好地应对生活中的种种挑战和压力。

8.寻求支持与建立支持系统

面对心理健康问题，大学生不应该选择独自承受。积极寻求支持，是解决问题的第一步，也是至关重要的一步。实际上，与他人分享自己的困境和感受，往往能够让自己感到宽慰和解放。

对大学生来说，最直接的支持来源便是亲密的朋友和家人。他们通常是最愿意倾听和理解的人。与他们分享自己的感受，不仅可以获得情感上的支持，还能够从中得到实用的建议。有时候，即使只是简单的倾诉，也足以缓解内心的压抑和焦虑。

除了亲朋好友，大学生还可以选择加入校园中的心理健康支持团体。这些团体通常是由具有相似经历或心理健康问题的人组成，大家可以共同分享经验，互相支持，共同成长。在这样的团体中，大学生往往能够找到与自己共鸣的声音，感受到真正的理解和接纳。

更为重要的是，一个稳固的支持系统，有助于大学生在面对困难时不再感到孤单。知道身后有一群支持和关心自己的人，会让人更加有力量和勇气去面对挑战。同时，这样一个支持系统也能为大学生提供宝贵的建议和帮助，帮助他们更好地应对和解决心理健康问题。

因此，大学生应该积极地寻求支持，与身边的人分享自己的感受和困境，同时也主动去关心和帮助他人，共同构建一个健康、互助、理解的校园环境。

9.避免过度使用社交媒体

在数字化时代，社交媒体成为了人们日常生活的重要组成部分。然而，过度使用社交媒体可能带来一系列心理问题，如焦虑、抑郁、自卑等。对大学生来说，他们正处于人生中的关键阶段，社交媒体上的种种比较和完美呈现，可能给他们带来巨大的心理压力。

为了维护心理健康，大学生应该有意识地限制自己使用社交媒体的时间。应该设定一个合理的每日使用时间，避免让虚拟世界占据过多的生活空间。此外，更关键的是，要避免在社交媒体上过度比较和追求完美。每个人的生活都有其独特之处，无需与他人进行无谓的比较。况且，社交媒体上展现的往往只是他人生活的精彩瞬间，并不代表全部。

与此同时，大学生应该更加关注现实世界中的社交互动。面对面的交流、真实的接触，是建立深厚人际关系的基础。多参加校园活动，加入兴趣社团，与同学们建立真实、有意义的人际关系，不仅能够丰富大学生活，还能够有效缓解社交媒体带来的心理压力。

维护大学生的心理健康，无疑是一个需要多方面共同努力的课题。大学生自身的认知和行为习惯，是决定其心理健康状况的关键因素。一个积极、乐观的心态，结合健康的生活习惯，能够为大学生筑起抵御心理问题的坚固堡垒。

然而，单靠个体努力是不够的。学校、家庭和社会也应该为大学生创造一个有利于心理健康的环境。学校可以加强心理健康教育，提供心理咨询服务；家庭则是一个温馨的避风港，家长应该与孩子建立良好的沟通，关心他们的心理状况；社会更应减少对大学生的压力，为他们创造一个宽松、包容的成长环境。

三、结论

1.学校角色的重要性

（1）心理健康教育的重要性

维护大学生的心理健康是一项复杂而关键的任务。为了确保大学生的心理健康，学校必须制订并执行全面的心理健康教育计划。

（2）课程与档案的结合

除了将心理健康教育纳入课程体系，还需要为学生的心理健康建立详细档案，这可以确保对学生的心理问题进行早期发现和及时干预。

（3）个性化支持的重要性

为了提供更为个性化的帮助，提供心理辅导和咨询服务变得尤为重要。

2.社会与家庭的支持

（1）社会的角色

仅靠学校的努力是不够的，社会应建立一个更加完善的心理健康服务体系，为学生提供专业化的心理咨询和治疗。

（2）家庭环境的影响力

家庭是每一个孩子心理健康的起点。家长与孩子的沟通、对孩子的心理需求的关心，都会为孩子创造一个健康、和谐的成长环境。

3.学校的进一步措施

（1）定期评估的需要

学校应进行定期的心理健康调查和评估，深入了解大学生的心理状态和需求。

（2）增强师生认知

通过心理健康培训和研讨会，进一步提高师生对心理健康的认知和重视程度。

（3）校园环境的建设

创造一个心理健康友好的校园环境，如设立心理健康宣传栏、组织相关活动，有助于营造积极关注心理健康的氛围。

4.社会的进一步支持

（1）政策和法规的完善

社会需要不断完善与心理健康相关的政策和法规，从而确保大学生能够获得心理健康服务的权益。

（2）专门服务与媒体宣传

应设立专门针对大学生的心理健康服务机构和热线，并结合媒体和社交平台宣传心理健康知识，鼓励大学生积极寻求帮助。

5.家庭的具体行动

（1）沟通与支持

家长应与孩子建立牢固的沟通渠道，了解他们的需求和困扰，为其提供情感支持。

（2）家长的榜样作用

家长也要注重自身的心理健康，培养良好的生活习惯，为孩子提供正面榜样。

6.大学生自我参与

（1）主动学习与求助

大学生应主动学习和了解心理健康知识，增强自我调节能力，并积极寻求心理健康支持。

（2）价值观与人生观的树立

树立正确的价值观和人生观，明确目标和方向，对于维护心理健康至关重要。

总的来说，维护大学生心理健康不仅是学校的责任，也需要社会、家庭和大学生本身的共同努力和合作。

第三章

大学生的自我意识与自助教育

第一节　自我意识基本理论

在现代心理学中，自我意识被视作人格的核心组成部分，并发挥着至关重要的作用。它作为我们感知、思考、理解和调控自身行为的中心机制，扮演着一个关键角色。自我意识涉及多个层面，不仅包括我们对身体的感觉、情绪的体验、以及认知过程，更关乎我们如何解读自身与他人的关系，并确定个人在社会中的定位。

对正处于大学阶段的学生来说，培养和发展自我意识显得尤为重要。大学生活带来了许多新的挑战和机遇，例如学术上的压力、职业发展的规划、社交活动的参与等，这些都要求大学生具备足够的自我意识。首先，大学生需要充分了解自己的学习能力、学习风格和学习目标，从而更有效地进行学术学习。其次，在职业规划方面，他们也需要对自己有深入的认识，包括个人的兴趣、能力和职业价值观。最后，在社交活动中，自我意识同样是不可或缺的，大学生需要深入理解自己的情绪和需求，才能与他人建立健康的人际关系。

同时，自我意识对大学生的心理健康也有着深远的影响。通过深入了解自己，他们可以更好地处理情绪问题，进而增强自尊和自信，减少心理压力和冲突。因此，加强自我意识的培养不仅有助于大学生的学业成功，更会对他们的心理健康和生活质量产生积极的影响。

综上所述，研究自我意识对大学生的意义非常重大。它不仅能帮助大学生更深入地了解自己，也能助力他们更有效地应对生活中的各种挑战，实现个人的成长和发展。在后续的研究中，我们将深入探索如何有效提升大学生的自我意识，以助他们更好地应对生活中的挑战，并促进他们的全面发展。这样的研究不仅有助于丰富心理学的理论体系，更能为大学生的成长和教育实践提供有益的指导。

一、自我意识的定义与内涵

自我意识是一个复杂且深度的心理现象。它不仅是我们对自己存在、特征和行为的简单觉察，更是一种对自身与他人、与所处环境之间微妙关系的深入理解。要达到这种理解，需要对个体的内心世界进行深入地挖掘和反思。这样的理解程度反映了个体的心理健康状态、成熟度以及人格的完善程度。

在心理学领域，自我意识被视为一个核心概念。它为我们打开了一扇窗，通过这扇窗我们可以深入探究个体的心理机制和行为模式。自我意识可以帮助个体建立一个完整的自我认知体系。通过深入觉察和理解自己，我们能够在心中勾画出一个独特的心灵蓝图，这个蓝图包括了我们的价值观、能力、情感状态以及与他人交往的方式等多个方面。

值得注意的是，自我意识并不仅仅关注个体本身。它与个体所处的社会、文化背景都存在着紧密的关联。作为社会的一员，每个人的自我意识都会受到所在社会文化的影响和塑造。这种自我意识能帮助我们认知自己在社会中的角色，理解自己与他人的关系，并能为我们提供一种方式，使我们能够更好地适应并融入社会环境，实现个人在社会中的价值。

正因为如此，培养和发展自我意识对每个人都是至关重要的。它可以帮助我们认识并真正接纳自己，进而树立健康的自尊心和自信心，养成积极、乐观的生活态度。同时，自我意识也能为个体实现自我调控和自我管理提供坚实的基础。基于对自己的深入了解，我们可以制定出更符合实际的目标，规划自己的人生道路，并引导自己走向成功。

自我意识是一个多维度、多面向的概念，它的内涵十分丰富。为了更深入地理解自我意识，我们可以从认知、情感和动机三个主要层面进行探讨和扩展。

1.认知层面

（1）身份认同

身份认同，在更广泛的意义上，是指个体如何理解并接纳自己在社会及世界中的定位。这不仅是一个简单的角色认知，更深入到如何理解自己的独特性、连续性，以及与他人的界限。为了建立真正属于自己的身份认同，我们需要深入挖掘自己的价值观、信仰和经历。这些元素共同为个体塑造了一个连贯且稳定的自我形象，使得每个人都独一无二。

身份认同也涉及个体与社会的关系。每个人都是社会的一部分，与社会有着千丝万缕的联系。我们的身份认同在一定程度上受到社会环境、文化背景、家庭教育等多种因素的影响。因此，在建立身份认同的过程中，我们需要综合考虑这些因素，确保自我形象的稳定性和真实性。

（2）价值观

价值观是个体行为的指南，它影响的不仅仅是我们日常的行为选择和判断，更重要的是，它塑造了我们对责任、权利、义务等的理解。这些理解构成了个体与社会交互的核心，是我们与他人交往的基础。为了确保我们的行为与内心深处的价值观相匹配，我们需要时刻进行反思，确保自己的价值观清晰、明确。

价值观的形成是一个长期的过程，它在我们的成长过程中不断地受到挑战和调整。有时，我们会因为外界的影响或者自身的成长需要而调整自己的价值观。这是一个正常且必要的过程。关键在于，我们需要时刻保持警觉，确保自己的价值观与真正的自我相符，而不要被外界左右。

（3）能力评估

能力评估不仅是对自身技能和知识的认知，更涉及我们如何看待自己的潜力，以及如何针对这些潜力制订个人发展计划。一个真正的自我认知，需要我们具备自我反思的能力。这意味着，我们需要经常性地回顾自己的行为和决策，准确地识别出自己的优点和不足。

要做到准确的能力评估，我们需要摒弃过多的自我偏见和外界的影响，客观地看待自己。每一个人都有自己的长处和不足，关键是如何正确地认识它们，然后制订出真正适合自己的发展计划。这不仅能帮助我们更好地发挥自己的潜力，还能确保我们在人生的道路上更加坚定和自信。

2.情感层面

（1）自尊

自尊，作为一种对自身价值的情感体验，在生活中发挥着举足轻重的作用。它如同一面镜子，映射出我们内心深处对自己的看法和态度。拥有一颗健康的自尊心不仅有助于我们的心理健康，更能提升我们的人际关系和生活满意度。为了培养和维护自尊，我们需要自我接纳和自我关怀。这意味着我们需要接受自己的不完美，欣赏自己的独特之处，同时给予自己足够的关爱和照顾。只有这样，我们才能真正地尊重自己，珍惜自己的价值。

然而，自尊心过于脆弱或过于膨胀都可能对我们的心理健康造成不良影响。因此，我们需要时刻保持平衡，确保自尊心处于一个健康的状态。这需要我们不断地自我反思，检查自己的自尊水平，以及时调整。

（2）自信

自信，简而言之，是对自己能力和判断力的信任。它是我们行动的基石，影响着我们的决策效率和行动力。一个自信的人，更有可能在面对困难和挑战时保持冷静，果断地做出决策。为了提高自信心，我们可以采取多种方法，如自我肯定和自我提升等。这意味着我们需要时常给予自己正面的反馈和鼓励，同时努力提升自己的技能和知识水平。

不过，我们也要注意到，自信和自尊虽然紧密相关，但二者并不完全相同。一个人可能在某个领域非常自信，但因为某些原因自尊心受到伤害。因此，在提升自信的过程中，我们也要留意自己的自尊状况，确保二者能够和谐平衡地发展。

3.动机层面

（1）内在需求

内在需求，往往深藏于我们心中，它们是个体行动的源动力。这些需求反映了我们真正的自我，是我们追求自我实现和满足的渴望。例如，对自主的需求让我们渴望独立，不希望受到过多的外界控制和干预；对胜任的需求驱使我们不断提升自己，追求卓越和成就；对关联的需求则提醒我们重视与他人的联系和沟通，寻求归属和认同。

理解和满足这些内在需求，是一个对自我进行深度探索的过程。只有当我们真正了解并满足这些需求时，我们才能找到真正的自我，实现自我潜能，从而获得更深层次的满足和幸福感。

（2）目标设定

目标设定，不仅是对未来的一个简单的期望，更涉及我们对未来的规划和设计。一个清晰、明确的目标可以为我们提供行动的导向，确保我们的每一步都朝着自己真正想要的方向前进。

但目标设定并不是随意的，它需要基于我们的内在需求和价值观。只有这样，我们才能确保设定的目标是真正符合自己的，是与自我意识相一致的。这样的目标不仅能够为我们提供行动的指引，还能在实现的过程中带给我们满足和幸福感，使我们更加坚定地走在自己的道路上。

4.总结

综上所述，自我意识是一个深入且复杂的概念，它涉及多个维度和层面，不仅包含认知层面，如身份认同、价值观和能力评估，还涉及情感层面，如自尊和自信。同时，动机层面，如内在需求和目标设定，也是其重要组成部分。这些方面不是孤立存在的，而是相互交织、相互影响的，它们共同构成了个体独特且复杂的自我意识。

这一复杂的自我意识结构会对个体的思考、决策和行动产生深远的影响。拥有一个健全的自我意识能够使个体更加清晰地认知自己，更加准确地评估自己的能力和潜力，以及更加明确自己的内在需求和目标。在这样的基础上，个体能够做出更加符合自身情况和价值观的决策，进而采取更有效的行动。

对大学生而言，自我意识的培养尤为重要。在大学生活中，他们面临着一系列新的、更为复杂的挑战和机会。只有具备了较高的自我意识，他们才能更好地理解自己的角色和定位，明确自己的价值观，评估自己的能力和潜力，设定合理的目标，并做出适应新环境的决策。这将对他们的学术成就、职业规划和人际关系等多个方面产生积极影响，进而促进个人的全面发展。

因此，理解和培养自我意识是实现个人成长和发展的重要一步。对大学生来说，这不仅是他们应对大学生活各种挑战的关键，也是他们为未来生活和职业发展打下坚实基础的重要途径。

二、自我意识的形成与影响因素

自我意识，即对自身存在、特性及与他人和环境关系的认知，自我意识的形成往往会经历一个漫长且复杂的发展过程。它不仅是单一因素作用的结果，而且是众多影响因素交织、相互影响的产物。

1.家庭环境因素

家庭作为每个人成长的最初场所，对个体自我意识的形成起到至关重要的作用。这种作用如同奠基，为后续的自我认知和发展提供了基础。

在家庭中，父母或监护人的教养方式对孩子的自我意识影响深远。不同的教养方式，如权威型、放任型、民主型等，都会对孩子的自我认知、自我评价和自我调节等方面产生不同的影响。例如，权威型的教养方式强调父母的绝对权威，可能导致孩子过于依赖他人的评价，从而缺乏自信和独立性。而放任型的教养方式由于其过于宽松的教育态度，可能使孩子过于以自我为中心，缺乏对他人的尊重和关心。相反，民主型的教养方式则更有可能培养出自信、独立且具有社会责任感的孩子。

除了教养方式，亲子关系的和谐与否也是影响孩子自我意识健康形成的关键因素。亲子关系是孩子最早建立的人际关系，它为孩子提供了与他人交往的初步经验和模式。一个健康、稳定的亲子关系，能够给予孩子充足的安全感，有助于孩子形成积极、稳定的自我意识。在这样的关系中，孩子会更加自信，更能够客观地认识和评价自己，从而为其未来的社会发展打下坚实基础。

2.教育背景因素

教育和文化背景对个体自我意识的形成和发展具有不可忽视的重要作用。学校教育不仅是知识的传授和技能的培养，更重要的是对学生价值观、世界观的塑造和引导。学生在校园中，不仅会接触到课本知识，更会与教师和同学间进行互动、交流。

在学校中，教师的评价方式对学生的自我意识影响显著。鼓励、积极的态度能够提升学生的自信，促进他们更积极地面对挑战；相反，过于严厉或消极的评价可能打击学生的自信，使他们对自己的价值产生怀疑。同时，同学间的互动也是塑造自我意识的关键因素。在团队合作、竞争中，学生们开始认识到自己的优点和不足，进而调整自我认知。

社会文化环境，包括社区环境、媒体和网络等，也是一个对个体自我意识产生影响的重要因素。社区环境为学生提供了与更为多元化的人群交往的机会，这种交往经验能帮助学生认识自己在社会中的角色和位置。而媒体和网络则为学生打开了一扇了解世界的窗口。通过这些平台，学生可以接触到各种文化、观念，进而反思自己的价值观和定位。

因此，教育和文化背景是一个复杂而多维的系统，它通过各种方式和渠道，对个体的自我意识产生深远影响。

3.个人经历因素

随着个体的成长和发展，个人经历成为塑造自我意识的重要因素之一。这些经历包括恋爱、工作、社交等方面，它们对个体的自我意识产生着深远影响。

恋爱经历作为人生中的一部分，对个体的自我意识具有显著影响。在恋爱中，个体经历着与他人的亲密关系，通过互动、交流和反馈，开始更加深入地认识自己。成功的恋爱经验可以提升个体的自尊和自信，使其更加积极地看待自己的价值和能力。然而，失败的恋爱教训也可能导致个体对自我价值产生质疑，进而影响到自我意识的形成。

工作经历同样对自我意识产生重要影响。工作是个体与社会互动的重要场所，通过工作，个体能够展示自己的才华和能力，并获取他人对自己的评价和认可。工作中的成功经历可以提升个体的自我评价和职业认同感，使其更加明确自己的职业定位和目标。然而，工作中的挫折和失败也可能对个体的自我意识造成打击，使其产生自我怀疑和迷茫。

这些个人经历，无论是积极的还是消极的，都会不断地丰富和改变着个体的自我意识。它们促使个体进行自我反思和调整，从而更好地适应环境和社会的变化。因此，个人经历在自我意识的形成和发展中起着至关重要的作用。

4.总结

自我意识的形成和发展是一个复杂且持续的过程，它不仅受到单一因素的影响，更是众多因素相互作用的结果。家庭环境作为个体成长的初始场所，为自我意识的形成提供了基础，父母或监护人的教养方式以及亲子关系的和谐与否都会对孩子的自我意识产生深远影响。教育背景则通过学校教育和社会文化环境对个体的自我意识进行塑造，教师的评价方式、同学间的互动以及社会文化的熏陶都会使学生的自我意识发生变化。而随着个体的成长，恋爱、工作等个人经历也会对自我意识产生影响，这些经历会让个体更加深入地认识自己，不断丰富和改变着自我意识。

这些影响因素并不是孤立的，而是相互交织、共同作用的，它们使得每个人的自我意识都独特且动态。家庭、教育、个人经历等多方面的因素，在一个人的一生中会不断地发生作用，使自我意识成为一个动态的过程。而也正因为这样，每个人的自我意识都是不同的，它反映了一个人的生活经历、成长环境、价值观等众多因素。

综上所述，自我意识的形成是一个多维度、多因素共同作用的结果，它随着个体的成长和生活经历而不断发展和变化。对个体而言，理解和培养自我意识是至关重要的，它有助于我们更好地认识自己，明确自己的价值观和目标，从而实现个人的全面发展和成长。

三、自我意识与心理健康：深入探究与理解

1.自我意识与心理健康的紧密关系

在现代社会的快节奏生活中，人们越来越认识到自我意识与心理健康之间的紧密联系。这种联系不仅影响着个体的内心世界，还直接关系到他们的日常行为和社交互动。

自我意识，作为心理健康的核心要素，会为个体提供一个内在的参照系。它能帮助个体建立起对自己身份、价值和能力的认知，从而在社会中找到自己的定位。一个健康的自我意识能够使个体更加自信、独立，并具备自我调节的能力，面对生活中的种种挑战。

然而，自我意识并不仅仅是一个认知过程。它与情绪、行为以及人际关系都有着直接的关联。例如，一个具有积极自我意识的个体，更容易保持乐观的情绪，有效地应对压力；同时，在行为上更能够展现出自律和责任感；在人际关系中，也更能够建立稳定、健康的人际交往模式。

对大学生而言，这一阶段的自我意识与心理健康尤为重要。大学生正处于人生的关键转型期，面临着学业、职业、人际关系等多方面的挑战。一个健康的自我意识，能够帮助他们明确自己的方向，做出正确的决策，并为他们的未来打下坚实的基础。同时，对教育工作者和心理健康专业人士来说，关注和培养大学生的自我意识，是促进其心理健康的重要途径。

2.健康的自我意识：心理健康的基石

（1）建立自尊与自信

自尊和自信是每个人心理健康的基石，特别是对正在成长的大学生来说。而一个健康的自我意识，正是这块基石的核心。通过准确的自我认知，大学生能够更全面地了解自己的优点、缺点、潜力和价值。这种深入的了解为建立自尊和自信提供了坚实的基础。

当我们谈到自尊时，我们指的是个体对自己的尊重和喜爱。这种尊重并不是凭空而来的，而是基于对自己的深入了解。一个有健康自我意识的大学生，会更加珍惜自己的独特性，认可自己的努力和成就，从而建立起坚实的自尊。

自信，则是基于对自己能力的信任和认可。当大学生对自己的能力有了清晰的认识，并在实际行动中不断验证和提高自己时，他们的自信心就会逐渐增强。这种自信不仅能帮助他们在学术上取得更好的成绩，更能助他们在人生的舞台上大胆前行。

有了自尊和自信，大学生在面对生活的种种挑战时，就能更加从容和坚韧。他们会相信自己有能力克服困难，有价值得到他人的尊重和认可。这种积极的态度不仅有助于他们在学术上取得成功，更有助于他们成长为健康、有价值的社会人。

（2）情感需求的满足与心理预期的管理

健康的自我意识在大学生的生活中扮演着至关重要的角色。它不仅关乎个体如何看待自己，更涉及如何满足自身的情感需求以及如何管理心理预期。

情感需求是人类基本的精神需求之一，对大学生来说也不例外。通过清晰的自我意识，大学生能够更加精准地认知自己的情感需求。这种自我觉察使他们能够区分哪些是真正的情感需要，哪些是外界的干扰或诱惑。因此，他们更有可能采取适当的方式来满足这些需求，而不是盲目追求或过度依赖他人。

另外，健康的自我意识也能赋予大学生更强大的心理预期管理能力。心理预期是指个体对某一事件或行为的预期结果。当大学生的自我意识健全时，他们能够更加理智地设定自己的心理预期。这意味着他们可以根据自己的实际情况和能力来设定目标，而不是盲目追求完美或受到他人的影响。这种实事求是的态度能帮助他们避免许多不必要的挫败感，使他们能够在面对挑战时保持平和的心态。

总体而言，健康的自我意识不仅能使大学生更好地认知自己，更能为他们提供一个有效的途径来满足情感需求和管理心理预期。通过这样的方式，他们能够在大学生活中更加稳健地走好每一步，实现个人的成长与发展。

3.自我意识扭曲与弱化：心理健康的隐患

自我意识扭曲与弱化是一个严重的问题，它不仅影响着大学生的心理健康，还可能对其生活和未来产生深远的负面影响。当大学生的自我意识受到扭曲时，他们可能对自己的认知产生偏差，过度关注自己的缺点和不足，而忽视自己的优点和潜力。这种扭曲的自我意识往往会导致过度的自我批评，使大学生陷入一种消极的思维模式中。

长期的自我批评和否定容易引发一系列的情绪问题。自卑感可能逐渐侵蚀大学生的心灵，使他们对自己的价值和能力产生怀疑。焦虑情绪也可能伴随而来，使大学生在面对挑战和压力时感到无所适从。更为严重的是，扭曲的自我意识还可能导致抑郁情绪的出现，使大学生陷入沉闷、消极的情绪状态中。

这些心理问题会对大学生的日常生活和学习产生不良影响。他们可能缺乏自信，回避社交场合，学习成绩下降，甚至可能出现退缩、逃避等行为。长期来看，这种心理状态还可能影响大学生的职业选择和人生发展，阻碍他们实现自身的潜力和追求幸福的人生。

因此，我们必须关注大学生的自我意识状态，警惕扭曲与弱化带来的心理健康隐患。通过培养健康的自我意识，大学生能够更好地面对挑战，保持积极的心态，实现自身的成长。同时，教育工作者和心理健康专业人士也应积极采取措施，提供必要的支持和指导，帮助大学生建立积极的自我意识，促进他们的心理健康与发展。

4.培养和维护健康自我意识：策略与建议

在当今社会，拥有健康的自我意识对大学生来说至关重要。为了培养和维护这种健康的自我意识，以下是一些建议和策略：

（1）增强自我觉察

· 实践正念：正念是一种在当下的持续觉知，它教导我们专注于当前的身体感受、思想、情感和外部环境。通过正念，我们能够更加清晰地认知自己的内心世界。

· 尝试冥想：冥想是增强自我觉察的有效方法。定期的冥想练习可以帮助大学生平静心灵、观察思绪的起伏，并更加了解自己的真实感受和需求。

（2）接受自我

· 认识自己的不完美：每个人都有自己的不足和局限，关键是要学会接受它们。这样的态度有助于我们建立一个更加平衡的自我认知。

· 珍视自己的独特性：每个人都有自己的特长和价值，珍视自己的与众不同，能够增强自我接纳和自我尊重。

（3）寻求反馈

· 建立开放的沟通渠道：与他人保持真诚的沟通，分享自己的感受和经历，能够为我们提供更多了解自己的途径。

· 倾听他人的观点：他人的建设性反馈是我们了解自己的一面镜子。我们应该学会倾听，并从中提取有助于自我成长的信息。

总之，培养和维护健康的自我意识是一个持续的过程，需要大学生不断地自我反省、自我探索。只有这样，他们才能真正地了解自己，实现内心的和谐与成长。

四、自我意识的研究方法与应用

1.研究自我意识的主要方法

自我意识作为心理学领域中的一个重要研究对象，学者们为了深入理解其机制和原理，采用了多种研究方法。这些方法既有经久不衰的传统手段，也有基于现代技术的新方式。它们为我们揭示了自我意识的多个层面。

（1）观察法

· 细节观察：研究者细致观察个体的言行、表情、肢体动作等，从而推断其对自己的看法和态度。

· 自然环境下的观察：为了更真实地了解个体，研究者还会在日常生活或特定情境中对个体进行观察，以此来获得更贴近真实的数据。

（2）实验法

· 操控变量：为了探索某一特定因素对自我意识的影响，研究者会在实验环境中刻意改变这一因素，然后观察实验对象自我意识的变化。

· 揭示机制和影响因素：通过实验法，研究者可以准确地判断哪些因素对自我意识有影响，以及如何影响。

（3）调查法

· 问卷调查：这是一种量化研究手段，通过制定详细的问卷，研究者可以大范围地收集数据，然后利用统计方法进行分析。

· 深度访谈：为了更深入地了解个体的自我意识，研究者还会进行长时间的访谈，与被访者进行深入交流，获取更丰富的信息。

综上所述，研究自我意识的方法多种多样，每种方法都有其独特的优点和适用范围。学者们根据研究目的和实际情况选择合适的方法，以期更全面地揭示自我意识的奥秘。

2.自我意识研究的应用价值

自我意识的研究不仅在学术上具有深远的意义，其在实际应用中的价值也逐渐受到广泛的认同，特别是在心理健康这一关键领域中。

（1）心理健康教育的指导

· 定制教育方案：自我意识的研究成果为教育者提供了一个深入的了解渠道，即如何针对个体的特定需求进行心理健康教育的设计和调整。这样的教育方案更具针对性和实效性。

· 预防心理问题：通过教育手段，可以帮助大学生在早期就建立起健康的自我意识，从而起到预防心理疾病的作用，使他们更加稳健地走好人生的每一步。

（2）心理咨询与治疗的新思路

· 增强自我觉察：对受心理问题困扰的个体，引导其增强自我觉察能成为治疗的一个有力手段。通过自我觉察，个体能够更为清晰地认知自己的情感、需求以及行为模式。

· 调整自我认知：帮助个体调整扭曲或偏颇的自我认知，对其心理健康的恢复和维护都具有重要的意义。这可以为心理咨询和心理治疗提供新的方法和视角，促进个体的心理健康成长。

自我意识的研究不仅能使我们对自己有更为深入的了解，也会为心理健康的教育实践提供不可或缺的支撑和指导。其研究成果的应用，不仅可以帮助大学生建立起健康的自我意识，预防心理问题的发生，还能为心理咨询和治疗提供新的思路和方法。随着对自我意识研究的进一步深入，我们有理由相信，其应用价值将在未来得到更为广泛的挖掘和展现，为更多人的心理健康保驾护航。

五、结论

经过前面的详细讨论，我们可以得出以下结论。首先，自我意识在大学生的心理健康和个人发展中具有不可或缺的重要性。拥有一个健康、稳定的自我意识不仅能够帮助大学生建立起坚实的自尊和自信，还能成为他们生活中应对挑战、解压的有效工具。这种自我意识有助于大学生在学术、社交和情感多个层面实现平衡和成功。

其次，通过利用心理学的研究方法，我们能够更加深入地探索自我意识的奥秘，进一步揭示其形成的机制、影响因素以及它与心理健康之间的微妙关系。这些研究成果不仅能为学术界提供宝贵的理论支撑，更会为大学生的心理健康教育和心理治疗提供具有实际操作性的指导。

然而，尽管我们已经在这一领域取得了一系列的进展，但自我意识的深度和广度仍有许多未知的部分等待我们去发掘。未来的研究可以在以下四个方向继续拓展和深化。

1.自我意识的形成深化研究

为了更深入地了解自我意识的形成过程，我们需要进一步探索其中的复杂机制。特别是，我们应该研究遗传因素和环境因素之间的相互作用，并分析它们是如何影响自我意识的形成、发展和变化的。通过深入研究这些因素，我们可以获得更全面的理解，从而揭示自我意识形成的奥秘。此外，我们还可以采用多种研究方法，如纵向研究、神经心理学方法等，从而更全面地考察自我意识的形成过程，并揭示不同因素对其塑造的影响程度和机制。

2.自我意识与心理健康的关系研究

为了更准确地描述和预测自我意识与心理健康之间的关系，我们需要努力构建更为精细、全面的理论模型。这样的模型可以考虑到各种可能的变量和影响因素，从而更好地解释二者之间的关联。通过这些模型，我们不仅可以深入了解自我意识与心理健康的内在联系，还可以为心理健康的维护和干预提供更具针对性的科学依据。因此，我们应该不断努力完善这些模型，并通过实证研究验证其有效性。

3.跨文化背景下的自我意识研究

在不同文化和地域背景中开展对比研究将有助于我们深入了解文化差异如何影响自我意识的形成和心理健康。这种跨文化研究可以采用多元的方法，包括调查、实验、案例研究等，以全面评估不同文化背景下的自我意识特点。通过这样的研究，我们将能够揭示文化因素对自我意识和心理健康的塑造和影响机制，从而为不同文化背景下的人们提供更有针对性的心理健康支持和干预措施。

4.自我意识研究成果的应用

为了将现有的自我意识研究成果应用于更广泛的实践领域，我们应该积极与教育、职业辅导等相关领域展开合作。通过这些合作，我们可以将自我意识的理论和研究成果转化为实际操作指南，帮助更多人培养和维持健康的自我意识。这将有助于个人实现全面、和谐地发展，并为社会的进步和繁荣做出贡献。因此，我们应该持续关注实际应用领域的需求和挑战，不断推动自我意识研究成果的转化和应用，以造福更多人群。

总体而言，对自我意识的研究不仅能满足学术上的好奇心，更具有广泛的应用前景和实践价值。我们坚信，随着时间的推进和研究的深入，我们将能够更为深入地理解自我意识，并以此为基石，助推大学生实现心理健康和个人能力的全面发展。

第二节　大学生自我意识的发展与特点

大学阶段在个体的心理发展过程中被普遍视为极为关键和特殊的时期。在这一时期，大学生面临着众多外部环境和内部心理的显著变化，这些变化使他们开始更加深入地探索自我，并在自我认知、自我评价以及自我控制等方面产生更为深刻的理解和追求。因此，深入研究大学生的自我意识发展与特点具有特殊的重要性和价值。

为什么大学阶段如此关键和重要呢？首先，大学阶段不仅是学生知识技能储备的黄金时期，更是其自我意识发展迅速并产生深远影响的阶段。在这一阶段，大学生开始独立思考、形成自己的价值观、人生目标，并对自我进行更为深入和全面的探索。

对多数大学生而言，大学是他们首次脱离熟悉的环境，进入一个全新且相对自主的生活和学习环境。这种转变为他们提供了更多的机会去发展独立思考的能力，探索自己的兴趣、才能、价值观以及人生目标。而在这一过程中，自我意识的发展起到了核心和关键的作用。

了解这一时期自我意识的发展特点和规律，对指导大学生心理健康具有至关重要的作用。只有当我们深入研究和了解大学生自我意识的发展特点时，我们才能更准确地把握和理解他们的心理需求，进而为他们提供真正有用和受欢迎的心理健康教育和指导。更为重要的是，自我意识的发展和培养也是个人成长和进步的核心动力。一个健康、清晰、稳定的自我意识能够帮助大学生更好地面对人生的种种挑战，更能助力他们实现个人价值和社会使命。

综上所述，研究和探索大学生的自我意识发展与特点，不仅具有纯粹的学术价值和意义，更具有广泛而深远的实践意义和应用价值。它不仅可以丰富和充实心理健康教育的理论体系，为教育实践者提供有力且有效的理论支撑，还能为大学生的个人成长和发展提供清晰、明确的指导，帮助他们更加自信、从容地走向未来，实现人生价值和理想。

一、大学生自我意识的发展阶段

大学生自我意识的发展是一个复杂而丰富的过程，从入学到毕业，他们经历着自我认知、自我评价和自我控制的不断变化与成熟。这个过程中，大学环境的特殊性和各种经验的影响起着重要的作用。

1.入学初期的身份认同困惑与自我探索

当大学生踏入大学的校门后，他们迎来了一个全新的阶段，这个阶段充满了身份认同的困惑与自我探索的机会。在高中时期，学生的身份认同主要由学习成绩和家庭背景所塑造和定义，但一旦进入大学，他们需要重新审视和定义自己的身份。大学不仅是学习的场所，更是个体在社会中角色定位的重要阶段。

这种身份认同的探索过程可能会给大学生带来焦虑和不安的情绪。他们可能会问自己：“我是谁？我在这里做什么？我希望成为怎样的人？”这些困惑和疑问是自我意识发展的必经之路。而这样的过程虽然痛苦，但也是一个宝贵的机会，让大学生能够更深入地了解自己和他人。

在这期间，大学生开始真正地思考自己的兴趣、价值观和人生目标。他们可能会有机会尝试不同的课外活动和社团，这些活动和社团为他们提供了一个平台，让他们能够接触到不同的人和事，找到自己真正热爱和有兴趣的事物。

这种自我探索不仅局限于校园内，许多学生也会开始关注社会问题和全球议题，思考自己在社会中的位置和角色。他们可能会参与志愿者活动，或者加入一些与自己兴趣相关的组织，进一步明确自己的价值观和人生目标。

总的来说，虽然大学初期的身份认同困惑可能会给大学生带来短暂的不适和焦虑，但这也是他们自我意识觉醒和成长的关键时刻。只有通过真正的自我探索，大学生才能找到自己的方向，走出一条真正属于自己的道路。

2.学术与社会经验的积累与自我意识的形成

随着大学生活的深入推进，大学生逐渐积累了丰富的学术和社会经验。这些经验的积累对于他们形成专业的学术认知和自我意识都会起到重要的促进作用。通过系统学习和深入研究，大学生开始明确自己的学术兴趣和方向，并逐渐形成自己独特的学术观点。这一过程不仅能帮助他们构建完整的知识体系，还会激发他们对于学术研究的热情和兴趣。

同时，社会实践的参与也为大学生提供了宝贵的社会经验。他们通过实践活动，亲身感受到了社会的复杂性和多样性。在与不同背景的人交往中，他们开始更加全面地认识自己，意识到自己的优势和劣势，并逐渐形成更加清晰的职业倾向。这种自我认知的提升，为他们未来的职业规划和发展奠定了坚实的基础。

社交圈子的扩大也是促进自我意识形成的重要因素。在大学里，大学生有机会结识来自不同地域、不同文化背景的人，这种交往让他们更加深入地了解自己，也更加清楚地意识到自己在社会中的角色和责任。他们开始思考如何在社会中发挥自己的作用，如何实现个人价值和社会价值的统一。这种对于自我和社会的深入思考，促进了他们自我意识的形成和发展。

综上所述，学术和社会经验的积累对于大学生自我意识的形成起到了重要的推动作用。通过学习和实践，大学生逐渐明确了自己的兴趣和方向，形成了更加清晰的自我认知。这些经验的积累不仅会为他们未来的职业发展打下坚实的基础，也将为他们成为有社会责任感、有担当的公民提供有力的支持。

3.毕业前夕自我意识的成熟与人生规划的制定

当大学生活即将走到尽头，毕业的时刻即将到来，大学生的自我意识也经历了一个逐渐成熟的过程。他们通过大学四年的学习和成长，对自己有了更加全面而深入的认识。他们更加明确自己的价值观、人生目标和追求，并意识到这些要素在未来生活和职业发展中的重要性。

这个阶段的大学生开始积极思考自己未来的生活和职业发展。他们不仅关注眼前的就业问题，更站在更长远的视角，思考自己的人生规划和目标。基于自我意识的成熟，他们能够更准确地评估自己的兴趣、能力和潜力，并将其与社会需求和趋势相结合。这使得他们能够制定更加切实可行、符合个人特点的职业目标和人生规划。

同时，毕业前夕的大学生也深刻意识到自我发展与社会责任之间的紧密联系。他们理解到个人的成长和成功离不开社会的支持和培养，因此愿意积极履行社会责任，为社会做出积极的贡献。这种将自我发展与社会责任相结合的意识，使得他们的人生规划更加充实和有意义。

然而，我们也需要明白，大学生自我意识的发展并非一个孤立的过程。它是受到多方面因素的综合影响而逐渐形成的。大学的环境和制度为大学生提供了良好的成长土壤。大学环境的自由度和开放性，使得大学生能够自由选择课程、参与各类社团和活动，这为他们的自我发展和探索提供了广阔的舞台。

在大学中，同学和师生间的互动也是自我意识发展的重要推动力。通过与他人的日常交流和比较，大学生能够更加全面地认识自己，看到自己的优点和不足。这种互动和碰撞，有助于他们更准确地定位自己，找到真正适合自己的发展路径。

此外，大学期间的社会实践也是促进自我意识发展的关键环节。大学生通过实习、志愿服务等方式，可以更早地接触社会、了解职业世界。这些实践经验，能帮助他们认识到学术知识与实践能力之间的关系，进而反思自己的定位和发展方向。

综上所述，毕业前夕是大学生自我意识成熟和人生规划制定的关键时期。这一时期的大学生，在自我意识成熟的基础上，能够更加理性、全面地规划自己的未来，将个人的发展与社会责任紧密结合，为自己的人生铺设坚实的基石。

二、大学生自我意识的特点

大学阶段是一个充满变化与探索的时期，大学生的自我意识也呈现出鲜明的特点，这些特点深深影响着他们的学习、生活和人际关系。

1.强烈的自主性和独立性

大学时期是一个人人生中一个极为重要的阶段，大学生开始真正意义上离开父母的庇护，步入成年人的世界。在这一阶段，他们的自我意识表现得尤为突出，其中最为明显的特征就是对自主权和独立决策的极高追求。

在学习上，大学生追求的是自主学习。他们渴望能够自主选择学习的内容和方式，而不仅仅是被动地接受老师的教导和教材的内容。他们对各种知识点和信息，都保持着一种批判性的思维，不会轻易接受表面的说法，而是更愿意通过自己的思考和探索，去寻求真正的答案。

不仅在学习上，生活中的大学生也表现出了强烈的自主性和独立性。他们更注重个人的意见和选择，强调个人价值观的实现。对家长和社会的传统观念，他们开始表现出强烈的反抗意识，不愿意再被这些束缚自己的思想和行为。他们渴望按照自己的意愿去生活，去追求自己真正想要的东西。

这种强烈的自主性和独立性，是大学生自我意识觉醒的重要标志。它意味着他们开始真正认识到自己是一个独立的个体，有自己的思想、意愿和选择。这种自我意识的觉醒，将对他们未来的人生道路产生深远的影响。

2.高度的可塑性和开放性

大学时期是一个个体意识形态和价值观形成的重要阶段，因此对大学生的自我意识来说，它具有非常高的可塑性和开放性。在这个阶段，大学生接触到的信息、经验和人际关系都远比高中时期更加复杂和多元化。他们会接触到各种学科的知识，与来自不同背景的同学们交流，参与各种社团和活动，这些都为他们提供了丰富的外部刺激和影响。

这些外部因素的不断作用，使大学生的自我认知处于不断塑造和影响的过程中。他们开始审视自己的价值观、人生态度和世界观，并可能在大学期间经历巨大的转变。他们逐渐认识到自己的不足，接受新的观点和思想，不断调整和修正自己的意识形态。

高度的可塑性使大学生更加容易被教育和培养。大学教育注重培养学生的批判思维、创新能力和社会责任感，这些都对大学生的自我意识产生了深远的影响。同时，开放性也使他们更加愿意接受挑战和尝试新的事物。他们愿意走出舒适区，接触不同的文化和思想，这种开放的态度有助于他们拓宽视野，增强自身的适应能力和创新能力。

因此，大学时期的高度可塑性和开放性是大学生自我意识发展的重要特征，也为他们的个人成长和发展提供了广阔的空间和机会。在这个阶段，他们可以通过不断学习和经验积累，塑造一个更加成熟、全面发展和有社会责任感的自我。

3.学习、生活中的表现

在学习方面，由于大学生自我意识的特点，他们更倾向于采取深入研究、自我驱动的学习模式。他们不满足于仅仅学习表面的知识点，而是更希望挖掘学科背后的深层含义和逻辑。这种学习模式使他们能够更好地理解和应用所学知识，提升学习效果。同时，他们也会更主动地寻求学习资源，如图书馆、网络等，以满足自我驱动的学习需求。

在社交生活中，大学生的自我意识也表现出一些明显特点。他们更注重与人真诚交往，建立深度的人际关系。他们渴望与同学建立真挚的友谊，互相支持、共同成长。同时，他们也更加关注自我表达，愿意展现真实的自我。在社交场合中，他们勇于表达自己的观点和想法，与他人分享自己的经验和感受。

此外，大学生的自我意识还会影响到他们的职业规划和人生目标设定。他们在选择职业时，更注重职业与自我价值的匹配，而不仅仅是追求物质回报。他们愿意花时间去了解自己的兴趣、特长和价值观，并基于这些因素去设定自己的人生目标。这样的职业规划和人生目标设定，有助于他们在未来的职业生涯中实现自我价值，获得成就感和满足感。

综上所述，大学生的自我意识特点在学习、生活中都有着明显的表现。这些特点不仅是他们在这个阶段行为、选择和决策的关键驱动力，也塑造了他们独特的大学生活方式。了解这些特点，对教育者、家长和社会来说，具有重要意义。这不仅可以帮助我们更好地理解大学生的行为模式和发展需求，更能为引导和支持大学生健康成长提供重要参考。同时，也有助于我们为他们创造一个更加适宜的学习和成长环境。

三、大学生与其他群体的自我意识比较

1.与青少年自我意识的比较

在青少年时期，个体的自我意识经历了一场巨大的变革。在这个阶段，他们开始更加频繁地思考关于“我是谁”这样的哲学问题。他们的自我意识，与大学生的自我意识相比较，显得较为波动和不稳定。青少年的自我意识常常受到荷尔蒙的影响，情绪起伏较大，同时也容易受到同龄人和社会环境的影响，表现出较大的可塑性。

然而，进入大学阶段后，他们的自我意识开始趋于稳定。大学生在经历过高中时期的青涩和不安后，对自我有了更深入的了解和认识。他们更能够理性地评估自己的能力、价值和目标，而不会再轻易受到外部因素的干扰。这也意味着，大学生在面临人生的重要决策时，能够有更清晰、更稳定的自我认知，对未来有更明确的期许和规划。

因此，虽然青少年时期的自我意识经历了一场暴风骤雨般的变革，但这也为他们在大学阶段的自我意识的稳定和成熟打下了坚实的基础。大学时期，他们的自我意识开始真正成熟和稳定，这使他们能够更自信、更坚定地走向未来，实现自己的人生价值。

2.与职场人士自我意识的比较

当我们将大学生的自我意识与职场人士的自我意识进行比较时，会发现两者之间存在显著的差异。职场人士的自我意识通常已经经历了长时间的沉淀和定型。在多年的职业生涯中，他们逐渐形成了稳定的价值观、人生目标和职业规划。这些要素构成了他们自我意识的核心，为他们在职场上的决策和行动提供了明确的指导。

相反，大学生正处于人生的探索阶段。他们的自我意识虽然正在形成和巩固，但仍然具有很高的可塑性。大学时期是他们接触新知识、新思想、新经验的黄金时期，这些信息都在不断地塑造和影响着他们的自我意识。因此，大学生的人生目标、职业规划和价值观都还有很大的变数。

这种可塑性是大学生最宝贵的资源。与职场人士相比，他们有更多的机会去尝试不同的可能性，去探索各种未知的领域，寻找真正适合自己的道路。这也意味着，大学生在面临人生选择时，不必过于拘泥于现有的框架和约束，而可以更加勇敢、更加自信地去追求自己的梦想。

总结起来，大学生与职场人士的自我意识之间存在明显的差异。而这种差异也决定了两者在人生规划和职业发展上的不同策略。对大学生来说，珍惜自己的自我意识的可塑性，积极探索和尝试，是他们走向成功的关键。

3.自我意识的阶段性特点与重要意义

自我意识的阶段性特点是每个人生阶段都独有的心理现象。在不同的生命阶段，我们的自我意识会呈现出不同的特点，这些特点深深影响着我们在该阶段的行为、选择和决策。这种阶段性特点是人生发展的重要标记，也是我们在不同阶段中面临挑战和机遇的关键参考。

对大学生来说，他们的自我意识独特性尤为突出。这一阶段的自我意识处于成熟与探索的交汇点，他们既有青春的激情与冲动，又开始对人生、未来进行深沉的思考。他们开始独立思考，寻求自我价值，他们的选择更多地受到了内心需求和自我价值观的影响。他们的自我意识正在从依赖外部评价向依赖自我评价过渡，正在形成稳定的自我认同感和自我价值感。

理解大学生自我意识的这一特点，有着重大的意义。首先，这有助于我们更准确地把握大学生的心理状态，理解他们的思想、情感和行为动机。其次，这为教育工作提供了有力的依据。教育工作者可以根据大学生自我意识的特点，确保教育内容和方法与大学生的实际需求相匹配，从而提高教育的针对性和实效性。

同时，对家长和社会来说，了解大学生自我意识的特点也具有重要意义。只有真正理解了大学生内心的需求和困惑，家长和社会才能更好地为他们提供支持和帮助。这不仅可以促进大学生的健康成长，也有助于他们更好地面对人生的挑战，实现自我价值。

四、大学生自我意识发展的挑战与机遇

1.挑战

（1）身份认同的困惑

随着大学生活的展开，大学生踏入了一个全新的阶段，这个阶段常常伴随着对自我身份的重新定义和认知。在这个过程中，很多学生会经历身份认同的困惑，这是一个复杂且多方面的心理过程。

首先，他们可能会对自己的身份产生困惑。在大学这个多元且自由的环境中，大学生接触到各种不同的思想、文化和价值观，这使他们开始重新审视自己的价值观和信仰。他们可能会发现自己原有的身份认知与这个新环境不再完全契合，从而产生身份认同的困惑。

其次，他们可能会对自己的角色感到迷茫。在大学中，大学生需要承担多重角色，如学生、朋友、社团成员等。这些角色的要求和期望可能会与他们过去的经验产生冲突，使他们不确定如何在这个复杂的角色网络中找到平衡。

最后，他们还可能会对自己的定位感到困惑。大学生活不仅是学术追求的阶段，更是一个个体社会化的过程。大学生开始思考自己在大学、社会、家庭中的定位，不确定自己应该如何平衡这些不同领域的需求和期望。他们可能会对自己的未来感到迷茫，不知道应该如何规划自己的人生道路。

这种身份认同的困惑是大学生活中一个普遍且正常的现象。然而，如果这种困惑得不到有效的处理和引导，可能会对大学生的心理健康和个人发展产生不良影响。因此，教育者和家长应该关注并支持大学生在这个过程中的自我探索和成长，帮助他们建立健康、积极的自我认同。

（2）价值观冲突

大学是一个高度多元的环境，大学生来自四面八方，拥有不同的文化背景、生活经历和观念。在这样的环境中，他们会接触到各种新的思想和观念，这是他们成长和拓宽视野的重要机会。然而，这种多元性同时也可能带来一些

挑战和困惑，其中之一就是价值观冲突。

在接触到新的思想和观念时，大学生可能会发现自己原有的价值观与之产生了冲突。他们可能会开始质疑自己原有的价值观，不确定哪些价值观能真正符合自己的内心和人生目标。这种价值观冲突可能会给大学生带来一定的焦虑和不安，他们可能会感到迷茫和无所适从。

这种价值观冲突不仅是个人层面的挑战，也是社会层面的重要议题。在现代社会中，价值观的多元性和冲突是一个不可避免的现象。大学作为一个微型社会，正是大学生面对和处理这种价值观冲突的重要场所。

面对价值观冲突，大学生需要深入地思考和探索。他们需要审视自己的原有价值观，思考这些价值观的来源和合理性。同时，他们也需要以开放的心态，接纳和理解其他人的价值观。通过比较、鉴别和选择，大学生可以逐渐建立起自己独特且包容的价值观体系，更好地适应多元的社会环境。

教育者和家长在大学生面对价值观冲突时，也应给予关注和支持。他们可以引导大学生进行思考和讨论，帮助他们厘清自己的价值观和人生目标。同时，也要尊重大学生的选择和决定，鼓励他们勇敢地面对和处理价值观冲突，促进他们的个人成长和社会发展。

（3）自我期望与外界压力之间的平衡

大学生活是一个充满挑战和机遇的阶段，大学生往往对自己有很高的期望。他们渴望实现个人成就，追求梦想，拥有更加美好的未来。然而，与此同时，他们也不可避免地面临着来自家庭、学校、社会等各种外部压力。

家庭对大学生来说是一个重要的支持系统，但也可能带来一系列的压力和期望。父母亲人希望他们能够取得好成绩，找到好工作，过上幸福的生活。学校则要求他们在学业上取得优异成绩，参与各种社团和活动，培养综合素质。社会则对他们的能力和未来充满期待，要求他们具备各种技能和竞争力。

面对这些来自不同方面的压力，大学生需要学会平衡自我和外界期望的压力，以免迷失自己。首先，他们需要了解自己的兴趣和激情，明确自己的长期目标和短期目标。这样，在面对外部压力时，他们可以根据自己的目标进行取舍和权衡，不被他人的期望左右。

其次，大学生应该学会设定合理的期望。过高的期望可能会导致挫败感和焦虑，而过低的期望则可能让他们失去动力。通过制定实际可行的目标和计划，他们可以更好地平衡自我和外界期望压力，逐步实现自己的梦想。

此外，大学生还需要培养良好的心理素质和抗压能力。家庭、学校和社会可以提供支持和帮助，但他们自己也需要学会应对压力和挫折。通过积极参加心理辅导、锻炼身体、培养良好的兴趣爱好等方式，他们可以提升自己的心理韧性，更好地面对挑战和压力。

2.机遇

（1）通过多元活动探索自我

大学是一个活动的宝库，为大学生提供了丰富多彩的课外活动机会，这些活动成为他们探索自我、发现兴趣与潜力的重要途径。学术竞赛不仅挖掘了大学生的学术潜力，更激发了他们对某一领域的深入研究兴趣，能够鼓励他们展示研究成果，锻炼学术交流和表达能力。社团活动则像是一个缤纷的舞台，供大学生追求兴趣、发展才艺，使他们无论是在文化、艺术、体育还是科技领域，都能找到志同道合的伙伴，一同探索、成长。

国际交流活动更是一扇通向世界的窗口。通过这些活动，大学生有机会接触到来自不同文化背景的人群，增进对多元文化的理解和尊重，拓宽视野，增强全球意识。与国际友人的交流，不仅能够提高大学生的语言能力，还能培养他们跨文化沟通的技巧和包容的心态。

每一个活动，都是一个自我探索的契机。大学生只有积极参与各类活动，尝试新的领域和挑战，才能更深入地了解自己的兴趣所在、能力所及，推动自身价值观的形成。这样的探索过程，让大学生更加明确自己的方向和目标，为未来的发展规划提供宝贵的参考。因此，大学生应该珍惜大学提供的多元活动机会，主动参与、积极探索，为自我成长打下坚实基础。

（2）社交实践建立支持系统

大学生活不仅是学术追求的过程，更提供了一个社交实践的场所，为大学生提供了广泛而丰富的人际关系网络。来自四面八方的大学生，各自拥有不同的背景、经历和文化，这为彼此间的交流与互动奠定了良好基础。

在这样的多元环境中，大学生有机会结识那些志同道合的朋友，共同追求梦想，互相激励。这种真挚的友谊不仅会在日常生活中提供相互支持，更会为个体在遇到困难时给予宝贵的帮助和鼓励。朋友们将成为彼此的力量，共同面对挑战，共同成长。

通过社交实践，大学生能够建立起一个支持系统，这个系统不仅仅是一群人的聚集，更是心灵的寄托和认同。它能够让大学生感受到自己是被接纳的、被珍视的，从而增强个体的自我认同感。在这个支持系统中，大学生可以找到真实的自己，获得归属感，进而更加自信、坚定地走向人生的下一个阶段。

因此，社交实践在大学生活中扮演着举足轻重的角色。它不仅能帮助大学生建立起支持系统，更会促进他们的个人成长与发展。大学生应该积极参与社交实践，敞开心扉，与他人真诚交流，让友谊成为大学生活中最宝贵的财富。

（3）培养自我调节能力

大学生活是一个充满挑战和压力的阶段，大学生时常会面临各种困难和迷茫。然而，这些挑战也为他们提供了难得的机会，使他们可以学习并培养出良好的自我调节能力。

在学业上，大学生会遇到各种学科的学习和考试压力。他们需要学会合理分配时间，制订学习计划，并保持良好的学习习惯。面对学习困难和挫折，他们可以培养积极的心态，通过寻求帮助、调整学习方法和设定可实现的目标来应对挑战。

此外，大学生也需要处理复杂的人际关系。与同学、教授和校园社团的成员建立良好的关系，需要他们具备沟通、妥协和解决冲突的能力。通过参与团队项目、学生组织和社交活动，他们可以提升自己的社交技巧，并学会在人际关系中保持平衡。

未来职业规划的迷茫也是大学生常常面临的问题。他们可以通过自我评估和职业探索，了解自己的兴趣、优势和目标，以制定合理的职业规划。同时，他们也可以学习如何分解长期目标，设定短期目标，并制订实际可行的计划来实现这些目标。

重要的是，大学生应该时刻保持自我觉察，了解自己的情绪和需求，并学会有效地管理情绪。他们可以通过积极的情绪调节方式，如运动、冥想、艺术和社交活动等来缓解压力和提升心理健康。

这些在大学中培养的自我调节能力，将成为大学生走向社会的宝贵财富。他们将能够更好地应对生活中的挑战，保持心理平衡，并具备实现个人目标的能力。因此，大学生应该积极面对挑战，培养自我调节能力，为未来的人生旅程打下坚实的基础。

3.面对挑战与抓住机遇

在面对挑战和机遇的时候，大学生需要有积极的心态和果断的行动。首先，他们不能畏惧挑战，而是应该正视并勇敢地迎接它们。挑战是成长的阶梯，只有通过挑战，他们才能发现自己的潜力，提升自己的能力。

同时，大学生也需要主动出击，寻找并抓住各种机遇。大学校园是一个充满机遇的环境，大学生可以通过参加各种活动、比赛、项目等，发掘自己的兴趣和潜力，扩展自己的人脉和资源。

更重要的是，大学生应该学会主动寻求帮助。他们可以找导师、辅导员或心理咨询中心谈话，打开心扉，寻求他们的建议和指导。这些资源能够为他们提供宝贵的经验和支持，帮助他们更好地面对挑战，抓住机遇。

此外，大学生也可以通过各种方式拓展自己的视野，提升自己的自我意识水平和质量。他们可以阅读各种类型的书籍、杂志，了解世界各地的文化和思想；可以通过旅行，亲身体验不同的生活方式和环境；可以通过实习，了解职场的规则和要求，为自己的职业规划打下基础。

总之，虽然大学生的自我意识发展之路充满了挑战，但只要他们能够以积极的心态面对，勇敢行动，他们就能发现这些挑战背后隐藏的丰富机遇。这些经历将成为他们人生中的宝贵财富，为他们未来的发展和成功奠定坚实的基础。

五、结论与实践建议

1.结论

经过详细的分析和讨论，我们可以明确地认识到大学生自我意识发展的重要性和其所面临的诸多挑战与机遇。这一发展过程既复杂又关键，它涉及大学生个体心理健康和成长的方方面面，并直接关系到他们在社会中的角色认知与定位。

家庭是大学生自我意识发展的起点，家庭环境和家庭教育方式对大学生自我意识的形成起着基础性作用。学校是大学生自我意识发展的重要场所，其中的教学模式、师生关系、校园文化等都会对大学生的自我意识产生重要影响。而社会则是大学生自我意识发展的广阔背景，社会的价值观念、舆论氛围、制度体系等都会对大学生的自我意识形成与发展产生深远的影响。

因此，家庭、学校和社会应该共同努力，为大学生的自我意识发展提供有力的支持和引导。家庭应营造和谐、开放、包容的氛围，鼓励孩子独立思考、自主选择；学校应提供多元化、个性化的教育环境和资源，帮助学生发掘自我、实现自我；社会则应倡导公平、公正、开放的价值观，为大学生的自我意识发展提供广阔的空间和丰富的机遇。

综上所述，大学生自我意识发展是一项长期、系统、复杂的任务，需要家庭、学校、社会等多方面的共同努力和持续关注。只有这样，我们才能真正培养出具有健康自我意识、独立自主、富有创造力的大学生，为社会的发展和进步贡献力量。

2.实践建议

（1）关注心理需求

为促进大学生自我意识的健康发展，我们首先应当高度重视并充分满足他们的心理需求。心理需求是人们基本的精神需求，关系到个体的心理健康和发展。对正处于自我意识形成关键期的大学生来说，满足他们的心理需求尤为重要。

具体来说，可以通过多种途径关注和满足大学生的心理需求。一是提供心理咨询服务，设立专门的心理咨询机构，配备专业的心理咨询师，为大学生提供个性化的心理咨询和辅导服务。二是设定心理健康宣传周，定期组织心理健康宣传活动，普及心理健康知识，提高大学生的心理健康意识。三是定期进行心理健康检查，通过科学的心理测评工具，了解大学生的心理健康状况，及时发现问题并介入干预。

以上措施可以使大学生的心理需求得到关注和照顾，为他们自我意识的健康发展提供有力支持。同时，我们还要意识到，满足大学生的心理需求是一项系统工程，需要学校、家庭、社会等各方面的共同努力和配合。只有这样，我们才能为大学生创造一个充满关爱和支持的环境，助力他们自我意识的健康发展。

（2）提供适当的支持和指导

学校和家庭在大学生自我意识的发展过程中扮演着重要的角色。为了促进大学生自我意识的健康发展，他们应该为大学生提供适当的支持和鼓励。这种支持和鼓励不仅有助于大学生更好地认识自己，还能帮助他们明确自己的价值观和人生目标。

为了实现这一目标，学校和家庭可以采取一些具体的措施。例如，学校可以设立导师制度，为学生提供个性化的指导和建议。导师可以根据学生的兴趣、特长和需求，为他们制订合适的发展计划，并在学术、职业和人生规划等方面给予指导和帮助。同时，家庭也应给予孩子足够的支持和鼓励，让他们在家中感受到温暖和支持，培养积极、健康的自我意识。

通过这样的支持和指导，大学生将能够更好地发掘自己的潜力，明确自己的价值观，为自己的人生目标而努力奋斗。这对于他们未来的发展具有重要意义，也有助于为社会培养更多具有独立思考和行动能力的优秀人才。因此，学校和家庭应该共同努力，为大学生提供适当的支持和指导，助力他们走向成功的人生道路。

（3）鼓励参与实践活动

参与实践活动对于大学生完善自我意识具有不可替代的作用。通过亲身参与各种实践活动，大学生能够深入社会、了解社会，在实际操作中更好地认识自我、提升自我。因此，学校应当积极鼓励学生参与实践活动，为他们提供丰富多彩的实践机会。

为了实现这一目标，学校可以组织学生参与实习活动，让他们在专业领域中获得实践经验，了解自己的职业倾向和能力特长。此外，学校还可以鼓励学生参与志愿服务活动，培养他们的社会责任感和奉献精神，提升他们的团队协作和沟通能力。同时，学术研究活动也是一个很好的实践平台，学校可以引导学生参与各种学术研究和创新项目，培养他们的科研能力和创新意识。

在参与实践活动的过程中，大学生不仅能够锻炼自己的能力和技能，还能发现自己的兴趣和潜力所在。这将有助于他们更准确地定位自己的价值和人生目标，为未来的职业规划和发展奠定坚实基础。因此，学校和社会各界应该共同努力，为大学生提供丰富的实践机会和资源，让他们在实践中成长、在实践中完善自我意识。

（4）拓展视野与经验

为了促进大学生更全面地认识自我，为未来的人生规划提供宝贵的参考，拓展视野与经验显得尤为重要。在这方面，鼓励大学生走出校园，积极参与国际交流、学术研讨会等活动，将起到至关重要的作用。

通过参与国际交流活动，大学生能够接触到来自不同文化背景的人群，了解不同国家、地区的文化、价值观和生活方式。这种跨文化交流能够拓宽他们的视野，增强他们的全球意识，使他们更加具备国际视野和跨文化沟通能力。

同时，参加学术研讨会也是拓展视野和增长经验的重要途径。在学术研讨会上，大学生可以接触到前沿的学术研究成果，与国内外同行进行深入交流和探讨。这不仅有助于他们了解学术前沿动态，还能激发他们的创新思维和科研热情。

此外，这些活动还为大学生提供了与各界精英人士交流的机会，他们可以从这些成功人士身上学到宝贵的经验和智慧，为自己的人生规划提供有益的借鉴。这些经历将有助于大学生更全面地认识自我，明确自己的目标和方向，为未来的人生道路奠定坚实基础。

（5）创设支持环境

为了促进大学生自我意识的健康发展，家庭和学校应该共同努力，为大学生创设一个鼓励自我探索和自我表达的支持环境。这样的环境能够让大学生感到被接纳和被理解，让他们敢于真实地面对自己，勇于追求自己的梦想和价值。

家庭是孩子成长的第一课堂，家长应该给予孩子足够的爱与支持，鼓励他们自由表达自己的想法和感受。家长要倾听孩子的内心世界，尊重他们的选择和决定，培养他们的自主性和独立性。同时，家长也要与孩子保持积极的沟通，了解他们的需求和困惑，给予及时的关心和支持。

学校作为大学生成长的重要场所，也应该为创设支持环境发挥积极作用。学校可以营造一个开放、包容的氛围，鼓励大学生敢于表达自己的观点和想法。在课堂上，教师可以采用互动式的教学方式，激发大学生的学习兴趣和主动性，培养他们的批判性思维和创新能力。此外，学校还可以设立心理辅导中心，为大学生提供心理支持和咨询服务，帮助他们解决成长过程中的困惑和问题。

通过家庭和学校的共同努力，可以为大学生创设一个支持性的环境，他们将更加自信、勇敢地面对人生的挑战，不断发掘自己的潜力和价值。这样的环境将有助于培养大学生的健康人格并促进其全面发展，为他们未来的人生道路奠定坚实的基础。

综上所述，促进大学生自我意识的健康发展需要家庭、学校和社会的共同努力。只有这样，我们才能确保大学生在这个关键的人生阶段健康地成长，为社会培养出更多有思想、有价值观、有行动力的新一代青年。

第三节　大学生自我意识自助教育实践

在现今这个信息化、多元化的时代，拥有自我教育的能力已经成为了必不可少的核心素养。自助教育，作为一种前沿的教育理念与方法，日益受到人们的关注和重视。它着重于个体的自主性、独立性及自我驱动力，让学习者成为自己教育的主导者。对正处于人生黄金时期的大学生来说，自助教育不仅能在学术上助他们一臂之力，更能在人格形成、人生观塑造等方面发挥积极而深远的影响。

大学阶段是大学生自我认知、自我探索的重要时期。在这一阶段，他们面对众多的选择、困惑和挑战，需要有足够的自我意识和自我驱动力去探寻人生的方向。自助教育，正是这样一把强有力的武器，能帮助他们解决成长路上的难题，助推他们实现自我价值和人生目标。

自助教育的魅力在于，它能够跳脱出传统教育的框架，让学生能够自由地选择自己热爱、有兴趣的学习内容。这种以兴趣为导向的学习方式，更能激发他们的学习热情，促使他们深入思考，从而对自己有更全面、更深刻的认识。

同时，通过自助教育，大学生能逐渐明晰自己的需求和目标。在学习的过程中，他们会不断审视自己，了解自己的长处和短处，明确自己的人生规划和学习目标。有了这些明确的方向，他们就能更加专注、更加有效地学习，为实现人生目标奠定坚实的基础。

最后，值得一提的是，自助教育的终极目标是个体的成长和发展。它激励大学生走出舒适区，勇于挑战自己，不断超越自我，实现自我价值的最大化。这样的教育方式，不仅有助于他们在学术上更上一层楼，更能够培养他们独立思考、解决问题的能力，以及自我管理、自我驱动的优秀品质。这些能力和品质，将成为他们未来人生道路上的宝贵财富。

因此，我们深信不疑，自助教育对大学生的自我意识培养具有不可估量的价值。它是大学生实现自我成长、追求卓越的关键途径，值得我们深入研究和广为推广。让我们共同携手，为大学生创设一个自助教育的良好环境，助力他们走向更加辉煌的未来！

一、自助教育的理论基础

1.自助教育的核心理念与基础

自助教育，这一独特且先进的教育理念，在现代教育的大背景下日益显现其不可或缺的重要性。它代表了一种对于学习的全新理解和认知，挑战了传统教育的被动模式，将学习从一种被动接受的过程转变为主动探索和实践的过程。

自助教育的核心理念始终围绕学习者。这一理念从根本上改变了传统教育中以教师、教材为中心的模式，转而强调学习者的主观能动性和主体地位。在这种教育模式下，学习者不再是被动的知识接受者，而是成为自己学习过程中的主导者，有权选择自己的学习内容、方式和进度。他们被鼓励去挖掘自我潜力，实现自我价值，从而得到更全面的发展。

自助教育的基础建立在对学习者的高度尊重与信任之上。它认为每一个学习者都是独一无二的个体，都有自己的兴趣、特长和潜力。因此，它倡导自主发现、自主学习和自主实践的学习方式，让学习者在自我驱动的过程中更深入地探索知识，更真实地理解世界。这种自我驱动的学习方式，不仅有助于提高学习者的学习效果，更有利于培养他们的创新精神和解决问题的能力，为他们未来的生活和职业发展打下坚实的基础。

2.自助教育的理论基础

自助教育作为一种先进而有深度的教育理念，其背后融合了多种教育学和心理学的理论观点，这些理论为其提供了坚实而稳固的基础。其中，建构主义理论是其最为重要且最有影响力的理论基础。

建构主义理论坚信学习是一个积极主动的过程，而非被动接受的过程。学习者通过与外部环境的互动，不断地建构、调整自己的理解。这种理论为自助教育提供了有力的支撑。在自助教育的实践中，学习者被赋予更多自由和责任感，他们不再仅仅是知识的接受者，而是成为自己学习过程中的主导者。他们可以自由选择学习内容，决定学习进度，通过与各种学习资源、学习环境的互动，不断建构、丰富、深化自己独特的知识体系和理解。

同时，内在动机理论也为自助教育提供了另一层面的理论支持。内在动机理论认为，推动学习者持续学习、深入探索的关键在于他们内部的动机和兴趣。当学习者对学习内容感到有兴趣，认识到学习的意义和价值时，他们会产生更强烈的学习动力，更能够持之以恒地投入学习。自助教育十分注重激发学习者的内在兴趣，通过提供有意义、有趣味性的学习内容和实践活动，引导学习者发现学习的乐趣，从而真正热爱学习，增强学习的动力和持续性。

因此，我们可以说，自助教育是一个在多种理论基础上建立起来的教育理念，它吸收了各种理论的精华，形成了一个全面、深入的理论框架，能够指导人们在教育实践中实现自我成长和发展。

3.自助教育的实践方式

在实践层面，自助教育作为一种灵活性极强的教育方式，采用了多样化的学习方式和方法来适应不同学习者的需求。它积极鼓励学习者根据自身的兴趣、能力和目标，制订个性化的学习计划和学习目标。这种个性化的学习方式有助于学习者更好地发掘自己的潜力，并提升学习的兴趣和动力。

为了实现自主学习，学习者可以采用多种途径和工具来获取知识和技能。阅读书籍是一种常见的自主学习方式，学习者可以选择自己感兴趣的领域和主题，通过阅读书籍来深入了解并扩展自己的知识。此外，参与实践活动也是自助教育的重要方式之一。学习者可以通过参与实践活动，如社区服务、实习、实验等，将所学知识应用于实际情境中，提升解决问题的能力和实践经验。

除了个人学习，自助教育也倡导学习者之间的合作与交流。小组讨论是一种常见的合作学习方式，学习者可以与他人分享自己的见解、经验和知识，通过交流和讨论，促进思维的碰撞和知识的互补。互助学习则是学习者之间相互帮助、相互激励的学习方式，学习者们可以通过共同努力和支持，实现共同进步。

总体而言，自助教育的实践方式丰富多样，既注重个体化的自主学习，又倡导学习者之间的合作与交流。这种综合性的实践方式有助于激发学习者的学习潜能，提升学习效果，并促进学习者的全面发展和成长。

4.自助教育在现代教育中的重要意义

自助教育在现代教育中具有不可估量的重要意义。首先，自助教育能够激发学习者的内在动力，让他们在学习的过程中保持持久的兴趣和热情。这种内在动力的激发有助于提高学习者的学习积极性和主动性，使他们能够更加专注地投入学习，提升学习效果。

其次，自助教育提高了学习的针对性和实效性。在传统的教育模式下，学习者往往被动接受知识，而缺乏对学习内容的针对性和实际需求的考虑。而在自助教育模式下，学习者可以根据自己的兴趣和目标，选择适合自己的学习内容和方式，从而提高学习的针对性和实效性。这种个性化的学习方式有助于学习者更好地满足自己的学习需求，提升学习的价值。

再次，自助教育对于培养学习者的自主学习能力、批判性思维和问题解决能力具有重要意义。在自助教育的过程中，学习者需要制订自己的学习计划，选择适合自己的学习策略，监控自己的学习进度，这都有助于培养他们的自主学习能力。同时，通过自主学习和实践活动，学习者能够不断锻炼自己的批判性思维和问题解决能力，为他们未来的学习和生活奠定坚实基础。

最后，在当今这个信息爆炸的时代，自助教育的重要性更加凸显。随着知识的更新速度不断加快，人们需要具备终身学习的能力，不断适应社会的发展和变化。而自助教育正是培养人们终身学习能力的关键途径。通过自助教育，学习者可以不断提升自己的学习能力和适应能力，不断扩展自己的知识和视野，为未来的社会发展做好充分准备。

二、自助教育实践方法

1.自我反思

（1）定义与意义

自我反思作为自助教育的核心方法，对大学生的成长具有至关重要的作用。它不仅是一个简单的过程，更要求学习者定期、深入地审视自己的行为、决策、态度和思想。这种反思能够帮助学习者更好地理解自己，明确自己的价值观，从而为个人的成长和发展设定更明确的方向。

（2）实践方式

· 记录日志：鼓励大学生每天或每周找一个固定的时间，记录下自己的所思所感。这种记录不是流水账，而要真实地反映自己的情感、反应和对某些事情的看法。通过这种日志记录的方式，大学生可以时常回顾自己的行为和反应，从中找到自己在某些情境下的固定模式，进而思考这些模式是否有助于自己的成长。

· 360度反馈：除了自我评价，外部反馈同样重要。大学生可以邀请朋友、家人、老师或同学提供反馈。这种反馈提供了一个更全面的视角，能够帮助大学生了解自己在他人眼中的形象，从而获得更全面的自我认知。

（3）在日常生活中的整合

为了使自我反思真正发挥其作用，它应当成为大学生的日常习惯。例如，每天晚上可以抽出10~15分钟，对当天的事件和行为进行简短的反思。在周末，可以更深入地回顾本周的行为与决策，分析自己在哪些方面做得好，哪些方面需要改进。通过这种方式，自我反思会成为一个持续的过程，从而帮助大学生在生活的每一个阶段都保持清晰的方向和目标。

2.情绪觉察

（1）定义与意义

情绪觉察作为培养自我意识的关键环节，对大学生的心理健康和人际交往能力有着重要的影响。它要求大学生不仅能够敏锐地感知自己的情绪变化，还要能够理解这些情绪背后的真实需求和动机。通过情绪觉察，大学生可以更好地认识自己，掌握自己的情绪，并以更健康、积极的方式应对生活中的挑战。

（2）实践方式

· 建议大学生每天花一些时间记录自己的情绪变化。这种记录需要深入、真实，不仅是表面的开心、难过，更要探索背后的原因和需求。通过对情绪日记的定期分析，大学生可以发现自己情绪的规律，进而理解自己更深层的需求和动机。

· 正念练习是帮助培养情绪觉察的有效方法。通过冥想、呼吸练习等方式，大学生可以训练自己的心智，使自己更加专注于当前的身体感受和思想。

这种练习有助于大学生在面对情绪时，能够冷静、清晰地认知自己，不被情绪所左右。

（3）在日常生活中的整合

情绪觉察应当成为大学生日常生活中的一种习惯。无论是感到焦虑、快乐还是其他情绪，都可以停下来深呼吸，思考这些情绪的真正意义。比如，当感到焦虑时，问问自己：“我为什么会感到焦虑？这种焦虑背后我真正的需求是什么？”通过这样的自我对话，大学生可以更加真实、准确地了解自己，从而更有目的地生活。

3.设定个人目标

（1）定义与意义

设定个人目标在自助教育中被视为一项核心活动，它不仅为大学生提供了前进的方向，还激发了他们的内在动力。为了实现真正的个人成长和发展，大学生需要根据自己的价值观和兴趣，明确自己未来的方向，并为之制定一系列清晰、具体的目标。

（2）实践方式

①可以使用SUART目标法则。

· Specific（具体性）：目标必须明确、清晰，不能模棱两可。确保你明确地知道自己想要达到什么水平。

· Measurable（可衡量性）：目标应该有一个明确的衡量标准，这样你才能知道自己是否达到了目标。

· Achievable（可达到性）：确保目标是可以实现的，不至于过于遥远或不可触及。

· Relevant（相关性）：目标应该与你的价值观和兴趣紧密相关，这样才能确保你有足够的动力去追求它。

· Time—bound（时间限制）：为每一个目标设定一个明确的时间期限，这可以帮助你保持专注，确保你在规定的时间内完成目标。

②目标分析法。

· 为了使目标更加易于实现，将长期目标分解为一系列的短期目标是非常有效的。这样做可以让你更清楚地看到每一个步骤，从而减轻实现目标过程中的压力。

· 为每一个短期目标制订具体的实施计划，确保你有明确的行动步骤，知道自己每一步应该做什么。

（3）在日常生活中的整合

为了使自己的生活更有方向、更有计划，大学生应该时常进行目标设定。例如，在每学期开始时，为自己设定明确的学期目标；在每月初，根据学期目标设定具体的月度目标。这样，你就能确保自己的每一步都是朝着正确的方向前进，每一次努力都是为了实现更大的目标。

总之，自助教育实践方法，如自我反思、情绪觉察以及设定个人目标等，为大学生提供了一个完整的成长框架。当这些方法被真正整合到日常生活中时，它们将形成一个强大的驱动力，推动大学生不断前进、成长与进步。这不仅有助于他们达成学业成就，更会为他们未来的人生道路铺设坚实的基础。

三、案例分析与实践经验分享

1.成功案例分析

案例一：通过自我反思和目标设定明确职业方向

- 背景：李同学是一名大三的学生，他一直以来都对未来的职业选择感到迷茫，不知道自己真正热爱和擅长的是什么。
- 自助教育实践：在接触自助教育后，李同学开始了持续的自我反思。他深入探索自己的兴趣、价值观和擅长的领域。在这个过程中，他发现自己对数字媒体有浓厚的兴趣。于是，他根据这一发现，设定了与数字媒体相关的短期和长期目标。
- 成果：有了明确的目标，李同学开始朝着这个方向努力。经过一段时间的准备和实践，他成功得到了一家知名互联网公司的实习机会。这段实习经历让他更加确定了自己的职业方向，并决定毕业后正式从事数字媒体相关的工作。

案例二：借助情绪觉察缓解学业和人际关系压力

- 背景：张同学是学霸，一直以来都在学业上表现出色。但随着大学生活的复杂化，她不仅面临学业的压力，还遭遇了人际关系上的挑战。
- 自助教育实践：为了应对这些压力，张同学开始学习并实践情绪觉察。每当她感到紧张、不安或焦虑时，她都会停下来，深呼吸，认真感受自己的情绪。然后，她会记录下这些情绪，并分析它们的根源。通过这样的方式，她逐渐学会了如何与自己的情绪相处，并找到了压力的源头。
- 成果：经过一段时间的情绪觉察实践，张同学不仅在学业上保持了优秀的成绩，还成功处理了与同学之间的矛盾，与她们建立了更加深厚的友情。更重要的是，她学会了如何平衡自己的情绪与外在压力，使大学生活更加丰富多彩。

2.实践经验分享

为了更广泛地推广自助教育理念和实践方法，并帮助更多的大学生实现个人成长和发展，可以邀请上述成功案例中的李同学和张同学以及其他受益于自助教育的大学生，分享他们的实践经验和心得。他们可以通过演讲、座谈、写博客等方式，与广大同学分享自己在自助教育过程中的实践方法、遇到的挑战以及取得的成果，激发更多同学的兴趣和动力。

同时，为了更好地指导大学生进行自助教育，我们也可以邀请心理学、教育学等领域的专家，为大学生提供更深入的指导和建议。这些专家可以从理论高度出发，结合大学生的实际情况和需求，为他们提供更加个性化、专业化的辅导。例如，心理学家可以为大学生讲解情绪管理的方法和技巧，帮助他们更好地应对压力和挑战；教育学家则可以指导大学生如何制订科学、合理的学习计划，提高学习效果。

通过这些经验和指导的分享，我们期望能够激发更多大学生的自助教育热情，帮助他们掌握有效的方法和技巧，提升个人综合素质和核心竞争力。同时，这也将为构建一个互助互学、共同成长的大学生社群打下坚实基础，促进大学生全面、健康地发展。

3.启示

这些成功案例及实践经验分享为大学生心理教育与人文素养领域带来了更为深入的启示：

（1）理论与实践的结合

自助教育不仅是理论上的学习，更重要的是与实践相结合。对大学生而言，单纯地吸收知识是不够的，还需要将所学应用到实际生活和学习中。每个学生都有自己独特的学习方式和节奏，因此需要根据自身情况灵活调整自助教育策略，确保最大的学习效果。

（2）面对困惑与挑战

在大学生活中，大学生可能会遇到各种困惑和挑战，包括学业、人际关系和未来规划等方面。但通过这些成功案例及实践经验的分享，大学生可以意识到，通过自助教育，他们都有能力找到解决问题的方法。自助教育不仅是知识的学习，更是心态的培养和技能的磨练。

（3）交流与分享的重要性

自助教育并不意味着孤立。与他人交流经验和心得，不仅可以帮助自己找到新的视角和思路，还能够加强人际关系，形成学习共同体。这种互动和分享是大学生成长过程中不可或缺的部分，有助于他们在学术和人生道路上走得更加从容与坚定。

通过深入的案例分析与实践经验分享，我们更加确信大学生自我意识自助教育在心理教育与人文素养领域的实际成效与价值。这不仅能为大学生提供一个可行的参考模式，更会鼓励他们在学习过程中培养自我意识，持续成长，并助力他们在学术和人生的道路上走得更加从容、坚定。

四、自助教育面临的挑战与解决方案

1.自助教育面临的挑战

（1）缺乏自律和毅力

· 问题描述：自助教育的学习模式与传统的被动学习模式有所不同，它要求学习者具备很强的自律性和毅力。然而，在大学生群体中，由于习惯了被动接受知识和缺乏自我驱动的能力，部分学生可能难以持续进行自主学习和实践。他们容易受到外部因素的干扰，从而偏离了学习的轨道。

· 影响：由于缺乏自律和毅力，学习者可能无法有效地规划和完成设定的学习目标。这样的态度不仅影响了他们的学习效果，还可能使他们无法充分发掘自助教育的潜在价值，从而错过了自我成长的机会。

（2）面对挑战时的困惑和无助

· 问题描述：在自助教育的过程中，大学生可能会遭遇各种预料之外的学术和人生的挑战。这些挑战可能超出了他们的经验范围，使他们在应对时感到手足无措。部分学生在这些挑战面前，可能会感到困惑和无助，不知道如何应对和继续前行。

· 影响：当大学生面对挑战产生困惑和无助的情绪时，他们可能会选择逃避，而不是积极寻找解决问题的方法。这样的心态可能会导致他们放弃自助教育，回到他们熟悉的舒适区。或者，他们可能会继续前行，但由于缺乏有效的策略和方法，他们可能无法高效地通过自助教育实现自我成长。

2.解决方案

（1）建立互助学习小组

· 解决方案描述：为了解决大学生在自助教育中缺乏自律和毅力的问题，我们可以鼓励他们建立互助学习小组。这种小组可以由志同道合的学生组成，他们共同希望通过自助教育来提升自己。在小组内，成员们可以定期分享学习资源，如学习资料、学习方法和学习心得。他们还可以设定共同的学习目标和计划，并相互监督和激励，以确保每个人都能够按照预定计划进行学习。此外，小组还可以定期组织讨论和活动，让学生们有机会交流学习经验，共同进步。

· 预期效果：通过小组的集体努力和互相支持，大学生可以感受到团队的力量和氛围，从而提高他们的自律性和毅力。与他人一起学习还可以增加学习的乐趣和动力，使得自助教育更加容易实施和维持。最终，这样的互助学习小组将促进大学生自助教育成果的实现，并提升他们的学习效果和成就感。

（2）寻求专业心理辅导

· 解决方案描述：面对自助教育过程中的挑战和压力，大学生可以主动寻求学校的专业心理辅导服务。心理辅导师可以提供一系列的心理技巧和方法，帮助大学生建立积极的心态和应对策略。通过心理辅导，大学生能够了解自己的学习风格和需求，制定适合自己的学习策略，并学会应对学习中的障碍和挑战。

· 预期效果：通过接受专业心理辅导，大学生能够增强自己的心理韧性和适应能力，以更加乐观和积极的态度面对自助教育中的各种挑战。心理辅导还可以提高大学生的自我意识和情商，帮助他们更好地理解自己和他人，建立健康的学习关系和人际关系。最终，大学生能够通过心理辅导的支持，克服困难，坚持自助教育，并取得更好的学习成果与实现个人成长。

3.结论

自助教育在为大学生提供了更为个性化、灵活的学习方式的同时，也会在实践过程中遇到多种多样的挑战。这些挑战可能来源于大学生自身的自律性、毅力不足，也可能来自外部环境的干扰和诱惑。但关键在于，只要大学生能够明确认识到这些挑战，并对症下药地积极寻找解决办法，他们就能够逐渐克服这些障碍，进一步推进自助教育，实现更高质量的自我发展。

值得注意的是，解决方案并不是孤立的。例如，大学生可以选择通过建立互助学习小组的方式，与同学们共同学习、互相监督，这样不仅能够提高学习效率，更能够在交流中碰撞出思想的火花，开阔眼界。此外，当面对挑战和压力时，寻求专业心理辅导也是一个非常明智的选择。心理辅导不仅能够帮助大学生调整心态，更能够为他们提供专业的建议和方法，助力他们更好地应对各种挑战。

最终，当我们谈及自助教育的成果时，它带来的不仅是学术上的提高和成就，更重要的是，通过自助教育的实践，大学生能够逐渐形成独立思考、自我驱动的能力，这些都将成为他们人生中的宝贵财富，促进他们的全面发展和个人成长。因此，鼓励大学生实践自助教育，不仅是为了学术成果，更是为了他们长远的人生规划和未来发展。

五、学校和社会的支持角色

1.学校的支持角色

（1）提供学术资源和实践机会

· 具体描述：学校作为学术的殿堂，拥有丰富的学术资源。学校图书馆藏有大量的书籍和期刊，为大学生提供了广泛的学术参考资料。此外，学校的在线数据库也为学生提供了便捷的电子资源检索服务，使他们能够轻松获取学术期刊、论文和其他学术资料。这些资源为大学生的学术研究提供了有力的支持。为了进一步巩固和深化学生所学的知识，学校可以组织各类实践活动。例如，实验室项目可以让学生参与研究，亲身实践科学实验的全过程。校园活动则可以提供一个展示学生才华的平台，同时锻炼学生的组织和协调能力。

· 目的：学校通过提供丰富的学术资源和实践机会，从而帮助大学生打下坚实的学术基础，培养他们的实践能力和创新思维，为自助教育的实施提供有力的支撑。

（2）鼓励参与社团和活动

· 具体描述：学校是一个多元化的社区，拥有各种各样的社团和活动。这些社团和活动涵盖了文艺、体育、科研等多个领域。大学生可以根据自己的兴趣和爱好选择参与，发掘自己的潜力和特长。参与社团和活动不仅可以丰富大学生的校园生活，还能够培养他们的团队合作精神和领导能力。

· 目的：通过鼓励大学生参与社团和活动，学校可以让大学生充分展示自己的才华和个性。同时，这也有助于培养大学生的社交能力和综合素质，提升他们的自我意识和自助教育能力。

（3）心理健康教育课程与咨询服务

· 具体描述：学校在认识到心理健康在自助教育中的重要性后可以开设专门的心理健康教育课程。在这些课程中，大学生可以了解到自我意识的培养、情绪管理、学习压力应对等关键心理健康知识。此外，学校可以设立心理咨询中心，为大学生提供一对一的心理咨询和辅导服务。这能够帮助大学生解决心理困惑，增强他们的心理韧性。

· 目的：心理健康教育和咨询服务的目的在于引导大学生重视自己的心理健康，为他们提供必要的心理技能和工具，使他们能够更好地面对学习生活中的挑战，有效地实施自助教育。

2.社会的支持角色

（1）提供实习和志愿服务平台

为了深化大学生的实践经验和社会认知，社会上的企业和机构应积极与学校建立合作关系，为大学生提供实习机会。这些实习机会可以让大学生在真实的职业环境中，应用所学的理论知识，锻炼自己的实践能力和解决问题的能力。同时，社会还应鼓励大学生积极参与志愿服务活动，如社区服务、环保活动等。志愿服务不仅能够培养大学生的社会责任感和公民意识，还能够提供与他人交流和合作的机会，丰富大学生的人生经验。

（2）倡导自助教育理念

在社会层面，通过各种媒体渠道和公众人物的影响力，积极宣传和推广自我意识自助教育的理念显得尤为重要。这可以包括在电视节目、网络平台上邀请专家学者进行解读，或者让有成功经验的大学生分享他们的自助教育故事。同时，公众人物，如作家、企业家、艺术家等，也可以在自己的社交媒体上分享对于自助教育的看法和实践，以此鼓励更多的年轻人走上自我驱动的成长道路。

3.总结

学校和社会的支持在大学生自我意识自助教育中起到至关重要的作用。学校应该通过提供学术资源、实践机会、心理健康教育等方式，为大学生打下坚实的知识基础和实践经验。而社会则应通过提供实习平台、志愿服务机会，以及积极倡导自助教育理念，为大学生创造一个更加开放、多元和包容的成长环境。在这样全方位的支持下，大学生能够更好地进行自我意识的培养和实践，为实现自我价值的最大化创造更多可能性。

第四章

大学生的学习心理

第一节　学习的概念与理论

随着时代的飞速发展，我们如今身处一个信息流浩如烟海、知识更新速度惊人的社会。在这样一个特殊背景下，学习的传统定义和边界已然发生了深远的变化。对当代大学生而言，学习不再仅仅是一个简单阶段性的任务，它已经华丽转身，变成了一项横跨整个人生、持续不断的活动，更确切地说，学习已经演变成了一种生活的态度，一种与时俱进的精神追求。

在大学这个精彩纷呈的阶段，大学生正处于人生中学习知识和技能的黄金时期，他们如同海绵一般，渴望吸收到更多的智慧和经验。这一时期的学习，其重要性不仅关乎他们未来职业生涯的成败，更决定他们在社会大舞台中的角色和价值。因此，学习在这个关键时期显得尤为重要和迫切。

然而，在如今这个信息爆炸的时代，单纯的知识获取已经不足以满足日益复杂多变的社会需求。大学生更需要掌握一套行之有效的学习方法，学会如何高效获取、精准筛选以及灵活应用所学知识。这样，无论未来面对怎样的挑战和机遇，他们都能够迅速适应，不断成长和进化。

更为关键的是，对学习的概念与理论进行深入的理解和研究，不仅可以帮助大学生更高效地学习，更能为他们的人生之路点亮一盏明灯，提供清晰明确的方向。深刻理解学习的本质，洞悉其背后的理论和原理，将使他们在学习的道路上更加游刃有余，也更加有动力和信心去探索未知的领域，不断拓宽人生的边界。

综上所述，对现代大学生而言，学习不仅是他们生涯中的核心任务，更是引领他们前行的动力和方向。而在这一漫长而充实的过程中，深入理解学习的概念与理论，无疑会为他们的人生之旅增添更多绚丽的色彩和意义。他们将成为知识的探索者、理论的实践者，不断书写属于自己的华丽篇章。

一、学习的定义与内涵

1.学习的定义

学习是一个深远而复杂的行为旅程。它并不只是一个简单的从外部环境中吸收信息的过程，而是一个涉及丰富、多样交互的深度体验过程。在这样的过程中，个体应与环境中的信息、人、事物建立起深度的连接，好似大树的根系，深入土壤吸收养分，为自己的成长奠定基础。

这一持续的过程，既需要经验的积累，也需要细致的观察和深入的思考。每一次的实践操作，每一次的与人交往，都是个体学习的机会，都是他们主动、积极获取新知识、新技能、新态度和新价值观的途径。这些新获取的元素，不仅是知识的增加，技能的拓展，更是个体心灵深处的触动，能够激活个体深层次的心理机制，推动其在行为和能力上发生真实、深刻的改变。

因此，当我们谈论学习时，我们不能仅停留在知识传递的层面。学习，是个体在认知、情感、态度、行为和能力等多个层面发生的全面、深刻的变革。这样的变革能帮助个体更好地适应不断变化的环境，为自己的生活和事业找到方向，实现自我价值。更为重要的是，学习能推动个体不断进化、持续成长，成为更好的自己。

2.学习的内涵

（1）知识获取

学习首先是一个从外部环境中积极获取新信息和知识的过程。这一过程可以通过多样化的方式实现，例如通过感官体验（观察、听取、触摸等）直接获取外界的知识；通过社交互动与他人交流经验和观点，不断丰富自己的理解；通过阅读，汲取前人的智慧，快速积累知识。这些都是我们获取知识的有效途径。

（2）认知加工

然而，单纯地从环境中获取信息并不等同于学习。学习需要我们的大脑对这些信息进行深度加工和处理。这包括对新旧知识进行整理、比较、联系，从而形成更为复杂、抽象和系统化的认知结构。这样的认知加工有助于我们深入理解新知识，并将其牢牢地镶嵌入自己的知识体系之中。

（3）行为变化

学习的终极目标并不仅止于认知层面。真正的学习应当能够促使个体发生行为上的变化。只有当新的知识、技能或态度被整合到个体的行为中，且能在实际生活或工作中得到应用，学习才算是真正有意义地发生了。因此，学习的成果不仅体现在个体的知识水平上，更体现在其行为的改善和进步上。

（4）情感与动机

除了认知和行为，学习还涉及情感和动机等非智力因素。学习者需要有足够的内在动力和情感支持，才能克服学习过程中的困难和挑战，从而持续、深入地学习。兴趣和好奇心是激发学习动机的重要因素，它们能够促使学习者主动探索新知识，拓展自己的视野。

3.学习的特点深化

（1）主动性

真正的学习从来都不是被动地接受信息，而是一个主动地探索和发现的过程。学习者需要具备积极的学习态度，主动地参与学习活动的各个环节，包括问题的提出、信息的搜集、知识的整合以及实践的应用等。只有真正积极参与，学习者才能对学习内容有更深的理解和掌握，才能达到更好的学习效果。

（2）持久性

学习的结果不应该是短暂的、过目即忘的，而应该具有持久性。这就意味着学习者在学习过程中需要不断地进行复习，巩固所学的知识，同时通过实践和应用，将知识转化为技能和能力，使其更加深入骨髓，难以忘记。

（3）情境性

学习往往是在特定的情境下发生的，这些情境为学习提供了丰富的背景和上下文，有助于学习者更好地理解和应用所学的知识。因此，在教学过程中，教师应该尽量还原知识的实际应用场景，让学习者在真实的情境中学习，促进学习的迁移和应用。

（4）个体差异性

每个人的学习方式、速度和效果都是独一无二的，这是由每个人的认知特点、经验背景、兴趣爱好等多方面因素决定的。因此，我们应该充分尊重学习者的个体差异，摒弃一刀切的教学方式，采用个性化的教学方法，以满足不同学习者的需求，使每个人都能得到最好的发展。

4.总结深化

总的来说，学习不仅仅是一个简单的知识传递过程，更是一个主动、复杂、多维和持久的个人成长过程。它深入个体的认知、情感和行为等多个层面，影响着我们的思维方式、情感态度和行为习惯。学习的定义，涵盖了从环境中获取信息、认知加工、行为变化到涉及情感和动机的诸多方面，展现了学习的丰富内涵和复杂性。而学习的特点，如主动性、持久性、情境性和个体差异性等，进一步揭示了学习的本质和规律，为我们理解学习提供了独特的视角。

因此，深入理解学习的定义与特点，对于我们更好地设计和实施教育活动具有重要的意义。它要求我们充分尊重学习者的主体地位，引导他们主动参与、积极探索，实现知识的自我建构和能力的自我提升。同时，我们还要关注学习者的个体差异，尊重他们的独特性和多样性，创设个性化的学习环境和条件，激发他们的学习兴趣和动力。只有这样，我们才能真正促进个体的全面发展，推动社会的进步和创新。

二、学习的基本理论

1.行为主义学习理论

（1）核心观点

行为主义学习理论认为学习是行为的改变，并且这种改变是由外部因素引起的，如奖励和惩罚。它强调可观察和可测量的行为变化，即学习的结果应该是可见的、可量化的行为变化。

（2）在大学生学习中的应用

设定明确的目标：大学生应该明确自己的学习目标，并将其分解为可操作的小目标。这样可以使学习过程更具针对性并更有动力。

建立奖励机制：根据行为主义学习理论的观点，奖励是促进学习的重要因素。大学生可以通过设立奖励机制来激励自己学习。这种奖励可以是物质的，也可以是精神上的，例如赞美、自我肯定等。

适用于需要重复练习的技能：行为主义学习理论强调通过反复练习来形成习惯和技能。对需要掌握特定技能的大学生来说，他们可以利用这一理论，通过不断的练习和反馈来提高自己的技能水平。例如，外语学习、编程技能等都需要大量的重复练习，行为主义学习理论可以为此提供有效的指导。

2.认知学习理论

（1）核心观点

认知学习理论是教育领域中的重要理论之一。它不同于行为主义学习理论，因为它更加关注学习者的内部认知过程。该理论认为，学习不仅是被动地接受信息，更是个体主动对信息进行选择、加工和处理的过程。它特别关注学习者的注意、记忆、思维和问题解决等认知活动，并强调这些活动在学习中的重要作用。认知学习理论主张学习者在学习过程中扮演积极的参与者，通过自己的认知活动来构建知识和意义。

（2）在大学生学习中的应用

认知学习理论对大学生的学习具有重要的指导意义。大学生应该培养各种认知策略，以更有效地处理和学习各种学科知识。例如，他们可以使用归纳总结策略，将大量的学习材料缩减为关键概念和要点，从而提高记忆和理解效果。联想记忆策略也可以帮助大学生将新信息与已有的知识和经验联系起来，促进知识的长期保持和提取。此外，批判性思维策略对大学生来说尤为重要，它能够帮助他们分析和评估信息的真实性、可靠性和价值，从而更好地应用所学知识解决问题。

总之，大学生通过运用各种认知策略，可以更好地适应复杂的学习环境，提高学习效果和质量。这些策略不仅有助于他们掌握学科知识，还能培养他们的自主学习能力和终身学习的习惯。

3.人本主义学习理论

（1）核心观点

人本主义学习理论是近年来在教育领域受到广泛关注的一种学习理论。

与行为主义学习理论和认知学习理论不同，人本主义学习理论更加重视学习者的情感、态度和价值观。它认为，学习不仅是知识的获取和技能的培养，更是一个自我发起、自我实现和自我发展的过程。该理论主张学习者应该在学习中发挥主体作用，根据自己的兴趣和需求选择学习内容和方法，从而实现个人的发展。

在人本主义学习理论中，学习者的情感、态度和价值观被认为是学习的核心。它强调学习者应该在学习中体验到积极的情感，形成积极的态度，并培养正确的价值观。这种以学习者为中心的观点，旨在促进学习者的全面发展，而不仅是学术上的成功。

（2）在大学生学习中的应用

人本主义学习理论对大学生的学习有着重要的指导意义。首先，大学生在学习中应该积极发掘和追随自己的兴趣和激情。只有对学习内容抱有兴趣和热情，他们才能更加主动地投入学习，并持久地保持学习动力。兴趣是学习最好的老师，它可以激发学习者的好奇心和探索欲望，推动他们不断深入学习。

同时，教育者也应该积极创造一个鼓励和支持大学生自我发展的环境。他们应该尊重每个学生的个性特点和兴趣爱好，提供多样化的学习资源和教学方法，以满足学生的不同需求。教育者的角色应转变为学生学习的引导者和支持者，他们应该给予学生更多的自主权和选择权，激发学生的学习兴趣和创造力。

4.社会文化学习理论

（1）核心观点

社会文化学习理论是学习理论中的重要分支，它持有一个核心观点：学习不仅是个体内的认知过程，更是在社会和文化背景中发生的活动。这一理论强调，社会互动、文化习俗和语言在学习中具有不可替代的重要性。在社会文化学习理论的框架下，学习者被看作是社会的一员，他们的学习活动深深受到社会环境、文化背景和语言习惯的影响。

社会文化学习理论认为，学习是社会化的过程，人们在互动中共享知识、理解世界，并借此建立身份。它注重学习的社会性和文化性，强调学习的本质是社会文化的参与和实践。这种理论看到了学习的复杂性和多元性，鼓励学习者在社会文化背景中理解和建构知识。

（2）在大学生学习中的应用

在大学生学习中，社会文化学习理论的应用有着广泛而深远的影响。大学生应该在学习中积极与他人合作、交流，这不仅能提升他们的沟通技巧，还能让他们接触到不同的观点和经验，从而丰富他们的理解和认识。利用集体智慧和多样性资源，他们可以从多个角度和层面获取和理解知识，提升学习的深度和广度。

此外，大学生也应当注意到，学习不仅是个体活动，更是一种社会活动。他们的学习过程会受到社会规范、价值观和信仰的影响。因此，他们需要在学习中保持对社会环境的敏感度，理解并尊重社会的多元性，同时也需要批判性地思考和选择，从而在社会文化背景中建构自我、发展自我。

三、各种学习理论在大学生学习中的应用

1.行为主义学习理论的应用

（1）目标设定与奖励机制

行为主义学习理论在大学生学习中的实际应用非常广泛。大学生可以积极借鉴行为主义学习理论的思想，设定清晰、具体的学习目标。一个明确的目标能够帮助他们保持学习的方向性，并在学习过程中保持持续的动力。同时，根据行为主义的理念，通过设定合理的奖励和惩罚机制，大学生能够自我驱动完成学习任务，并逐渐形成良好的学习习惯。奖励可以给予他们学习的满足感和成就感，而惩罚则能够提醒他们避免不良学习行为，从而调整自己的学习策略。

（2）自我监控与调整

除了目标设定和奖励机制，行为主义的理论还鼓励大学生进行自我监控。自我监控是学习者对自己的学习行为、学习过程和结果进行观察和记录的过程。通过自我监控，大学生能够更加直观地了解自己的学习情况，找出自己在学习中的问题和不足。同时，他们可以根据自我监控的反馈结果进行相应的调

整，及时改进学习策略和方法，从而持续提升学习效果。这种自我监控与调整的过程，有助于培养大学生的自主学习能力和自我反思能力，为他们的学术成就和未来发展奠定坚实基础。

2.认知学习理论的应用

（1）元认知策略的应用

认知学习理论在大学生学习中的应用具有显著意义。首先，它提醒大学生要关注自己的认知过程。认知过程是学习过程中的核心，涉及信息的获取、加工、存储和应用等方面。通过运用元认知策略，大学生能够更高效地管理自己的学习流程。元认知策略包括计划、监控和调节三个关键步骤。计划策略能帮助大学生在学习之前制订清晰的学习目标和学习计划，确保学习有明确的方向性。监控策略使大学生能够在学习过程中持续观察自己的学习进展和效果，及时发现问题和不足。调节策略则能帮助大学生根据监控结果进行调整和改进，优化学习策略，提高学习效果。

（2）深化理解与创新思维的培养

除了元认知策略的应用，认知学习理论还鼓励大学生在学习中深化理解并激发创新思维。它提醒大学生不要满足于表面的知识点掌握，而是要深入挖掘学科的内涵和本质。通过深入思考、广泛阅读和积极讨论，大学生能够拓展自己的视野，理解学科的前沿动态，激发创新思维的火花。这种创新思维的培养有助于大学生形成独特的学术见解，提升学术水平和综合素质。因此，大学生应该在学习中保持好奇心和探索精神，勇于挑战传统观念，不断推动学术进步和发展。

3.人本主义学习理论的应用

（1）兴趣驱动的学习

人本主义学习理论在大学生学习中的应用表现在多个层面。它鼓励大学生根据自己的兴趣和激情选择学习内容和方向。这种以兴趣为导向的学习方式，能够充分调动大学生的学习动力，使他们在学习过程中保持持久的专注和热情。当学习内容与大学生的兴趣相符时，学习就会变得更加有意义和有趣，大学生也更容易投入学习中，主动探索、深入思考。

为了实现兴趣驱动的学习，大学生可以积极寻找和发掘自己的兴趣所在，并与学习内容进行有机结合。他们可以选择自己感兴趣的课题、参加相关的学术活动或社团，与志同道合的同学一起交流和学习。这样，学习将不再是被动接受知识的过程，而是变成了一种享受和追求。

（2）自我实现与成长

除了兴趣驱动的学习，人本主义学习理论还强调学习的自我实现和自我发展性质。它认为，学习的最终目的是为了实现个人的全面发展。因此，在大学生学习过程中，他们应该注重培养个人价值观、态度和社会责任感。这些元素不仅关乎学术成就，更关乎个体在社会中的角色和责任。

为了实现自我实现与成长，大学生可以在学习中积极参与各种实践活动和社会服务，锻炼自己的领导能力、团队合作能力和沟通能力。同时，他们也应该关注社会热点问题，提升自己的社会责任感和公民意识。通过这种学习方式，大学生不仅能够在学术上取得优秀成绩，更能够实现个人的全面发展并推动社会的共同进步。

4.社会文化学习理论的应用

（1）合作学习与互动

社会文化学习理论在大学生学习中的应用具有广泛的实际意义。这一理论鼓励大学生与他人进行合作学习和互动，以充分利用集体智慧和多样性资源。通过参与小组讨论、团队项目等方式，大学生可以与他人共同学习、互相交流，并从不同背景和观点中受益。这种合作学习的方式有助于促进知识的社会建构，使学习者能够在互动中共同创造和获取知识。它不仅能够提高学习效果，还能够培养大学生的团队合作能力和沟通技巧。

为了实现有效的合作学习与互动，大学生可以积极参与课堂讨论、组织学习小组，与同学分享学习资料和经验。他们可以借助现代科技手段，如在线协作平台和社交媒体，促进团队成员之间的合作与沟通。通过这样的学习方式，大学生能够充分发挥自己的潜力，并与他人共同成长和进步。

（2）跨文化理解与尊重

在社会文化学习理论的指导下，大学生还可以培养跨文化理解能力。这一能力是指在不同文化背景下理解和尊重学习方式和观点的能力。随着全球化的不断深入，跨文化理解能力已经成为当代大学生必备的素质之一。通过接触和了解不同文化，大学生能够拓展自己的全球视野，增强对多元文化的认识和尊重。

为了培养跨文化理解能力，大学生可以积极参与国际交流活动、参加跨文化培训课程，主动与来自不同文化背景的同学交流学习。他们还可以通过阅读、观看和听取不同文化背景下的学术作品和观点，增加自己对多元文化的了解和认识。同时，大学生也应该保持开放的心态，尊重并包容不同文化背景下的学习方式和观点。这种跨文化理解与尊重的态度将有助于促进学术交流和合作，推动全球教育的发展和进步。

四、当代学习理论的发展趋势

随着科技和社会的不断进步，学习理论也随之发展，呈现出一些明显的发展趋势。这些趋势不仅影响着教育者的教学方式，也为大学生提供了更为丰富和高效的学习途径。

1.混合学习理论的崛起

（1）定义与特点

混合学习理论是近年来教育领域中的一个热门话题。混合学习，顾名思义，是将传统的面对面学习与在线学习相结合的一种学习方式。它汲取了两种学习方式的优势，并努力摒弃其不足之处。传统面对面学习能够提供实时的互动和讨论，而在线学习则提供了灵活性和便利性。混合学习理论允许学生根据自己的学习节奏和喜好，灵活地选择学习方式。这种个性化定制的学习体验有助于提高学生的学习效果和学习兴趣。

（2）应用与影响

混合学习理论在大学生中的应用日益普及，并且受到了广泛的认可和赞誉。它给予了大学生更大的灵活性，使得学习不再受制于时间和空间的限制。例如，大学生可以根据自己的时间安排，在线观看录制的讲座和教学视频，自主学习课程内容。然后，他们可以在课堂上与教师和同学进行深入的讨论，交流学习心得。这种学习方式使得大学生能够更好地平衡学习和生活，同时也促进了师生之间的交流与互动。

混合学习理论的崛起不仅对大学生产生了积极的影响，也为教育界带来了新的思考和挑战。它促使教育者重新思考传统教育模式下的固定思维和方式，尝试将在线学习的优势融入传统课堂中。同时，混合学习也为学生提供了更多样化的学习资源和学习方式，使得学习更加个性化、灵活化。这种理论的不断发展和应用，必将对未来教育产生深远的影响。

2.深度学习理论的重视

（1）定义与特点

深度学习理论是近年来在教育领域受到广泛关注的一种学习理论。与浅层学习相比，深度学习更加注重学生批判性思维、创新能力和问题解决能力的培养。深度学习不仅关注知识点的表面掌握，更加注重对知识的深层理解和应用。它鼓励学生从多个角度思考问题，培养他们的分析、评价和创新能力，使他们能够更好地应对复杂情境和实际问题。

（2）应用与影响

深度学习理论在大学生学习中的应用正在逐渐受到重视。在深度学习的指导下，大学生能够更加深入地探索学科领域，不仅局限于教材上的知识点，更深入学科内部，挖掘其中的核心概念和原理。通过深度学习，大学生可以形成自己的学术见解，并在学术研究中做出有价值的贡献。

除了学术领域的探索，深度学习还能够帮助大学生解决实际问题。在现实生活中，很多问题都需要综合运用多学科知识进行分析和解决。深度学习培养出的大学生具备批判性思维和创新能力，能够更好地应对这些挑战。他们可以从多个角度思考问题，寻找创新的解决方案，为社会的发展和进步做出贡献。

因此，深度学习理论的重视对于大学生的学习和发展具有重要意义。它不仅能提升大学生的学习效果，还能培养他们的综合素质和能力，为他们未来的发展奠定坚实的基础。

3.情境学习理论的回归

（1）定义与特点

情境学习理论是一个强调学习环境与实际应用情境相似性的学习理论。该理论认为，学习最好在真实的、与实际应用情境相似的环境中进行，因为这种学习方式能够帮助学生更好地将所学知识与实际生活经验相结合，提高学习的实用性和应用性。在情境学习理论中，学习者被置身于一个真实或仿真的环境中，通过观察和实践来获取知识和技能，并将其应用于解决实际问题。

（2）应用与影响

情境学习理论的回归在大学生教育中产生了显著的影响。对大学生而言，情境学习意味着他们可以通过实习、实践项目等方式，在实际工作场景中学习和应用知识。这种学习方式使大学生能够将所学理论与实际情况相结合，更好地理解和应用所学内容。

情境学习为大学生提供了与实践紧密结合的学习机会。例如，通过参与实习项目，大学生可以在实际工作环境中亲身体验和应用所学知识，与职场专业人士互动交流，提升职业素养和实践能力。此外，情境学习还鼓励大学生积极参与社会实践活动和社区服务，将所学应用于解决真实社会问题，培养他们的社会责任感和综合能力。

因此，情境学习理论的回归为大学生学习注入了新的活力。它使学习不再局限于课堂和教科书，而是与现实生活紧密相连，更加贴近实际应用的情境。这种学习方式有助于培养大学生的实践能力、解决问题的能力和职业素养，为他们未来职业发展奠定坚实的基础。

4.未来发展趋势

随着科技的日新月异和社会的不断进步，学习理论的发展也正在迎来前所未有的机遇。特别是神经科学和人工智能等前沿领域的深入研究，为学习理论的进一步个性化提供了可能。

神经科学，尤其是脑科学的研究，为我们揭示了学习过程的神经生理机制。通过对学生的学习方式和需求进行深入研究，教育者将更能够理解每个学生的个体差异。这种理解将有助于教育者为学生提供更加定制化的教学设计，以满足他们的特定需求和兴趣。

同时，人工智能在教育领域的应用也日益广泛。智能推荐系统可以根据学生的学习历史和表现，为他们推荐最合适的学习资源。学习路径规划则能够根据学生的目标和能力，为他们制订个性化的学习计划。这些技术的运用，将使大学生的学习更加精准、高效，提高学习效果。

这些新的学习理论，以其独特的优势和潜力，正在为大学生提供更丰富、更灵活的学习方式和策略。而这也将帮助大学生更好地适应大学生活，优化学习过程，进而更有效地实现个人的学术和职业目标。

5.总结

当代学习理论不断汲取前沿科技的营养，努力满足新时代大学生的多元化需求，并与社会的发展紧密结合。我们相信，在未来的日子里，随着这些理论和技术的进一步成熟和应用，大学生的学习体验和学习效果将达到一个全新的高度。

五、结论

学习是一个复杂且多维的过程，涉及多个层面和角度，对大学生的成长和发展起到决定性的影响。这种影响不仅局限于学术成就，更渗透到他们的价值观、态度和社会责任等方面。正因如此，对学习理论和概念的深入理解，显得尤为重要。通过这样的理解，大学生能够优化学习方法，提高学习效率，更进一步地实现个人的价值和社会使命。

在学习的旅途中，多种学习理论如同多盏指路明灯，为大学生提供了不同的路径和方法。行为主义学习理论犹如一位严谨的导师，通过奖励机制激发学生的动力，引导他们形成良好的学习习惯；认知学习理论则像一名深思熟虑的哲学家，鼓励学生内省，掌握学习的核心策略，进而增强记忆和理解能力；人本主义学习理论如同一个充满激情的艺术家，倡导学生追随心中的兴趣和激情，追求真实的自我，实现最深层的成长；社会文化学习理论则像一名睿智的社会学家，强调在多元的文化和社交背景中，通过合作与交流，积累经验和知识。

这些理论各有千秋，它们的存在不是为了相互替代，而是能够互相补充，为大学生提供丰富的学习选择。大学生应根据自己的特质和需求，整合这些理论，构建出最适合自己的学习方法。只有深入领悟学习的本质和规律，才能真正地驾驭学习，享受学习带来的乐趣和满足。

最终，学习的真谛不仅在于知识的获取，更在于能力的培养、人格的塑造、视野的开阔。大学时期的学习会为未来的人生打下坚实的基石。面对人生的种种挑战和机会，大学生需要的不仅是知识和技能，更为重要的是保持一颗始终对学习充满热情的心。因此，每一位大学生都应珍视学习的机会，发掘并享受学习中的乐趣，用学习的力量，为自己创造出更加灿烂的未来。

第二节　大学生的学习动机与策略

大学是每个学生人生中最为关键和充实的阶段。在这个阶段，大学生面临着更为复杂和高级的学术挑战，需要更为强大和持久的学习动力以及更加科学和高效的学习策略。

一、学习动机的定义与类型

1.学习动机的定义

学习动机，简而言之，是指引和驱动学生进行学习活动的内部心理力量。这种动机深深根植于学生的内心，为他们提供了持续、稳定的动力，使他们能够主动、积极地参与各种学习活动。这种动机不仅是学生学习过程中的原动力，更是他们在学术道路上的指南。

学习动机的强度和性质，与学生学习的成果和态度有着直接且紧密的联系。一个强烈的学习动机能使学生保持对学习的热情和兴趣，帮助他们形成积极的学习态度。同时，学习动机的性质也会影响到学生对学习策略的选择。例如，如果学生的学习动机是真正的兴趣和热爱，他们更可能选择深层次、探索性的学习策略；而如果是出于外部压力或奖励，他们可能更倾向于选择机械记忆等浅层学习策略。

最终，学习动机的强弱和性质将直接影响到学生的学习效果。一个适中且持久的学习动机能推动学生克服学习中的困难和障碍，实现更高效、更有深度的学习，从而获得更好的学习效果。因此，了解和培养学生的学习动机，对提升学生的学习效果和质量，具有至关重要的作用。

2.学习动机的类型

学习动机是学生学习活动的推动力，它主要分为两种类型：内在动机和外在动机。这两种动机在驱动学生学习方面有着不同的作用。

（1）内在动机

内在动机是学生学习中最为自然和持久的一种动机。它源于学生自身内部的需求和兴趣，比如对知识的好奇心、对学习的热爱以及对个人成就的追求等。学生由内在动机驱动时，他们会因为兴趣和满足感而学习，而不是依赖外部的奖励或评价。因此，具有内在动机的学生更能够主动、自发地学习，他们享受学习的过程，并能在长时间内保持对学习的热情。这种动机有助于学生培养自主学习的习惯，增强他们的学习深度和创造力。

（2）外在动机

与内在动机相对，外在动机不是来源于学生内部，而是来自外部的奖励、评价、压力或期望。比如，学生可能为了获得好成绩、得到老师或家长的认可，或者避免某种惩罚而努力学习。这种动机是外部因素推动学生学习的驱动力，它在一定程度上能够激励学生努力学习，达到外部设定的目标。然而，过分依赖外在动机可能导致学生过于关注学习的结果，而忽视了学习过程本身的价值和意义。此外，当外部奖励或评价不再存在时，学生的学习动力可能会下降。

总之，内在动机和外在动机都在一定程度上影响着学生的学习行为。教育者应该注重培养和激发学生的内在动机，同时也适度利用外在动机，以推动学生全面、深入地学习。

3.学习动机的重要性

（1）推动持续努力

明确的学习动机对学生来说，就如同指南针对于航海者。它不仅能够为学生提供一个明确的目标和方向，还能在学生面临困难和挫折时，发挥巨大的鼓舞作用。有了强烈的学习动机，学生会更容易坚持下去，即使面对艰难的挑战，也能够保持持续的努力，不会轻言放弃。

（2）增强学习意愿

学习动机不仅是一个抽象的概念，更直接关系到学生的学习态度。学习动机强的学生，通常会表现出更高的学习积极性和主动性。他们更愿意主动投入时间和精力进行学习，而不是被动地接受知识灌输。这种自愿的学习态度，使学生对学习充满热情，会大大提高他们的学习效果。因此，培养学生的学习动机，是教育过程中的一项重要任务。

4.学习策略的作用

（1）提高学习效率

有效的学习策略对学生来说是一把利器。它能够帮助学生更为高效地获取新知识，有条理地整理学习材料，并灵活运用所学知识解决实际问题。这样的方式能显著提高学生的学习效率，使他们能够在有限的时间内掌握更多知识。

（2）优化学习过程

学习策略不仅是关于如何学习，它更关注如何更合理、更科学地规划和分配学习时间与精力。采用恰当的学习策略能使学生的学习过程变得更为顺畅，帮助他们避免不必要的困扰和浪费时间。同时，学习策略也致力于使学习过程更加高效，以便学生能够达到更好的学习效果。因此，制定和实施有效的学习策略是学生在学习旅程中不可或缺的一部分，它有助于学生在学术道路上更加顺利地前行。

5.学习动机与学习策略的关系

学习动机和学习策略是学习过程中的两个核心要素，它们之间并不是孤立的，而是存在着错综复杂的相互作用。一方面，明确且强烈的学习动机能够成为学生追求更有效的学习策略的内在驱动力。当学生对某个学科或领域充满热情与渴望时，他们会更加主动地去寻找、尝试并实践那些有助于知识吸收和应用的学习策略。

另一方面，当一个学生找到并成功应用了适合自己的学习策略时，这种策略带来的高效学习和满意成果会反过来进一步增强其学习动机。例如，当学生通过采用某种学习策略在考试中获得了优异成绩，或是在研究中取得了突破性进展时，这种正面反馈会使学生更加坚信自己的学习策略是有效的，并激发出更强烈的学习欲望和动力。

综上所述，学习动机与学习策略之间存在着一种相辅相成、相互促进的关系。它们共同塑造和影响着学生的学习轨迹和成果。因此，对每一位追求学术成就的大学生来说，明确自己的学习动机，以及不断形成、调整和应用有效的学习策略，是通往学术成功之路的关键步骤。这样的努力将会帮助他们更好地驾驭学习的航船，乘风破浪，驶向知识的海洋。

6.动机类型对大学生学习效果的影响

在大学生活中，学习动机对大学生的学习效果起着至关重要的作用。内在动机和外在动机，这两种不同的动机类型，对大学生学习效果产生不同的影响。

内在动机，作为源自学生内心的驱动力，能够充分激发学生的主动性和创造性。当学生出于对知识的好奇心、对学习的热爱进行学习时，他们会更加积极地参与学习过程。这种积极的参与，不仅有助于学生在学习中获得更好的体验，还能够促进他们的深度学习和理解。因此，内在动机有助于学生在学习中形成更为全面和深入的认知。

与内在动机不同，外在动机主要受到外部因素的影响。虽然它在一定程度上能够引导学生朝着特定的目标努力，但它也可能导致学生产生应付心态。当学生只是为了获得好成绩、得到他人认可而学习时，他们可能只关注如何达到这些外部要求，而忽视了对知识的真正理解和应用。这种应付心态，可能会影响到学生的学习效果，使得学习变得更为机械化和表面化。

因此，对大学生来说，培养和激发他们的内在动机是至关重要的。同时，教育者和家长也需要合理引导和管理大学生的外在动机。这意味着，不仅要鼓励大学生追求外部的目标和奖励，更要帮助他们理解学习的真正价值，以及知识对于个人成长的重要性。只有在这样的内外动机共同作用下，大学生才能够实现真正全面而有效的学习，更好地满足个人和社会的发展需求。

二、学习策略的分类与应用

学习策略是大学生提高学习效果的关键，为了帮助大学生更好地学习和应用知识，可以采用不同的学习策略。这些策略可以根据其作用和目标被分为三个主要类别：认知策略、元认知策略和资源管理策略。

1.认知策略

认知策略是大学生学习过程中的重要组成部分，它涉及学生如何加工、处理和理解信息。这类策略主要关注信息的获取、储存以及如何在大脑中有效地保留和应用这些知识。掌握和运用有效的认知策略对提升大学生的学习效果和记忆力具有重要作用。

（1）记忆术

记忆术是一种通过运用特定的记忆方法和技术，以提高记忆效率和效果的认知策略。对大学生来说，学习各种记忆术可以帮助他们更有效地记住关键信息，提升学习成果。例如，使用记忆宫殿、联想记忆等方法，可以将复杂、抽象的信息与生动、具体的场景或图像联系起来，从而更容易存储和提取这些信息。

（2）笔记方法

笔记方法是另一种重要的认知策略，它能够帮助大学生有条理地记录、整理和回顾学习内容。采用合适的笔记方法不仅可以提高学习效率，还能促进学生对知识的理解和应用。例如，康奈尔笔记法强调将笔记内容分为不同部分，以便于后续的复习和回顾。而思维导图则是一种以图形方式呈现思维过程和知识结构的方法，它能够帮助学生更好地组织和理解学习内容。这些笔记方法的应用，可以大大提升学生的学习效率和记忆力。

2.元认知策略

元认知策略是一种高级的学习策略，它涉及学生如何对自己的学习过程进行监控、调节和反思。这些策略不仅关注学习的结果，更着重于帮助学生理解自己的学习方式、策略和效果，从而进行调整和优化，提高学习的效率和质量。元认知策略对大学生的自主学习和终身学习能力的培养具有重要意义。

（1）计划

制订明确的学习计划是元认知策略的重要组成部分。通过设定短期和长期的学习目标，大学生可以明确自己的学习方向和任务，合理规划学习时间和资源，从而保持学习的动力和进度。一个科学、合理的学习计划可以帮助大学生避免学习的盲目性和拖延症，提高学习的针对性和效率。

（2）反思与自我评估

反思与自我评估是元认知策略中的另一关键环节。大学生应该定期回顾自己的学习进度、方法和效果，及时进行总结和反思。通过这种方式，大学生可以识别自己在学习中的优点和不足，发现自己的学习盲点和弱点，进而调整学习策略，改进学习方法，提高学习效果。同时，反思与自我评估也能够帮助大学生建立正确的学习心态，培养批判性思维和自我发展的能力。

3.资源管理策略

资源管理策略对大学生来说是一项关键的能力，它涉及大学生如何有效地管理和利用他们的各种学习资源。这些资源包括时间、学习环境、社交关系等。成功地运用资源管理策略可以帮助大学生更高效地进行学习，提升学业成绩。

（1）时间管理

时间管理是学习资源管理的重要组成部分。大学生需要学会合理规划自己的学习时间，避免拖延症，以确保有足够的时间用于学习和复习。这包括设置明确的学习目标，制定实际可行的学习计划，并有效地利用碎片时间进行学习。

（2）寻求帮助

寻求帮助是另一种重要的资源管理策略。大学生需要知道如何寻求教师、同学或在线资源的帮助，以解决学习中的难题和提高学习效率。这种策略不仅有助于解决眼前的问题，还能让大学生学会借助外部资源来提升自己的学习能力。

（3）合作学习

合作学习是一种通过小组讨论、研究团队等方式进行学习的策略。它能够让大学生共享资源、互相学习和共同成长。这种学习方式可以促进大学生的交流能力、团队协作能力和创新思维的发展，同时也有利于大学生间的知识共享和资源整合。

综上所述，不同的学习策略适用于不同的学生和学习任务。对大学生而言，理解并掌握这些学习策略，根据自身的实际情况灵活运用，是提高学习效果、实现学术目标并促进个人成长的关键。因此，大学生应该积极学习和运用各种学习策略，以更好地管理自己的学习资源，提升学习成效，为个人的学术和职业发展奠定坚实基础。

三、学习动机与学习策略的关系

学习动机和学习策略在学习过程中起着不可或缺的作用，这两者之间存在着密切而复杂的关系。

1.学习动机对学习策略的影响

（1）驱动策略选择与应用

学习动机在学生的学习过程中起到了引导的作用。它是学生选择、尝试以及应用学习策略的推动力量。一个强大且明确的学习动机，能够鼓励学生积极地去探索各种学习策略，并主动将这些策略融入自己的学习中。这样的动机使学生在学习过程中更有目标性，更有针对性，因此也更容易找到最适合自己的学习策略，进而提升学习效率。

（2）影响策略的持续性与深度

学习策略的执行情况深受学习动机强弱的影响。学习动机强的学生，在策略的执行过程中表现出更高的持久性和更好的耐性。当遇到困难或挫折时，他们更能够坚持下去，不轻言放弃。这种坚韧不拔的精神，使他们在面对学习中的难题时，能够持续使用并优化自己的学习策略，进而在学习上获得更深入的理解和掌握。

（3）调动情感和认知投入

学习动机不仅影响学习策略的选择和执行，还会调动学生的情感和认知投入。有强烈学习动机的学生更可能对学习产生积极的情感，如兴趣、热情和享受等，这种积极情感又能进一步增强他们的学习动机。同时，他们更可能在认知上深度投入，进行深度学习，思考问题的本质和内在联系，从而更全面地理解和应用知识。

因此，老师和家长应该充分重视和激发学生的学习动机，让他们理解学习的意义和价值，引导他们找到适合自己的学习策略，促进他们的深度学习和全面发展。

2.学习策略对学习动机的反作用

（1）策略效果会导致动机的强化或弱化

学习策略的应用及其产生的效果，不仅对学习成果有决定性的影响，更直接关系到学习动机的强化或弱化。当学习策略得当，取得明显的学习进步和成就时，学生会感受到内心的满足和喜悦，这种积极的情感体验进一步强化了他们的学习动机。相反，如果学习策略不当，学习效果不佳，学生可能会感到沮丧和挫败，从而削弱学习动机。因此，学习策略的选择与应用对学习动机的维持与强化具有重要意义。

（2）策略调整引发动机的动态变化

随着学习的深入和进展，学生往往需要根据自己的学习情况和需求，灵活调整学习策略。这种策略的调整不仅是为了适应学习内容的变化，更是为了保持和增强学习动机。当一种学习策略长时间未能带来预期的学习效果时，学生会产生调整策略的动机，寻找并尝试新的学习策略。这种策略调整的过程实际上也是学习动机动态变化的过程。新的学习策略可能带来新的学习体验和成果，从而影响学生的学习动机。

（3）策略与动机的交互作用促进学习进步

学习策略和学习动机并非单向影响，而是存在复杂的交互作用。适宜的学习策略能够促进学习动机的增强，而强烈的学习动机又会促使学生积极寻找和运用更有效的学习策略。这种良性的交互作用可以推动学生不断前进，在学习过程中实现自我完善和发展。因此，教育者和学习者都应该充分认识到学习策略和学习动机之间的相互作用，积极调整策略，激发和维持学习动机，以实现更好的学习效果和个人的全面发展。

3.动机与策略的相互作用

（1）学习动机与策略的紧密关系

在实际的学习过程中，学习动机和学习策略并不是孤立存在的，而是时时刻刻都在相互作用的。一方面，一个适合学生的学习策略能够引导他们更高效地学习，从而在学习过程中体验到更多的成就感和满足感，这种积极的体验会进一步强化他们的学习动机。另一方面，一个强烈的学习动机能使学生对学习保持持续的热情和兴趣，这种热情和兴趣会驱使他们去寻找更适合自己的学习策略，并努力应用这些策略来提高学习效果。

（2）良性循环的形成

当学习动机与学习策略之间形成良性循环时，学生的学习状态会得到显著提升。这他们更有可能保持长时间的学习专注度，更深入地思考和理解学习内容，从而取得更好的学习效果。这种良性循环不仅有助于学生在短期内获得学术上的成功，更能培养他们的终身学习习惯和持续发展能力。

（3）教师的角色

因此，教师在教导学生时，除了关注知识的传授，更需要关注学生的学习动机和学习策略。教师应该帮助学生找到适合自己的学习策略，同时也要时刻关注他们的学习动机，确保学生对学习保持足够的热情和兴趣。通过动机与策略的良性循环，教师可以有效提高学生的学习效果和学习专注度，为他们打下坚实的知识基础，助力他们在学术道路上走得更远。

四、如何培养大学生的学习动机与策略

培养大学生的学习动机和学习策略是一个系统而持续的过程，涉及多个层面的干预和措施。以下是具体的方法和建议。

1.增强学生的内在动机

（1）鼓励兴趣导向

允许学生根据自己的兴趣选择学习内容和方向，是激发学生内在动机的有效途径。当学生能够选择自己感兴趣的学习领域时，他们更有可能投入更多的时间和精力，自发地探索和学习。教育者应该提供多样化的学习资源和机会，让学生自由选择，并与他们的兴趣相契合。通过这样的学习方式，学生能够感受到乐趣和成就感，进而增强学习的内在动机。

（2）设置挑战性任务

给学生设定难度适中的任务，是激发他们内在动机的另一种方法。当学生面对具有挑战性的任务时，他们会感到一种征服的欲望，这将成为他们前进的动力。这些挑战性任务应该既不过于困难，避免使学生感到沮丧和无助，也不过于简单，以免使学生失去兴趣。通过适度的挑战，学生能够逐渐积累成功经验，增强自信心，并意识到自己的能力和潜力。这种积极的体验将进一步强化学生的内在动机，促使他们持续努力学习。

2.设定合理的外在奖励机制

（1）明确的奖励制度

明确的奖励制度是学习动机激励的重要组成部分。为了确保学生能够明确努力的方向和目标，教育者应该清晰地设定奖学金、荣誉称号等奖励的条件和标准。这样可以为学生提供明确的奋斗目标，激发他们的学习积极性。同时，奖励制度的透明度也能确保公平竞争，使学生相信只要努力就能获得相应的回报，从而增强他们的学习动力。

（2）避免过度奖励

虽然外在奖励在一定程度上能够激发学生的学习动机，但过度的外在奖励却可能会削弱学生的内在动机。因此，教育者在设定奖励机制时，要确保外在奖励与内在动机之间达到平衡。过度奖励可能会使学生过于关注奖励本身，而忽视学习过程中的乐趣和成就感。因此，奖励应该适量、适度，以避免对学生内在动机产生负面影响。教育者应该引导学生关注学习的过程和成长，让他们意识到学习本身的价值和意义，从而培养持久而稳定的内在动机。

3.教授学习策略

（1）开设学习策略课程

为了帮助学生更好地掌握学习策略，可以定期为学生开设专门的学习策略课程。这些课程可以系统地教授学生如何制订合理的学习计划，有效管理时间，以及采用科学的记忆和复习方法等。在课程设计中，可以结合学生的认知特点和学习需求，通过讲解、示范、案例分析等多种教学方式，使学生能够全面了解并掌握各种学习策略。

（2）工作坊与实战训练

除了理论课程的学习，实践是掌握学习策略的关键环节。因此，可以举办学习策略工作坊，让学生在实际操作和案例分析中，深入理解和应用学习策略。工作坊可以设置多个学习环节，如策略讲解、小组讨论、实战演练等，让学生在互动与合作的氛围中，共同学习和进步。此外，也可以邀请一些成功的学习者或者专家，分享他们的学习经验和策略，激发学生的学习热情和动力。通过这些实战训练，学生能够更好地将学习策略应用到实际学习中，提高学习效果。

4.个性化指导

（1）学生个体差异认识

每个学生都是独一无二的个体，他们拥有不同的学习风格、兴趣、优势和缺点。因此，教师应该充分认识到学生之间的个体差异，并尊重这些差异。通过观察和了解学生的学习表现和需求，教师可以更准确地把握学生的学习特点和需求，从而为他们提供与之匹配的学习指导和支持。这种个性化的指导方式有助于发挥学生的潜能，提高他们的学习效果和满意度。

（2）一对一咨询

为了更深入地满足学生的个性化需求，学校可以设立学习动机和策略咨询中心。在这个中心，专业的咨询师可以为学生提供一对一的咨询服务。通过与学生面对面的交流，咨询师能够更全面地了解学生的学习状况、需求和问题，从而为他们给出定制化的建议。这些建议可能涉及学习策略的调整、时间管理、情绪调节等方面，旨在帮助学生克服学习障碍，增强学习动机，提高学习效果。一对一咨询的个性化指导方式能够确保每个学生都能得到最符合自己需求的帮助和支持，从而促进他们的学业进步和全面发展。

5.持续的评估与反馈

（1）定期评估

为了确保学生的学习动机和策略使用始终保持积极有效，定期的评估至关重要。这种评估可以包括问卷调查、面谈、学习成果展示等多种形式，旨在全面了解学生的学习状态、策略应用情况、动机强弱等方面。通过数据分析与对比，教育者能够判断学生的学习方法是否得当，他们的学习态度是否积极，从而为后续的个性化指导提供有力依据。

（2）及时反馈

评估的目的不仅是了解情况，更重要的是指导学生更好地学习。因此，针对评估结果，教育者应迅速为学生提供反馈。这些反馈要具体、明确，针对学生在动机与策略上的问题，给出具有操作性的建议。例如，如果学生的动机减弱，教育者可以与学生一同探讨原因，然后提供策略或资源上的支持，帮助学生重新找回学习的热情。如果学生的学习策略使用不当，教育者可以引导学生尝试其他策略，或者优化现有策略，从而提高学习效果。这种及时的反馈机制能够确保学生始终沿着正确的方向前进，不断调整自己的学习方法和态度，进而实现学习的持续优化与进步。

综上所述，培养和提高大学生的学习动机和学习策略是一项综合性的工作，需要学校、教师和学生共同努力，从多个维度进行干预，确保大学生能够在大学阶段实现高效、有意义的学习。

五、结论

1.学习动机和学习策略的重要性

对大学生而言，面临着复杂多变的学习环境，学习动机和学习策略这两大基石显得尤为重要。学习动机，就像一盏明灯，照亮大学生前行的道路，为他们提供稳定的动力和明确的方向。每一次的努力，每一次的坚持，背后都是动机在驱使。而学习策略，如同智慧的导航，使大学生能够在知识的海洋中准确地找到目标，更快速、更高效地吸收和应用。这两者的结合，确保了大学生在学习过程中的稳定性和高效性。

2.学习动机与学习策略的相互影响

强烈的学习动机不仅使大学生对学习充满热情，也促使他们去尝试、去探索更适合自己的学习策略。而一个适合自己的学习策略，会让大学生在学习的过程中收获事半功倍的效果，这种正面的反馈又进一步强化了大学生的学习动机。因此，这两者之间的关系是相辅相成、互相促进的。只有当学习动机和学习策略相互匹配、相互协调时，大学生的学习效果才能得到最大程度的提升。

3.重视培养和提高学习动机与策略的必要性

为了帮助大学生更好地应对学术挑战，提高他们的学习效果，我们必须重视培养和提高他们的学习动机和学习策略。这不仅仅是大学生自己的责任，也需要教育者和社会的共同努力。学校可以引入相关的课程和培训，帮助大学生识别并强化自己的学习动机，找到最适合自己的学习策略。同时，社会也可以通过各种奖励机制和实践机会，激励大学生持续学习，将所学知识应用于实际。

4.展望未来

随着教育理念的不断进步和发展，未来我们将更加深入地理解学习动机和学习策略的内涵及其相互关系。大学生群体也将在这个过程中获得更多的支持和指导，使他们能够更好地掌控自己的学习旅程，为学术和未来的生活都打下坚实的基础，实现更高的价值和成就。

第三节　常见的大学生学习心理问题及应对

大学生活，无疑是每一位学子人生旅途中极为关键的阶段。这个阶段，宛如一幅宽阔且色彩斑斓的画卷，既展现出无限的机遇，又隐隐透露出种种挑战。它标志着大学生从青涩的少年变为成熟的青年，从熟悉的家乡走向陌生的城市，从父母的庇护下独立出来，开始自我管理和自我决策。

在这样一个特殊的阶段，每一位学生都如同探险家，手持火把，踏上人生的新征程。他们需要学会独立应对各种挑战，需要找到自己的学习方法和策略，需要结识新的朋友和建立人际关系，更需要对自己的未来有所规划和期待。这样的经历，虽然充满困难和挑战，但也正是这些困难和挑战，塑造了大学生的人生观和价值观，使他们逐渐成长为有责任感、有担当的成年人。

一、学习挑战和心理问题

1.学习挑战的来源

（1）学术深度的增加

大学的学习内容相对于中学时期有着显著的差异。不仅各个学科领域的课程内容会更加深入、专业，而且常常需要大学生具备跨学科的知识和理解。这种学术深度的增加，要求大学生投入更多的时间和精力去深入研读、思考，以及进行实际操作和实践。对许多大学新生来说，适应这种学术上的深度和广度是一个不小的挑战。

（2）自我探索的压力

进入大学，大学生突然面临众多的选择：专业方向、选修课程、社团活动、实习机会等。这些选择都直接关系到他们未来的职业规划和人生发展。与此同时，这样的选择也带来了巨大的不确定性，大学生在自我探索的过程中常常会感到迷茫和压力。

（3）人际交往的挑战

伴随着新环境的到来，大学生需要在新的人际圈子中重新定位自己，建立新的人际关系。与高中时期相比，大学的人际交往更加复杂和多元。同学、室友、教授、工作人员……这些扮演不同角色的人都需要大学生去交往、沟通。而在这个过程中，如何与人沟通、如何处理人际关系冲突，也成为了大学生面临的一种隐性的学习挑战。

2.学习心理问题的出现

大学生在面临各种压力和挑战时，如果处理不当，可能会导致一系列学习心理问题的出现，例如：

（1）焦虑情绪

由于学业压力的增加，大学生容易产生焦虑情绪。他们可能会担心自己的学业成绩、考试表现以及未来就业前景等。这种焦虑情绪可能会干扰他们的学习专注力和自信心。

（2）过大压力

大学的学习任务繁重，一些学生可能会感受到过大的压力。他们要应对大量的课程作业、考试和学术要求，同时还要处理社交、兴趣爱好等方面的压力。过大的压力可能导致大学生的学习效率下降，身心健康受到影响。

（3）学习动力丧失

面对学习中的困难和挫折，有些学生可能会丧失学习动力。他们可能会感到厌倦、无助或失去兴趣，从而导致学习成绩下滑。重新激发学习动力对于大学生的学习成长至关重要。

（4）自我怀疑与自信心不足

当大学生遇到学习困难或挫折时，他们可能会开始怀疑自己的能力和价值。这种自我怀疑可能导致自信心的不足，使大学生对自己的学习能力产生怀疑，进一步影响学习效果。

这些学习心理问题对大学生的学术表现和身心健康都具有重要影响。因此，及早识别、理解和应对这些问题，对于保证大学生的健康和全面发展具有重要意义。

3.了解并应对学习心理问题的重要性

在大学生活中，学习心理问题不仅是学术道路上的绊脚石，也可能是大学生身心健康的隐形刺客。考虑到这些问题可能带来的多方面严重影响，深入了解并有效应对学习心理问题，无疑成为了大学生涯中的一项重要任务。

（1）理解学习心理问题的成因

为了有效应对学习心理问题，首先要了解这些问题的根源。学术压力、自我期望、人际关系等都可能成为学习心理问题的诱因。每个学生面临的问题和诱因都可能不同，因此，需要具体问题具体分析，有针对性地找出问题的症结所在。

（2）识别学习心理问题的表现

学习心理问题的表现多种多样，如焦虑、压力过大、动力不足、自我怀疑等。对这些问题的早期识别，有助于及时采取干预措施，防止问题进一步恶化。

（3）探索有效的应对策略

应对学习心理问题，需要综合运用多种策略。这可能包括寻求心理咨询支持、学习压力管理技巧、培养健康的生活习惯等。每个学生都可能需要不同的应对策略，因此，重要的是找到适合自己的方法，并积极实践。

总的来说，全面了解并正确对待学习心理问题，是大学生走向学术成功和身心健康的关键。这需要我们深入理解问题的成因和表现，积极探索有效的应对策略，并鼓励大学生在面对挑战时，勇敢地寻求帮助，不断地学习和成长。只有这样，大学生才能在学术和人生的道路上更加顺利前行，为未来奠定坚实的基础。

二、学习焦虑

1.定义和描述

学习焦虑是一种特定情境下的心理状态，专指在学习过程中，学生所体验到的那些持续、过度且不必要的担忧、紧张和恐惧情绪。这种焦虑情绪并非短暂或偶然，而是长时间、反复地出现，并有可能逐渐加剧。

当学生陷入学习焦虑时，他们的情绪会被持续的担忧和紧张所控制，这可能干扰他们的正常学习进度。例如，学生可能会发现自己在阅读教材、准备作业或参与课堂讨论时，难以保持精力集中。思维可能会频繁跳跃，或者持续陷入对某个细节的过度思考中。

此外，学习焦虑还有一些具体的表现。其中之一是对学习成绩的过度关注。尽管所有学生都希望获得好成绩，但处于学习焦虑状态的学生会过分看重成绩，甚至可能为了一个不理想的分数而深感沮丧，长时间走不出来。

另一个表现是对考试和评价的极度担忧。这类学生可能会在考试前夜失眠，尽管他们早已为考试做了充分准备。他们可能会反复检查自己的复习资料，担心自己是否错过了某个重要的知识点。

除此之外，学习焦虑还可能导致学生对自己学习能力的不信任。他们可能会经常怀疑自己，即使他们在某项任务中做得很好，也会认为这是出于偶然，而非自己的努力和能力。

总体来说，学习焦虑是一种需要引起重视的心理状态。它不仅影响学生的学业表现，还可能对其身心健康产生长期的负面影响。

2.形成原因

（1）内在期望与外在压力

· 过高的自我期望：部分学生天生追求完美，给自己设定了过高的学术目标，当目标难以实现时，容易产生焦虑的情绪。

· 家庭与学校的期望：家长和老师的期望有时与学生自身的实际能力不符，过高的期望可能导致学生感到压力和焦虑。

（2）教育环境中的竞争氛围

· 分数与排名的压力：在现代教育中，学生经常面临分数和排名的竞争，这种竞争压力容易导致学生感到焦虑。

· 资源竞争：如奖学金、实习机会等有限资源的争夺，也会使学生间产生竞争，进而引发焦虑。

（3）不当的学习方法与策略

· 学习方法不匹配：每个学生都有适合自己的学习方法，当使用不适合自己的学习方法时，学习效果打折，可能引发焦虑。

· 学习时间与效率：学习时间分配不当，或学习效率低下，也可能导致学习任务堆积，进而产生焦虑的情绪。

综上所述，学习焦虑的形成是多种内外因素共同作用的结果，对这些因素，我们需要有针对性地进行识别和处理，以帮助学生有效缓解学习焦虑，更好地投入学习。

3.缓解方法和策略

（1）设定合理的学习目标

· 实际性：目标应该基于学生的实际能力，避免设定过高或不切实际的目标。

· 分阶段性：将长期目标分解为短期、中期目标，这使学生能更清晰地看到进展，减少焦虑。

· 具体明确：目标应该具体明确，避免模糊、泛泛而谈的目标，这有助于学生更准确地评估自己的完成情况。

（2）采用有效的学习方法

· 了解自己的学习特点：每个学生都有自己的学习风格和擅长的学习方式，了解并遵循这些特点能提高学习效率。

· 多样化学习方法：结合阅读、听讲、讨论、实践等多种学习方式，避免单一方式带来的厌倦和效率低下。

· 及时反馈：有效的学习方法应包括及时反馈机制，使学生能及时了解自己的学习进度和存在的问题。

（3）寻求社会支持

· 倾诉与分享：与家人、朋友或老师沟通自己的焦虑和压力，这有助于减轻心理负担并获得理解和帮助。

· 专业心理咨询：如焦虑情绪难以自我缓解，可以寻求专业心理咨询，获得针对性的建议和方法。

（4）进行放松训练

· 深呼吸与冥想：这些简单的方法可以在学习间隙快速进行，有助于即刻缓解紧张情绪。

· 定期锻炼：适度的体育锻炼不仅能提高身体素质，也有助于释放压力，缓解焦虑。

· 培养兴趣爱好：绘画、音乐、阅读等兴趣爱好能为学生提供心灵的慰藉，是缓解焦虑的有效途径。

总体来说，缓解学习焦虑需要学生从设定学习目标、采用有效学习方法、寻求社会支持到进行自我放松训练等多方面进行综合施策，这样才能更有效地对抗学习焦虑，让学习过程变得更加轻松与高效。

三、学业拖延

1.解释现象

学业拖延是一种在学生中相当普遍的现象，它描述的是学生有意或无意地推迟或延误完成学习任务的行为。这种行为并不是由于外部因素导致的，而是学生自身的选择。

这种行为有多种表现形式：

- 延迟开始：学生可能会推迟开始一项学习任务，即使他们有足够的时间来完成它。例如，一个学生可能会推迟开始写论文，直到截止日期前一天才开始。
- 中断学习：在学习过程中，学生可能会中断学习去做其他事情，这些事情往往并不那么重要或与学业无关。例如，一个学生可能会在写作业时停下来刷社交媒体或看电视。

而且，学业拖延不仅局限于传统的学校环境。无论是在线学习还是面对面的课堂教学，学生都可能表现出这种拖延行为。

学业拖延带来的后果也是多方面的，短期内可能导致作业质量下降或错过提交截止日期，长期则可能影响到学生的学习习惯、成绩甚至未来的职业发展。因此，解决这个问题对于帮助学生提高学习效果和生活质量都有着重要的意义。

2.后果和原因

（1）后果

学业拖延会给学生带来一系列不良后果：

- 学习成绩下滑：由于任务的延误，学生通常面临学习时间减少的情况，这可能导致学习成绩下降。
- 压力增加：未完成的任务逐渐累积，学生可能面临越来越大的压力。不断增大的压力可能对学生的身心健康产生负面影响。
- 自信心削弱：长期的学业拖延可能导致学生对自己的学术能力和时间管理能力产生怀疑，进而削弱自信心。

（2）原因

学业拖延的原因多种多样，以下是一些常见的因素：

- 缺乏自律性：学生可能没有足够的自律性去主动完成任务，容易被其他事物所干扰，导致任务的延误。
- 时间管理不当：学生未能合理安排学习和休闲时间，时间分配不均可能导致任务的推迟。
- 对任务的畏惧：当面对难度较大的任务或不熟悉的内容时，学生可能会感到不安和畏惧，从而引发拖延行为。

通过对学业拖延的后果和原因进行深入了解，可以帮助学生意识到拖延的负面影响，使其积极寻求解决方法，提高学习效率和自我管理能力。

3.克服技巧和建议

为了有效克服学业拖延，以下是一些建议和技巧，可以帮助学生改善学习习惯并提升效率。

（1）设定明确目标

· 清晰性：明确的目标使学生能够直观了解自己要完成的任务，这有助于减少迷茫和浪费时间。

· 目的性：明确的目标可以帮助学生保持专注，不被其他不重要的事物所干扰。

（2）制订合理的学习计划

· 时间分块：有效的学习计划意味着将时间划分为多个段落，每个段落专注于一个特定的任务。

· 任务优先级：确定任务的优先级有助于学生首先完成最重要和最紧急的任务。

（3）分解任务

· 简化复杂性：将大任务分解为小任务可以使整个工作流程显得不那么令人生畏。

· 小目标达成：完成小任务能给予学生即时的成就感，进而鼓励他们继续前进。

（4）采用有效的时间管理方法

· 番茄工作法：如之前提及的，番茄工作法可以提高学生的集中力，帮助他们更深入地投入学习中。

· 时间记录法：鼓励学生记录他们每天的时间使用情况，这可以帮助他们识别并纠正时间使用不当的行为。

（5）寻求外部支持

· 监督与反馈：同学、老师或家人的监督可以提供一个外部的视角，帮助学生保持对自己的行为的清醒认识。

· 鼓励与激励：来自他人的鼓励是学生克服拖延的重要动力，可以帮助他们在面临困难时保持积极态度。

总而言之，克服学业拖延需要学生的内在努力和外部的支持与监督。结合上述策略，学生可以逐步培养自律性，更好地管理自己的时间和任务，从而有效提高学习效率，减少学业拖延带来的不良影响。

四、学习障碍

1.不同类型

学习障碍是一个综合性的术语，实际上包含了多种不同的障碍类型，每一种都有其特定的表现和特征。

（1）阅读障碍

· 定义与特点：阅读障碍是学习障碍中最常见的一种类型。有阅读障碍的学生在解码和理解书面文字时会遇到困难，尽管他们的智力和视力可能正常。

· 具体表现：他们可能在识别字母、单词或理解文章的意义上有困难。

（2）注意力缺失障碍

· 定义与特点：这类学生很难长时间地集中注意力。他们的注意力容易分散，很难对一项任务保持持续的专注。

· 具体表现：学生可能经常分心，坐不住，或有冲动行为。他们可能很难完成需要长时间集中注意力的任务，如阅读一本书或完成一个复杂的项目。

（3）记忆力障碍

· 定义与特点：记忆力障碍是指学生在记忆新事实和信息时遇到困难。这并不意味着他们的智力有问题，而是他们的记忆系统存在某种缺陷。

· 具体表现：这类学生可能需要更长的时间来记忆信息，或者可能很快就忘记。他们可能在学习新的概念、公式或历史事件时感到特别困难。

理解这些不同类型的学习障碍是第一步，因为每种类型都需要特定的干预策略和支持。只有当我们明确了学生的具体障碍类型，我们才能为他们提供最有效的帮助和支持。

2.识别和影响

（1）识别

对学习障碍的识别是一个复杂但至关重要的过程。早期识别可以为学生提供更及时的干预和支持，进而改善他们的学习体验和成果。

· 观察学习行为：老师和家长需要密切观察学生的学习行为。这包括但不限于他们的专注力、记忆力、理解力和应用能力。

· 与同龄人的比较：与同龄学生相比，有学习障碍的学生可能在某些学习任务上表现出明显的困难。

（2）影响

学习障碍对学生有多方面的影响：

· 学习效率：学生在有学习障碍的情况下，可能需要更长的时间来完成学习任务，或者无法完全吸收和理解所学内容，导致学习效率下降。

· 学习成果：由于学习效率的下降，学生的学习成果也可能受到影响，可能导致成绩下滑或无法达到预期目标。

· 心理影响：当学生在学习中持续遇到困难，与同龄人的差距可能导致他们产生自卑感，进而伤害他们的自尊心。这种心理影响可能进一步恶化，导致学生对学习失去兴趣，甚至产生逃避心理。

因此，教师和家长必须保持高度的警觉和敏感性，及时发现学生的学习障碍征兆，并尽快采取措施进行干预，确保学生获得必要的支持和帮助。这样不仅可以帮助学生克服学习障碍，还能保护他们的心理健康，促进他们全面、健康地发展。

3.支持和应对策略

面对学习障碍，综合应用各种支持和应对策略是至关重要的，这涉及教学方法、辅助工具、技术和专业人士的帮助。

（1）个别化的教学方法

· 阅读障碍学生：为了帮助学生克服阅读障碍，教师可以采用更为直观、图像化的教学方法。例如，使用色彩丰富的图表、图像和流程图，将复杂的文字信息转化为易于理解的视觉形式。

· 注意力缺失障碍学生：针对这类学生，教师需要创造更加动态、互动的教学环境。短时段的教学周期、频繁的互动和小组活动，可以帮助他们维持注意力并增强参与感。

· 记忆力障碍学生：针对有记忆力障碍的学生，可以采用多种记忆技巧和工具。例如，利用记忆宫殿、联想记忆等策略，或者提供记忆辅助软件，来帮助学生更好地存储和回忆信息。

（2）利用辅助工具和技术

科技在帮助学习障碍学生方面发挥着越来越重要的作用。

· 阅读障碍：语音识别软件、电子阅读器等可以帮助学生更加流畅、准确地阅读文字内容。

· 注意力缺失障碍：有专门的注意力训练应用和脑电波反馈技术，可以帮助学生增强注意力的集中度和持续时间。

（3）寻求专业机构和人士的帮助

学校和家庭的支持虽然重要，但有时还需要专业机构的介入。

· 心理咨询：心理咨询师可以帮助学生缓解因学习障碍产生的心理压力和困惑，提供心理辅导。

· 教育心理学家的评估：教育心理学家能够对学生进行深入的评估，明确学习障碍的具体类型和程度，提供针对性的教育建议。

综上所述，为了有效地支持学习障碍的学生，需要整合多方面的资源和策略，确保每个学生都能获得最适合自己的帮助和支持，从而挖掘其最大的学习潜力。

五、考试压力与应对

1.影响分析

对大学生来说，考试压力是一个无法回避的问题，它不仅深入影响大学生的学习成绩，更对其身心健康造成威胁。

（1）学习成绩的影响

· 失眠的影响：考试压力导致的失眠问题，使学生缺乏充足的休息，进而影响到他们的注意力和专注度。这种疲惫状态可能导致学生在课堂上的表现下降，无法有效吸收新知识。

· 注意力不集中：过度的考试压力使学生处于持续的紧张和焦虑中，这使他们很难集中精力进行学习或复习。学生可能坐在图书馆里，但思绪飘忽，这会导致学习效率大大降低。

· 记忆力减退：考试压力引起的紧张和焦虑可能会影响学生的记忆功能。他们可能发现自己在高压状态下无法记住重要的概念或公式，这对需要记忆大量资料的大学生来说无疑是一个巨大的挑战。

（2）身心健康的影响

长期的考试压力不仅影响学生的学习成绩，更对他们的身心健康产生深远影响。

· 健康问题：长时间的紧张和焦虑可能导致一系列身体健康问题，如头痛、胃痛、高血压等。失眠也可能导致学生的免疫力下降，更容易生病。

· 心理问题：面对长期的考试压力，学生如果没有得到及时的疏导和帮助，可能出现焦虑、抑郁等心理问题。这些问题可能比考试失败更为严重，会影响学生的日常生活和未来的职业发展。

因此，对于考试压力，我们不仅需要关注其对学生学习成绩的影响，更需要关注它对学生身心健康的潜在威胁，及时为学生提供支持和帮助。

2.有效复习和备考策略

为了对抗考试压力，大学生必须采用一套行之有效的复习和备考方法。这样，他们不仅能为考试做好充分准备，还可以有效地管理压力。

（1）制订合理的复习计划

· 提前规划：学生应在考试前的一段时间内开始规划他们的复习，这样可以避免临时抱佛脚，减少焦虑。

· 分阶段复习：将复习过程分为多个阶段，每个阶段专注于一部分内容，可以确保学生不会感到不知所措，也更容易跟踪进度。

· 设置小目标：为每个复习阶段设置小目标，达成这些目标能给予学生成就感，进而增强他们的自信。

（2）采用多样化的复习方法

· 阅读：精读教材和相关文献，强调对核心概念和理论的理解。

· 记笔记与总结：将重点、难点知识点进行归纳整理，制作思维导图或者笔记，方便日后回顾和强化记忆。

· 参与讨论：与同学或学友进行讨论，交换观点，互相答疑，能够加深对知识点的理解。

· 实践练习：做一些习题、模拟试题或实际操作，有助于巩固和加深理解。

（3）保持健康的生活习惯

· 充足的睡眠：保证每晚获得足够的睡眠，有助于大脑巩固记忆，恢复精力。

· 合理的饮食：吃均衡的食物，避免过多的咖啡因和糖分摄入，以保持稳定的能量和情绪。

· 适度的运动：进行轻度的锻炼，如散步、瑜伽或太极，可以帮助学生放松紧张的情绪，增强体质。

综上所述，有效的复习和备考策略不仅有助于学生学术上的成功，也有益于他们的身心健康。面对考试压力，学生应该积极采取上述策略，为自己创造一个更加有利的学习环境。

3.心理建议和技巧

除了备考策略外，心理层面的建议和技巧同样对应对考试压力起着至关重要的作用。

（1）建立正确的考试观念

· 明确考试的意义：学生需要清楚地认识到，考试仅仅是对自己学习成果的一种检验方式，而不是人生价值的判决书。一次考试的成败，并不决定一个人的未来和价值。

· 注重过程而非结果：将学习的重心放在知识掌握和能力提高上，而非过分关注考试成绩。只要努力了，即使结果不尽如人意，也无须过分自责。

（2）学习放松技巧

· 深呼吸和冥想：这些放松方法可以有效降低紧张和焦虑，使学生迅速恢复到平静状态。尤其在考试前，进行几次深呼吸或短暂的冥想，可以帮助学生稳定情绪，更好地应对考试。

· 日常放松练习：为了在考试时能够熟练运用这些技巧，学生在平时就应该进行放松练习，使其成为自己的习惯。

（3）寻求社会支持

· 和家人、朋友沟通：面对压力和挑战，家人的鼓励、朋友的关心都是宝贵的支持。学生应该和家人、朋友分享自己的考试压力和困惑，这样可以得到他们的理解和鼓励，让学生感到自己不是孤单的。

· 加入学习小组：与同学一起组建学习小组，共同复习、讨论，不仅可以取长补短，还可以相互鼓励，共同面对考试压力。

最后，要注意的是，每个人的情况都是独特的。如果感到压力过大、情绪难以调整，寻求专业心理咨询也是一个明智的选择。通过结合合理的备考策略、心理技巧和适当的外部支持，大学生可以更加从容地面对考试压力，实现学业与身心的健康平衡发展。

六、结论

1.学习心理问题的存在和影响

对大学生来说，学习过程中可能遇到的学习焦虑、学业拖延、学习障碍以及考试压力等心理问题，都是他们学术道路上的常见障碍。这些障碍的存在，不仅直接影响了大学生的学习效率、效果和学习成果，还可能间接地对大学生的身心健康造成负面影响。

2.大学生自身的应对策略和态度

面对这些挑战，大学生首先应正视这些学习心理问题。只有充分认识到问题的存在，才有可能主动地去寻找解决方法。大学生可以通过增强自我认知，了解自己的学习习惯和能力，从而找到适合自己的学习策略。同时，大学生也应该积极寻求外部的帮助和支持，如心理咨询、同伴互助等，为自己的学习之路扫清障碍。

3.教育机构和家庭的角色与责任

除了大学生自身的努力，教育机构和家庭在解决学习心理问题的过程中也扮演着重要的角色。教育机构可以通过提供个性化的教学方案、设立心理咨询中心等方式，来帮助大学生解决学习过程中的心理问题。家庭则是一个学生最重要的社会支持来源，家长可以通过理解、鼓励和支持孩子，帮助孩子建立起积极的学习态度，提高孩子的学习动力。

4.共创有利于大学生全面发展的学习环境

无论是大学生自身，还是教育机构和家庭，都应该共同努力，创造一个有利于大学生全面发展的学习环境。这个环境不仅应提供丰富的学术资源，还要关注和支持大学生的心理健康，让大学生在积极、健康的学习环境中，充分发挥自己的潜力，实现全面发展。

总结而言，大学生的学习心理问题是一个不容忽视的问题，需要大学生自身、教育机构和家庭三方共同努力，通过合理的应对策略，帮助大学生克服学习障碍，提高学习效率，促进大学生的全面发展。

第五章

大学生的情绪与情感

第一节　情绪与情感基本理论

大学生活对每一个年轻人来说，都是一段充满期待、挑战与探索的旅程。在这个阶段，大学生走出了家庭的温室，开始独立面对生活的种种挑战。新的环境、新的朋友、新的学习方式，以及更为复杂的人际关系，都使得大学生活成为一个独特的人生阶段。

在丰富多彩的大学生活中，大学生不仅要面对学业的压力、未来的规划，还要应对各种人际关系的处理、自我认知的探索等。与此同时，他们的情绪与情感也在这一过程中起伏不定，时而兴奋、时而沮丧、时而焦虑、时而满足。

事实上，情绪与情感在大学生活中的重要性不言而喻。它们是大学生心理健康的一个重要指标。一个情绪稳定、情感积极的大学生更容易形成良好的人际关系，更能够应对学业和生活中的种种挑战。相反，情绪不稳定、情感消极的大学生往往更容易陷入种种困境，并会影响到他们的学习、交往和日常生活。

因此，对大学生来说，认识自己的情绪、了解自己的情感，学会调节和管理自己的情感，是大学生活中的一项重要技能。这对他们的学术成就、人际交往、心理健康都有着重要的意义。所以，我们需要深入探讨大学生情绪与情感的特点、影响因素和调节策略，帮助大学生更好地应对大学生活的挑战，享受这段独特的人生旅程。

一、情绪与情感的定义与内涵

1.定义

情绪和情感是人类心理活动中不可或缺的部分，它们是人类对于客观事物的态度体验，反映了我们对周围世界的感知和反应。这些态度体验会引发一系列的行为反应，进一步影响我们的思维、决策和行动。

情绪通常被描述为一种短暂的、强烈的心理体验，它可以直接与特定的刺激事件相关联。例如，当我们遇到令人愉快的事情时，我们会感到开心和兴奋；而当我们面临威胁或危险时，我们会感到害怕或紧张。这些情绪体验通常是自发的，而且常常伴随着生理上的变化，如心率加快、呼吸急促等。

与情绪相比，情感更加持久和稳定，它代表了对特定事物或人的长期积累和深化的态度体验。情感通常基于我们对事物或人的评价、认知和意识，它们是我们价值观、信仰和文化背景的反映。例如，我们对家人、朋友、家乡等的深厚情感，是在长期经历中逐渐形成的，这些情感在我们心中扎根，并将持久地影响我们的行为和决策。

无论是情绪还是情感，它们都对我们的日常生活和社会交往产生着深远的影响。了解和认识自己的情绪和情感，对于我们的心理健康和个人成长至关重要。通过深入研究和理解情绪与情感的理论，我们可以更好地把握自己的内心世界，增强自我认知，并有效地应对生活中的挑战和压力。

2.内涵

情绪与情感作为人类心理活动的核心，其内涵包括了多个层面，这些层面共同构成了我们对情绪与情感的全面理解。

（1）生理反应

当人们经历某种情绪或情感时，生理上会产生一系列的变化。这些生理反应通常是我们自动、而不是有意识地体验到的。例如，当人们感到紧张、焦虑或害怕时，他们的身体会自动进入“应激反应”，心率可能会迅速加速，呼吸变得急促，手心可能会出汗，这些都是为了应对潜在的威胁。不仅如此，某些特定的情绪还与特定的生理反应有关。例如，当人们体验到爱意或吸引力时，他们的瞳孔可能会放大。

（2）表情行为

除了生理反应外，情绪和情感也会通过人们的面部表情、声音和肢体语言表现出来。这些外显的行为为我们提供了判断他人情绪状态的线索。例如，微笑、大笑通常表示开心、愉快或者满足，而皱眉、嘴角下垂则可能表示不满、沮丧或困惑。声音的音调、节奏和音量也可能泄露我们的情感状态。例如，当一个人害怕时，他的声音可能会变得尖锐。

（3）主观体验

最重要的，情绪和情感都是人们主观的体验。这意味着即使面对完全相同的外部刺激，不同的个体可能会产生完全不同的情绪和情感反应。有些人可能对某个事件感到兴奋和期待，而另一些人可能会感到焦虑和不安。这是因为每个人的过往经历、文化背景、价值观和认知方式都是独特的，这些因素都会影响我们对事件的解读和情感体验。

综上所述，情绪与情感的内涵包括了生理反应、表情行为和主观体验等多个层面，这些层面共同为我们描绘出一个丰富、复杂且多彩的情感世界。

3.情绪与情感的联系与区别

情绪与情感是我们日常生活中经常使用的词汇，它们之间有着密切的联系，但同时也存在一些区别。

（1）联系

都是人们对外部世界的心理反应。无论是情绪还是情感，它们都是人们对所处环境的内在体验和反应，与我们对外界事物的认知、评价紧密相关。

两者相互影响、相互转化。某种强烈的情绪体验可能会逐渐深化为情感，而某种情感的激发也可能引发相应的情绪反应。

（2）区别

情绪通常是短暂的、即时的反应，它随着引发情境的改变而快速变化或消失。而情感则更加持久，它们往往是对某事物或人长期积累的态度和感情。

情感相对于情绪更为深层和稳定。情绪可能仅仅是对某一事件的短暂反应，而情感则涉及对事物或人的整体评价和态度，不容易随外部环境的改变而发生变化。

当人们收到好消息时，他们会产生高兴的情绪，这种情绪随着消息的消化和时间的推移而逐渐消退；但当人们经历长时间的亲密关系，形成了深厚的爱意，这种情感可能会持续很久，甚至是一生。

在日常生活中，情绪和情感共同构成了我们的情感体验，两者缺一不可。

正确地识别、理解和处理自己的情绪和情感，对于个体的心理健康和人际关系都具有重要的意义。

（3）总结

尽管情绪和情感在定义和内涵上有所区别，它们实际上是相互联系、相互交织的两个方面。情绪往往是短暂的、即时的反应，而情感更偏向于持久和稳定的态度。然而，这并不意味着情绪和情感是完全独立的。相反，它们之间存在着密切的关联和影响。

一种情绪在持续一段时间后，可能会逐渐转化为一种情感。例如，当一个人经历一段时间的焦虑情绪后，这种情绪可能会逐渐演变成一种更持久的焦虑情感。这意味着情感可以在情绪的基础上形成，并通过反复的情绪体验得到加强和巩固。

另外，某种情感也可能会在特定情境下触发某种情绪。例如，一个人对某个城市有深厚的情感依恋，当他再次回到这个城市时，可能会触发一种强烈的怀旧情绪。这种情感的激发可以在特定环境下引发相应的情绪反应。

人们的情绪与情感相互交织，构建了一个丰富而复杂的内心世界。这个世界充满了各种各样的情绪和情感反应，使人们能够对外部环境做出更加多样、更加富有情感的回应。情绪和情感共同塑造了我们的个性、价值观和行为方式，成为我们日常生活中不可或缺的一部分。

对大学生来说，理解自己的情绪与情感并学会有效地管理它们，是成长过程中极为重要的一步。情绪与情感的管理涉及自我认知、自我调节和社交技能等方面，通过培养这些能力，大学生可以更好地应对学业压力、人际关系挑战以及未来的职业发展。因此，情绪与情感的理解与管理是大学生全面发展和心理健康的基石。

4.情绪与情感对大学生的影响

情绪与情感对大学生来说，是影响其整体发展的关键因素，对心理健康、学习、交往等方面都有着深远的影响。

（1）心理健康

对大学生而言，他们的情绪与情感状态是心理健康的一个重要反映。健康的情绪和情感可以帮助大学生保持心理平衡，面对生活中的种种压力和挑战，他们更能够积极应对，保持乐观的态度。这种积极的心态有助于增强他们的心理韧性，使其在遭遇困难时不易崩溃。

然而，消极的情绪和情感，如长期的压抑、烦躁、焦虑等，可能导致大学生出现心理健康问题。例如，过度的焦虑可能会影响大学生的日常生活，导致他们无法正常学习、交往；而长期的抑郁情绪可能会使大学生对生活失去兴趣，产生消极的想法。

（2）学习

在学习方面，情绪与情感的影响也是显而易见的。当大学生处于积极的情绪状态时，他们更容易对学习产生兴趣，愿意主动探索和学习新的知识。这种积极的情感可以激发大学生的学习动力，使他们更加专注于学习，从而提高学习效率。

但是，当大学生陷入消极的情绪时，他们可能会对学习产生抵触情绪，缺乏学习的兴趣和动力。长时间的消极情绪甚至可能导致大学生出现学习障碍，如注意力不集中、记忆力减退等，从而影响他们的学习成果。

（3）交往

大学是一个人际交往频繁的阶段，情绪与情感在这一过程中起到了润滑剂的作用。积极、健康的情绪和情感可以帮助大学生更好地与他人交往，建立和谐的人际关系。这种良好的人际关系有助于大学生形成自己的社交圈，为其未来的发展打下基础。

但是，如果大学生受到消极情绪和情感的影响，他们可能在交往中出现问题。例如，过度的嫉妒、猜疑等消极情绪可能会导致人际冲突，影响大学生之间的和谐关系。

5.深入研究情绪与情感的理论的重要性

（1）对于大学生心理需求的理解

每一种情绪与情感背后，都代表着某种心理需求或反应。深入研究这些理论可以帮助我们分析大学生在不同情境下的心理需求，从而为他们提供更为贴心的关怀。

（2）解决大学生的内心困惑

大学生在成长过程中会面临各种选择和困惑。通过深入研究情绪与情感的理论，我们可以探索他们内心的矛盾与冲突，为他们提供更为合适的建议。

（3）为教育者和心理健康工作者提供指导

只有真正理解了大学生的情绪与情感，教育者和心理健康工作者才能设计出更符合他们实际需求的教育和辅导方案。这样的方案不仅能够提高大学生的心理健康水平，还可以提高他们的学习效率和增强人际交往能力。

（4）推动相关学科发展

对情绪与情感的研究不仅局限于实际应用，更重要的是它可以丰富心理学、教育学等学科的理论体系，推动这些学科的进一步研究和发展。

综上所述，深入研究和探索情绪与情感的理论是理解大学生内心世界的关键，也是促进他们心理健康和全面发展的重要途径。这样的研究，既有实际应用的价值，可以指导教育和心理健康工作，也有理论建设的意义，可以推动相关学科的发展和完善。因此，我们应当重视并加强这一领域的研究，为大学生的健康成长贡献更多的智慧和力量。

二、情绪与情感的理论模型

1.情绪的理论模型

在研究人类情绪的过程中，出现了多种试图解释情绪起源和结构的理论模型。以下是两个主导性的理论。

（1）基本情绪理论

· 普遍性：这种理论坚信，不论文化、社会背景，人类都共同拥有几种基础的情绪反应。

· 基本情绪的种类：包括但不限于快乐、悲伤、愤怒、恐惧。这些基础的情绪不仅仅是简单的心理反应，它们也对我们的生理、行为和决策产生影响。

· 原始响应方式：这些基本的情绪为我们提供了一个原始的方式来响应外部世界，它们像是一种“硬编码”的反应，使我们能够对环境中的威胁或机会做出快速评价。

· 情绪的构建：这些基础的情绪反应，如同建筑的基石，构成了更复杂、更细微的情绪体验的基础。人们在不同情境下，会组合、修改这些基本情绪，形成丰富多彩的情感体验。

（2）维度情绪理论

· 情绪的维度：与基本情绪理论的观点不同，这一理论认为情绪不是孤立的存在，而是由多个维度组成，这些维度可以度量情绪的不同方面。

· 愉悦度：这是度量情绪的重要维度之一，它代表着一个事件或物体给人带来的愉快或不愉快的程度。从极度愉悦到极度不愉悦，这个维度帮助我们了解人们对不同事物的喜好程度。

· 唤醒度：这是另一个核心维度，与人体的生理激活水平有关。它表示人们对某事件的反应强度，从兴奋、紧张到冷静、放松，这个维度捕捉了人们的生理和心理激活程度。

总而言之，基本情绪理论强调情绪的固定种类和普遍性，而维度情绪理论则更看重情绪的连续性和多维度性。这两种理论为我们提供了理解和研究人类情绪的多种工具和方法。

2.情感的理论模型在教育领域的应用

情感的理论模型对教育领域的实践有着重要的指导意义。这些模型不仅解释了情感的本质和来源，更为教育者提供了一个实证有效的框架，以深入理解学生在学习和成长过程中的情感需求以及如何满足这些需求。

（1）认知评价的重要性

在教育过程中，学生的认知评价是一个不可忽视的因素。教育者们需要充分意识到，学生的认知评价在其情感产生中扮演着“触发器”的角色。

· 教育环境与情感的关联：当教育环境、教学内容与学生的期望和需求高度匹配时，学生会展现出积极的情感反应，例如兴趣、好奇和满足感。这些积极的情感反应会进一步增强学生的学习效果和动力，形成一个正向的循环。

· 不匹配情境下的情感反应：反之，如果教育环境与学生的期望和需求存在显著的不匹配，学生可能会产生消极的情感体验，如厌倦、无聊或挫败感等。这些消极情感会削弱学生的学习动力，甚至可能对其长期的心理健康产生不良影响。

（2）教育实践中的应用建议

基于情感的理论模型，教育者应努力创造一个与学生期望和需求相匹配的教育环境。同时，应鼓励学生进行自我评价，使其对自身情感有更清晰的认识，从而使其能更好地自我调节、自我驱动。

理论和模型揭示了情绪与情感的内在机制和外在表现，使我们能更科学地对待和处理情绪与情感问题。在教育领域，这些理论的应用有助于营造更加健康、积极的学习氛围，助力学生更好地成长与发展。因此，每一位教育者都应充分理解并运用这些理论，以更全面、更深入地了解学生的情感世界，进而促进教育效果的最大化。

三、情绪与情感的生理与心理机制

1.生理机制

情绪与情感不仅是心理上的体验，它们也与我们的生理机制紧密相连。当我们经历不同的情绪和情感时，身体的各个系统都会发生一系列的反应。以下是三大主要系统的活动变化。

（1）自主神经系统

自主神经系统控制着我们身体许多不自主的反应。当我们体验到某种情绪或情感时，这个系统会迅速做出反应。

· 心率：例如，当我们感到害怕或紧张时，为了应对可能的威胁，心率会加快。

· 呼吸：与此同时，呼吸也会变得急促。这些都是自主神经系统为了应对外部情境所做的自动调整。

· 出汗：此外，出汗也可能会增加，以帮助身体散热。

（2）内分泌系统

情绪与情感的变化不仅局限于自主神经系统。它们也会对内分泌系统产生影响。

· 应激激素：例如，当人们感到压力时，肾上腺会释放皮质醇。这是一种应激激素，有助于我们应对压力和紧张情境。

· 其他激素：除了皮质醇，还有许多其他激素也与情绪和情感有关，比如肾上腺素、去甲肾上腺素等，它们共同构成了一个复杂的内分泌网络。

（3）神经系统

我们的神经系统也为情绪和情感提供了生理基础。特定的情绪与情感会与神经系统的某些路径和化学物质发生关联。

· 神经递质：例如，多巴胺、血清素等神经递质与我们的情感和心境有着密切的关系。这些神经递质在大脑中的不同区域中传递信息，引发相应的情感体验。

· 大脑结构：此外，大脑中的某些特定结构，如杏仁核、前额叶等，也被认为是情绪和情感处理的关键区域。

综上所述，情绪与情感的生理反应涉及多个系统的复杂交互作用，这些生理反应为我们提供了理解和研究情绪与情感的生物学基础。

2.心理机制

情绪与情感的心理机制是理解和研究情感现象的关键。这些心理机制涵盖了多个核心过程，以下是详细的解析。

（1）认知评估

· 外部环境评价：人们不断地从外部环境接收信息，并根据这些信息评估自己所处的情境。这种评估是基于人们的经验、知识和价值观进行的。

· 内部需要与目标：除了外部环境，人们还会根据自己的内部需要和目标来评价情境。例如，当一个人追求某个目标时，他会对与这个目标相关的情境进行特定的评价。

· 情绪与情感的产生：认知评估的结果会导致特定的情绪与情感的产生。如果外部环境与内部需要和目标匹配，可能会产生积极的情感，否则可能会产生消极的情感。

（2）情感体验

· 主观感受：情感体验是人们对认知评估结果的直接心理反应。这种体验是非常主观的，因为不同的人可能对相同的情境产生不同的情感体验。

· 情感的种类：情感体验可以包括快乐、悲伤、愤怒、恐惧等多种情感。这些情感可以单独出现，也可以混合出现，形成复杂的情感体验。

（3）行为表达

· 表情：情绪与情感会通过人们的面部表情表达出来。例如，快乐时人们会笑，悲伤时会哭。

· 动作：除了表情，情感还会通过人们的动作表达出来。例如，愤怒时人们可能会握紧拳头，快乐时可能会跳舞。

· 声音：情感还会通过人们的声音表达出来。例如，害怕时人们可能会尖叫，兴奋时可能会高声呼喊。

这些心理机制并不是各自独立的，而是相互关联、相互影响的。认知评估引发情感体验，情感体验又会影响行为表达，而行为表达又可能反过来影响认知评估和情感体验。

3.功能

情绪与情感在我们的生活中扮演着非常重要的角色，它们具备多种功能，使我们能够更好地适应和应对外部环境的各种挑战。以下是情绪与情感的一些主要功能。

（1）适应环境

情绪与情感的首要功能就是帮助我们适应不断变化的外部环境。它们作为一种内部的反应机制，能够快速地对外部威胁或机会进行评估和应对。

· 威胁评估：例如，当我们面临威胁时，恐惧或紧张的情绪会使我们更加警觉，做好应对危险的准备。

· 机会把握：同时，当外部环境中存在机会时，积极的情绪如兴奋或期待能够激励我们去探索和利用这些机会。

（2）社交互动

情绪与情感在社交互动中也发挥着关键作用。它们是我们表达自己和感知他人内心状态的重要方式。

- 表达自我：通过表情、语气和动作，我们能够将自己的情绪与情感传达给他人，使他人能够理解我们的感受和需要。
- 感知他人：同样地，我们也能够通过观察他人的情绪表达，来感知和理解他人的情感状态，从而更加有效地与他人进行交往和互动。

（3）激发动机

特定的情绪与情感还能够激发我们的行动动机。它们为我们提供了行动的推动力和方向。

- 愤怒与公正：例如，愤怒的情绪可能会激发我们去改正不公正的情况，捍卫自己的权利或价值观。
- 快乐与追求：快乐的情感可能激发我们去追求更多的愉悦和满足，推动我们积极地追求个人目标和梦想。

总结而言，情绪与情感的功能多样且复杂，它们不仅帮助我们适应环境、促进社交互动，还能激发我们的行动动机，使我们的生活更加丰富多彩。

4.大学生与情绪情感的认知

对大学生而言，对情绪与情感的生理和心理机制有深入的了解和认知，会带来许多实实在在的好处。

（1）更好地认识自己

- 增强自我觉察：了解情绪与情感的生理和心理机制，可以帮助大学生更加清晰地认知自己的情感状态，从而增强自我觉察能力。
- 深化内心探索：这样的认知过程，也有助于他们更深入地探索自己的内心世界，触及情感背后的真实需求和动机。

（2）情绪调节

- 情境适应性：掌握情绪与情感的运行机制，有助于大学生学会在不同环境和情境下灵活调节自己的情绪，使其更为适应外界变化。
- 避免情绪冲动：在了解情感的生理和心理机制后，大学生们可以更有效地避免由情绪驱动的冲动行为，从而减少可能的负面后果。

（3）提升自我认知和情商

· 情商培养：通过深入理解情感的运作方式，大学生可以提升自己的情商水平，更好地识别、理解和回应他人的情感。

· 健康关系建设：情商的提升也有助于他们建立更为健康、稳定的人际关系，进而为个人的全面发展创造更有利的社会环境。

因此，我们可以看出，对大学生而言，学习和掌握情绪与情感的生理和心理机制不仅是一项抽象的学术任务，更是一项具有高度实用价值的必要生活技能。在这样的学习过程中，他们不仅能够更全面地认识自己，还能更有效地应对生活中的种种挑战，实现更为全面和均衡的个人发展。

四、结论

1.情绪与情感的重要性

· 塑造内心世界：每一种情绪与情感都在不断地塑造着我们的内心世界，它们如同心灵的色彩，为我们的生活增添了丰富的色调。

· 影响外部行为：情绪与情感不仅内在地影响我们，它们还会外化为行为，影响我们与他人的交往和互动方式。

· 人际沟通的桥梁：在人与人的交往中，情绪与情感是不可或缺的媒介。它们帮助我们传达意思，理解他人，建立深厚的人际关系。

2.基本理论的价值

· 深入理解起源与表现：通过研究情绪与情感的基本理论，我们可以追溯到它们的起源，清晰地看到它们的表现形式，进而获得更为深入的认知。

· 揭示复杂性与作用：情绪与情感的复杂性在于它们的多样性和变化性，研究其基本理论能帮助我们解析这种复杂性，并揭示它们在人类生活中的巨大作用。

3.对大学生的意义

· 增强自我觉察：大学生正处于人生的关键阶段，通过学习情绪与情感的基本理论，他们可以更加了解自己的情绪变化，进而增强自我觉察能力。

· 应对学术压力：在学术方面，大学生会面临众多的挑战和压力，有效的情绪管理能够帮助他们更好地应对这些挑战，从而提高学习效率。

· 社交技能的发展：在社交方面，大学生需要与他人建立各种关系。通过深入理解情绪与情感，他们能够更加和谐地与他人交往，促进社交技能的发展。

4.对心理健康和幸福感的影响

· 减少心理健康问题：大学生面临着众多的选择和压力，良好的情绪管理能够帮助他们避免焦虑、抑郁等心理健康问题。

· 提升幸福感：当大学生的情绪得到良好的管理和调节时，他们的幸福感也会随之提升，他们会更能感受到生活的美好。

5.鼓励学习和应用

为了提升大学生的情感智慧，我们应当鼓励他们深入学习相关的理论，并在实际生活中加以应用。无论是学校、家庭还是社会，都应当为大学生创造一个良好的环境，让他们在实践中学习和成长。培养健康的情绪习惯，对他们的未来生活和职业发展都将有着深远的影响。

总结，情绪与情感对大学生来说，既是挑战也是机会。通过系统地学习和实践，大学生可以掌握情绪管理的关键技巧，增强自我认知，从而在人生的旅途中走得更加从容坚定，拥抱更大的成功和幸福。

第二节　大学生的情绪表达与调控

在现今这个日新月异、充满挑战与机会的社会中，大学生的情绪状态受到了前所未有的关注。人们越来越认识到，情绪不仅是内心感受的简单反映，它还是连接个体与外界的重要桥梁，是我们与外部环境互动的关键媒介。

对风华正茂、朝气蓬勃的大学生而言，情绪表达与调控技能的重要性越发凸显。这两项技能，如同情感的“双刃剑”，既可能助力他们建立良好的人际关系，也可能成为阻碍他们前行的绊脚石。情绪表达是大学生与他人交往时给人留下的“第一印象”，是传递内心情感、需求、态度的重要方式；而情绪调控则关乎他们能否在面对种种压力与挑战时，保持平和、冷静的心态，做出明智决策。

这两项技能的掌握与否，不仅会直接影响大学生的人际交往效果，决定他们能否与他人建立和谐、积极的关系；更会在长期中对他们的心理健康、生理健康产生深远影响。例如，良好的情绪调控能够降低焦虑、抑郁等心理问题的发生率，有益于身心健康；而不良的情绪表达和调控则可能导致人际冲突、自身心理压力增大，进而影响个体的整体健康。

因此，情绪表达与调控是大学生日常生活中不可或缺的重要技能，是他们走向成熟、成功的必经之路。对于这两项技能的培养与提升，我们应当给予高度的关注和重视。

一、情绪的意义

1.情绪表达的重要性

（1）人际关系的桥梁

情绪表达作为人际关系的核心，有助于大学生之间的互动与沟通。在与他人的交往中，大学生通过情绪的传递，能够展示自己的真实态度和感受，使他人更能够理解和接纳自己。而这种理解和接纳，是建立和维护健康人际关系的基础。

恰当的情绪表达能够促进人际间的信任建立。当大学生能够坦诚地表达自己的情感，而不是隐藏或压抑时，他人会更容易产生信任感，从而深化彼此的关系。

（2）情感传递的工具

情绪是情感的外部表现，通过情绪的表达，大学生可以将自己的情感需求、感受传达给他人。这种传递有助于他人更加深入地了解大学生的内心世界，从而提供更加贴心的支持和帮助。

对大学生来说，情感的传递不仅是为了得到他人的理解，更是为了寻找共鸣。当他们的情感得到他人的响应时，他们会感到自己不再孤单，这种共鸣有助于大学生在面对困难时，获得更多的力量和勇气。

因此，我们可以看出情绪表达在大学生的人际交往中占据着举足轻重的地位。它是人际关系的润滑剂，是情感传递的信使，对大学生的心理健康和人际关系质量都有着深远的影响。

2.情绪调控的必要性

（1）心理健康的保障

有效的情绪调控是维护大学生心理健康的重要手段。在面对挫折、压力时，如果大学生能够合理调控自己的情绪，就能避免情绪过度波动，防止心理问题的产生。

大学生正处于人生的关键阶段，他们面临着学业、就业、人际等多方面的压力。通过情绪调控，他们可以更好地应对这些压力，保持平和、乐观的心态，从而维护自己的心理健康。

（2）生理健康的基石

研究显示，长期的情绪不稳定会对大学生的生理健康产生负面影响。例如，过度的焦虑和压力可能导致失眠、消化不良等身体问题。因此，情绪调控不仅关乎心理健康，更是生理健康的基础。

通过合理的情绪调控，大学生可以在面对种种挑战时保持身心的平衡。这种平衡状态有助于他们的身体各系统正常运转，提高免疫力，预防疾病，从而促进整体健康。

综上所述，情绪调控对大学生来说具有重大的意义。它不仅是他们心理健康的守护者，也是他们生理健康的奠基石。因此，大学生应该积极学习情绪调控的方法，提升自己的情绪管理能力，为身心健康打下坚实的基础。

3.研究意义

（1）促进全面发展

深入研究大学生的情绪表达和调控有助于了解他们面临的情绪挑战，从而为他们提供适当的支持，进而推动他们的全面发展。

（2）预防心理问题

通过深入研究，可以及早发现并解决大学生的情绪问题，避免焦虑、抑郁等心理问题的发生，从而维护他们的心理健康。

（3）提高人际关系质量

情绪表达和调控能力对于大学生的人际交往至关重要。通过研究可以帮助他们学会更有效地与他人沟通，减少误解和冲突，促进健康人际关系的建立。

（4）深入了解年轻人内心世界

研究大学生的情绪表达和调控有助于更全面地理解这一代年轻人的内心需求和特点，为社会各界提供有关教育、辅导等方面的针对性建议和支持。

（5）为教育、辅导工作提供指导

通过了解大学生的情绪表达和调控模式，教育者和辅导员可以更加贴近学生的实际需求，改进教育方法，提供个性化的心理辅导，从而促进学生的健康成长。

二、大学生的情绪表达

1.常见的情绪表达方式

大学生情绪表达的方式丰富多样，他们采用各种手段来外显自己的内心情感。这些方式在日常生活中都扮演着重要的角色。

（1）面部表情

面部表情是最直接、最容易被观察到的情绪表达方式。它是大学生情绪表达的“第一窗口”。

微笑、咧嘴笑通常表示积极情绪，如快乐、愉悦或兴奋；而皱眉、嘴角下撇则可能表示消极情绪，如困惑、不满、悲伤或担忧。

（2）声音语调

声音语调是另一种重要的情绪表达手段。它通过音调的起伏、速度的变化等传递情感信息。

音调的提高、语速的加快可能表示情绪激动、兴奋或紧张，而音调的降低、语速的放缓则可能表示情绪稳定、平静、放松或消沉。

（3）肢体语言

肢体语言是通过身体的姿态、动作来表达情感。它通常是我们无意识流露出的真实情感的反映。

比如，身体僵硬、紧绷可能表示内心的紧张、焦虑或不安；而身体放松、姿态自如则可能表示心境的平和、舒适。

总的来说，大学生的情绪表达方式多种多样，每一种方式都有其独特的信息传递效果。理解这些表达方式有助于我们更准确地解读他们的情感状态，进而加深与他们的沟通和理解。

2.情绪表达的特点

大学生的情绪表达呈现出一系列独特的特点，这些特点深深地根植于他们的年龄、生活阶段以及丰富的经历之中，具体表现如下。

（1）情境性

大学生的情绪表达往往与特定的环境和情境紧密相连。在不同的场合和情境中，他们可能会展现出截然不同的情绪反应。例如，面对考试压力时，他们可能会显得焦虑或紧张；而在与朋友欢聚时，他们可能会表现得快乐与兴奋。

（2）冲动性

正值青春后期的大学生，情感起伏较为频繁且强烈，因此他们的情绪表达时常带有冲动性。这种冲动性使他们的情绪表达更为直接和即时，容易受到当前情境或事件的触发。但这种冲动性也可能导致情绪表达的过激或失控，需要他们逐渐学会进行调控。

（3）内隐性

虽然大学生的情绪表达有时直接而冲动，但也有一些大学生更倾向于内隐性的情绪表达方式。他们可能不直接说出自己的感受，而是通过行为、语气或其他微妙的方式间接传达。这种内隐性可能是因为他们不想直接暴露自己的脆弱，或是希望他人能更加敏锐地捕捉到他们的真实情感。

这些特点共同构成了大学生情绪表达的独特风貌，也为他们的人际交往和自我成长带来了丰富多彩的经验和挑战。

3.影响因素

大学生的情绪表达不是受单一因素影响，实际上是多种因素综合作用的结果。

（1）个人性格

每个人的性格都独一无二，它对情绪表达有着基础性的影响。例如，性格开朗外向的大学生，更可能采用直接、外显的方式表达自己的情绪，而性格内向的大学生则可能采用较为含蓄、内隐的方式。

除了内向或外向，个人的价值观、自尊心、自我效能感等性格特质也会对情绪表达产生影响。

（2）文化背景

大学生所处的文化背景，对情绪表达有着潜移默化的影响。不同文化对情感的表达和接纳程度有所不同，这直接影响了大学生情绪表达的方式和强度。

例如，有的文化鼓励直接表达情感，而有的文化则推崇内敛和含蓄。这种文化差异可以解释为什么不同国家、地区的大学生，在相同情境下可能有截然不同的情绪表达方式。

（3）社会环境

社会环境是影响大学生情绪表达的重要因素之一。校园氛围、寝室关系、班级互动等，都会对大学生的情绪表达造成影响。

例如，一个和谐、开放的校园环境，可能鼓励大学生更加自由、真实地表达自己的情感；而紧张、冲突的寝室关系，可能导致大学生更多地压抑或隐藏自己的情绪。

综上所述，要全面理解大学生的情绪表达，必须综合考虑他们的个人性格、文化背景和社会环境等多个因素。只有这样，我们才能更加准确地把握他们的情感脉搏，帮助他们建立起真正深入、有效的人际交往关系。

三、大学生的情绪调控

1.情绪调控的定义及其意义

（1）情绪调控的定义

情绪调控，顾名思义，是个体对自身情绪进行主动管理的过程。这不是对情绪的简单抑制或放大，而是一个更为复杂的过程，涉及对情绪的监视、识别、评估，以及采用适当的策略进行调整和控制等。这种能力是个体为了适应不断变化的环境，维护自身心理健康和生理平衡而必须具备的重要技能。

（2）情绪调控的意义

对任何一个人，尤其是正处于关键成长阶段的大学生来说，情绪调控有着不可或缺的重要意义。

首先，良好的情绪调控能力可以帮助大学生有效地应对各种生活中的挑战。在学业上，他们可能会面临考试的压力、学术竞争的挑战；在生活中，他们可能会遇到人际关系的纷争、自我认同的困惑等。通过合理的情绪调控，他们能够更加冷静地面对这些挑战，做出明智的决策，不因情绪的波动而影响判断。

其次，情绪调控还有助于维护大学生的心理健康。在面对种种压力和挑战时，如果他们能够很好地调控自己的情绪，就可以避免过度的焦虑、抑郁或其他心理问题，从而确保自己的心理处于一个健康、平衡的状态。

最后，良好的情绪调控能力还能提升大学生的生活质量。一个能够掌控自己情绪的人，更容易建立起和谐的人际关系，能更好地融入集体，享受生活的美好。他们更能够体验到学习的乐趣、友情的温暖和成长的幸福。

2.常见的情绪调控策略

为了保持情绪的稳定和平衡，大学生通常会采取一些有效的策略来调控自己的情绪。这些策略可以帮助他们更好地应对生活中的挑战和压力。以下是两种常见的情绪调控策略。

（1）认知重评

认知重评是一种高级的情绪调控策略。它主要通过改变个体对特定情境的认知评价来实现情绪调节。具体而言，当大学生面临困难或挫折时，他们可以尝试改变自己的思维方式，从更为积极的角度去看待问题。例如，他们可以将一次失败视为学习和成长的机会，而非仅仅是一次挫折。通过这种认知上的调整，大学生能够转化自己的情绪，从而使自己更加积极、乐观地面对挑战。

（2）注意转移

注意转移是另一种常用的情绪调控策略。当大学生遇到可能引发强烈负面情绪的情境时，他们可以选择性地转移自己的注意力，以减少情绪反应。例如，当感到愤怒或焦虑时，他们可以选择进行一些自己喜欢的活动，如听音乐、散步或与朋友交谈等。通过将这些注意力转移到其他愉快或中性的事物上，大学生能够有效降低负面情绪的强度，从而保持情绪的稳定。

这些情绪调控策略在帮助大学生应对日常挑战、维护心理健康方面发挥着重要作用。当然，每个人对不同策略的适用性和效果可能会有差异，因此大学生在实践中可以灵活尝试，找到最适合自己的情绪调控方法。

3.情绪调控的个体差异及其影响因素

每个大学生都是一个独特的个体，因此在情绪调控方面的表现和选择也呈现出显著的差异。有些人天生就能够很好地运用认知重评策略，从而在困境中快速调整自己的心态。另一些人可能更依赖于注意转移策略，当面对负面情绪时，他们会通过参与其他活动或转移焦点来减轻情绪的压力。

导致这些个体差异的原因多种多样，以下是一些主要的影响因素。

（1）遗传因素

天生的生理特质和基因构造在一定程度上决定了个体的情绪反应方式。例如，某些人生来就对压力情境更为敏感，而另一些人可能天生就具有乐观的基因，更容易从积极的角度看待问题。

（2）环境因素

成长的环境对大学生情绪调控的方式的形成也起到了关键作用。例如，一个在和谐、支持性家庭氛围中成长的大学生，可能更加自信，更能够应用认知重评策略；相反，一个在冲突和压抑环境中成长的大学生，可能更倾向于使用注意转移策略来逃避负面情绪。

（3）教育背景

在受教育的过程中，不同的教学方法和经历也塑造了大学生的情绪调控策略。经常参与团队合作的大学生，可能在与人沟通、协调和转移注意力方面更为擅长；而经常进行独立研究的大学生，可能更偏向于内省，通过认知重评来调节自己的情绪。

深入了解这些情绪调控策略和它们的影响因素，可以为大学生提供更加精准的自我认知指导。这不仅能帮助他们更好地了解自己，更能为他们量身定制有效的情绪调控方法，使他们在面对生活中的各种挑战时，能够保持一个健康、稳定的心理状态。

四、情绪表达与调控在大学生生活中的应用

1.在学业方面的应用

大学生在学业方面面临着巨大的压力和挑战。无论是课程本身的难度，还是考试带来的压力，抑或与同学间的学术竞争，这些都可能使他们的情绪产生波动。在这样的情境下，合理的情绪表达显得尤为重要。

通过适当的情绪表达，大学生能够及时将自己内心的焦虑、担忧或挫败感释放出来。这样的表达不仅可以通过言语，更可以通过与朋友沟通、写日记、进行轻微的身体活动等方式进行。这样的表达能够帮助他们减轻内心的重负，避免情绪的过度压抑导致的心理问题。

而良好的情绪调控能力在这里起到了关键作用。当面对学业上的种种困难时，一个具有良好情绪调控能力的大学生能够更快地冷静下来。他们不容易被情绪带着走，而是能够理性地分析问题，积极寻找解决办法。这样的心态和做法，无疑会提高他们的学习效率，使他们在学业上取得更好的成绩。

因此，对大学生来说，学会合理的情绪表达和调控，不仅是为了心理健康，更是为了在学业上有所建树，实现自己的学术目标。这两者相结合，能够帮助他们更好地应对学业上的种种挑战，走出一条属于自己的成功之路。

2.在社交方面的应用

大学是一个充满多元化与社交活动的阶段，大学生在这个阶段需要与来自不同性格、文化和背景的同学进行频繁的互动。在这样的环境中，良好的情绪表达能力显得尤为重要。

情绪表达不仅是表达自己喜怒哀乐的方式，更是人与人之间沟通的桥梁。通过准确、真实的情感传达，大学生能够使他人更加了解自己，同时也更容易

理解他人的情感和意图。例如，当一个大学生感到沮丧或无助时，他如果能够将这些情感真实地表达出来，他的朋友们就更有可能为他提供支持和帮助。

尤其在人际冲突中，情绪表达和调控能力可以起到关键作用。冲突是人际关系中难免的一部分，但在大学生活中，如何处理和应对这些冲突，往往会决定一个人社交关系的走向。适当的情绪调控可以帮助大学生在冲突发生时避免冲动的行为或言辞，使他们能够更为理性、冷静地看待问题，并寻找合理的解决方案。

因此，对于那些希望在大学中建立和发展健康、稳定社交关系的大学生来说，掌握良好的情绪表达和调控技巧是至关重要的。这样的技能不仅能帮助他们更好地与他人交往，还能在出现问题时，为他们提供有效的解决路径，从而维持关系的和谐与稳定。

3.心理健康方面的应用

大学生活虽然丰富多彩，但也不可避免地会带来一些心理困扰。新的环境、人际关系、学业压力等都可能导致学生出现难以适应、焦虑、抑郁等心理健康问题。在这样的背景下，有效的情绪调控成为维护心理健康不可或缺的手段。

对大学生而言，他们可能会因为各种原因而体验到强烈的负面情绪。但通过采取这些情绪调控策略，能够减少这些情绪的持续时间和强度。这意味着，当他们感到焦虑或沮丧时，适当的调控方法可以帮助他们更快地走出阴影，减少这些情绪对他们日常生活的影响。

更重要的是，合理的情绪调控能够防止情绪失控，避免心理问题进一步恶化。当情绪失控时，人们往往会做出一些冲动的行为或决策，这些都可能导致更严重的后果。而通过调控，大学生能够在情绪即将失控时及时“刹车”，避免走上不归路。

除此之外，积极的情绪表达在心理健康方面也起到关键作用。当大学生感受到心理压力或困扰时，通过与他人分享自己的情绪和感受，他们不仅能够得到理解和安慰，还可能获得实质性的帮助和支持。这些外部资源，如亲密的朋友、家人或专业的心理辅导师等，都可以为他们提供必要的指导和援助，帮助他们更好地应对和克服心理挑战。

因此，情绪调控和表达在维护大学生心理健康的过程中扮演了双重角色：既是预防手段，又是治疗策略。两者结合，能够为大学生提供一个全面、有效的心理健康保障体系。

4.实用建议

为了协助大学生更为有效地应用情绪表达和调控，以下是一些具体的建议。

（1）提升自我觉察能力

· 时刻保持对自己情绪状态的关注，形成自我观察的习惯。

· 深入了解自己的情绪需求，明确自己在不同情境下的情绪反应。

· 了解并接受自己的真实情感，避免对自己产生不必要的误解或压抑。

（2）学习情绪调控策略

· 积极参加心理健康课程或工作坊，学习如认知重评、注意转移等情绪调控策略。

· 在日常生活中不断实践这些策略，逐步形成自己的情绪调节方式。

· 与他人分享和交流情绪调控的经验，共同学习和成长。

（3）情境灵活应用

· 在面对不同的情境时，有意识地选择合适的情绪表达和调控策略。

· 学会在不同环境中调整自己的情绪反应，以适应各种社交场合。

· 保持灵活性，不断调整自己的情绪策略，确保其与周围环境和社会关系的和谐。

（4）寻求专业帮助

· 当遇到难以处理的情绪问题或心理障碍时，不要犹豫，及时寻求专业的心理咨询中心的帮助。

· 与心理咨询师建立长期、稳定的沟通关系，为自己的心理健康提供持续的支持。

· 接受专业指导和个性化建议，为自己的情绪调控和表达找到最佳的方式。

总之，对大学生而言，有效地掌握和应用情绪表达和调控技巧，是促进其全面发展、确保身心健康的关键。在生活的各个方面，如学业、社交和心理健康等，这些技能都会为他们提供巨大的帮助。因此，我们建议大学生珍惜大学时光，积极学习和实践，为自己的情绪健康和人生旅程铺设坚实的基础。

五、结论

1.大学生情绪表达与调控的重要性

对大学生来说，情绪表达和调控是他们日常生活中不可或缺的技能。它们是大学生心理健康和个人成长的关键因素。通过有效的情绪表达，大学生能够准确地传达自己的内心感受和需求，增进与他人的沟通和理解。同时，合理的情绪调控可以帮助他们在面对压力、挑战和变化时保持情绪平衡，积极应对困难，不轻易被情绪所左右。

2.对大学生社会适应性的影响

现代社会对大学生的要求越来越高，良好的社会适应性成为他们必备的能力之一。有效的情绪表达和调控能够提升大学生的社会适应性，使他们更好地融入校园和社会环境。具备良好情绪管理能力的大学生更能够与他人建立良好的关系，合作能力更强，更容易获得他人的认可和信任。这将为他们在学术、职业和社交等各个领域的发展打下坚实的基础。

3.学习与提升情绪表达调控技能的必要性

为了促进大学生的全面健康发展，我们鼓励大学生积极学习和提升情绪表达和调控的技能。这将有助于他们更好地认识自己，理解自己的情绪需求，并学会在不同情境下灵活运用各种情绪调控策略。通过不断的学习和实践，大学生可以增强自己的情绪管理能力，提高自我控制力，更好地应对生活中的各种挑战和压力。

4.教育机构和家庭的作用

教育机构和家庭在培养大学生情绪管理能力方面承担着重要责任。教育机构可以开设心理健康课程，提供情绪管理的培训和工作坊，帮助学生增强情绪认知和调控能力。家庭则是一个情感交流和情绪管理的重要场所，家长应该关注孩子的情绪需求，与他们建立良好的沟通，提供情感支持，并树立良好的情绪管理榜样。

综上所述，情绪表达和调控技能对大学生的健康全面发展具有重要的意义。通过重视和学习这些技能，大学生能够更好地应对生活中的各种挑战，保持心理健康，提升社会适应性，为未来的发展奠定坚实基础。教育机构和家庭也应积极发挥作用，提供支持与指导，共同促进大学生情绪管理能力的提升。

第三节　提升大学生的情感智慧

情感智慧，常被称为情商，已成为现代社会、教育及心理学等领域的热门话题。它所涵盖的不仅是单一的情感能力，而是一个复杂的综合体。这其中涉及如何识别自己和他人的情感，如何理解和分析这些情感背后的原因，以及如何准确、恰当地表达和管理这些情感。

在大学生群体中，情感智慧的重要性更是日益凸显。大学时期正是青年人情感成熟、社交技能形成的关键阶段。在这个阶段，他们不仅要面对学业上的压力，更要学会如何与各种性格、背景的同龄人打交道，如何在复杂的社会环境中找到自己的位置。因此，情感智慧的高低，直接影响他们的大学生活质量，以及未来步入社会后的适应能力。

对于从事高等教育的工作者来说，他们不仅仅是传授知识的人，更是引导大学生走向成熟、成才的导师。所以，如何在日常教学中融入情感智慧教育，帮助大学生更好地面对人生的种种挑战，显得尤为重要。同时，对于心理健康专家来说，他们更多的是从心理层面关注大学生的健康成长。他们深知，情感智慧的提升，能够有效预防和解决许多心理问题，如抑郁、焦虑等。

情感智慧是每一个大学生人生旅途中的重要伙伴。它是他们面对挑战时的武器，也是他们与他人建立深厚友谊的桥梁。而如何培养和提升情感智慧，则需要家庭、学校、社会以及个人共同努力。这不仅是为了大学生们的今天，更是为了他们更加灿烂、充实的明天。

一、情感智慧的理论基础

1.定义和内涵的深入解读

情感智慧，是一个看似简单但实际上深度丰富的概念。它不是对情感的简单理解，而是一种综合的、多方面的情感能力。对大学生来说，情感智慧如同一把钥匙，能够帮助他们更好地解锁内心的世界，同时也使他们更加从容地与外界交往。

情感的自我觉察是情感智慧的基础。它要求大学生能够真正地深入自己的内心，勇敢地面对自己真实的情感。只有这样，他们才能确保自己的情感不会受到外界的左右，始终保持清醒和独立。而这种自我觉察，也使大学生更加了解自己的情感需求，从而在生活中更加准确地找到自己的目标。

情感的自我管理，则是情感智慧的进一步体现。在日常生活中，大学生会遇到各种各样的情境，有些可能令他们欣喜若狂，有些可能令他们沮丧失望。但无论面对怎样的情境，情感的自我管理都能帮助他们保持情感的平衡，避免因情感的失控而做出冲动的决策。

社交觉察无疑是大学生活中的一项必备技能。在大学中，学生们会接触到来自四面八方的同学，每个人的背景、文化和习惯都可能有所不同。具备社交觉察的大学生，能够在短时间内迅速捕捉到这些差异，从而在与他人交往时更加得心应手。

关系管理则是情感智慧在大学生活中的实际应用。无论是在寝室中处理与室友的小摩擦，还是在团队项目中协调与队友的合作，都需要大学生运用自己的情感智慧来解决问题。只有这样，他们才能确保在日常的交往中，始终保持和谐的人际关系。

2.在人际交往、学业和职业发展中的多维度作用

在人际交往方面，情感智慧起到了至关重要的作用。大学是一个小型的社会，大学生需要与各种性格、背景的人打交道。情感智慧如同润滑剂，使大

学生能够在与人交往中减少摩擦，更加顺畅。具体而言，拥有高情商的大学生能够：

·更迅速地洞察他人的情感，理解其真实意图和需求。

·用合适的方式与不同的人交往，无论是内向还是外向的人，都能建立起深厚的关系。

·在处理人际冲突时，能够冷静分析，采取合适的策略，避免冲突升级。

在学业上，大学的学习内容和方法与高中有很大的不同。学生需要更多的自主性和自我管理能力。情感智慧在这里表现为：

·帮助大学生调整学习心态，对待学习中的困难与挑战保持积极态度。

·使学生能够更好地管理自己的情绪，避免因为短暂的挫败感而放弃。

·助力学生与他人合作学习，共同探讨学术问题，促进学术进步。

职业发展方面，情感智慧的作用也不可小觑。当大学生步入职场，他们面临的环境变得更加复杂。情感智慧能够：

·帮助大学生识别并抓住职场中的机会，为自己的职业生涯打下坚实基础。

·使大学生在职场中建立广泛的社交网络，为未来的发展创造更多可能性。

·助力大学生在职场中应对各种挑战，保持冷静和理性，实现职业生涯的稳步上升。

综上所述，情感智慧在大学生的人际交往、学业以及职业发展中发挥着不可或缺的作用。它如同一个指引灯塔，照亮大学生前行的道路，助力他们在人生的每一个阶段都能取得出色的成就。因此，培养情感智慧应成为大学生教育的重要组成部分，得到充分的重视和实施。

二、提升大学生情感智慧的方法与途径

情感智慧对大学生的个人成长和社会适应具有重要意义。为了提升大学生的情感智慧，可以通过以下方法与途径进行努力。

1.自我教育

自我教育是提升情感智慧的重要途径之一，大学生可以通过以下方式进行自我教育。

（1）阅读自助书籍

这是一个极为有效的自我教育方法。心理学、社会学以及人际交往等领域的书籍为大学生提供了丰富的理论基础和实践方法。例如，心理学书籍可以帮助大学生更深入地了解自己的情绪生成和变化机制；社会学书籍则能让他们从更宏观的角度理解人与人之间的情感交互；而人际交往类的书籍通常都会提供一些实用的人际交往技巧和策略，帮助大学生更好地应对人际交往中的各种情境。

（2）参加在线课程

互联网为大学生提供了更多的学习资源。针对情感智慧培养的在线课程通常都会结合理论和实践，通过案例分析、角色扮演等方式，让大学生在实际操作中学习和掌握情感智慧。与传统的课堂教学相比，在线课程更加灵活，大学生可以根据自己的时间安排和学习需求选择合适的课程。

（3）写日记与反思

这是一个既简单又实用的方法。通过写日记，大学生可以实时记录自己的情感变化，追踪情感的起伏，从而对自己的情感有更全面的了解。而反思则是对这些情感反应进行深入分析，找出其中的规律和问题，进一步提升自我觉察能力。这种方式不仅能帮助大学生更好地理解自己，也能为他们提供一个情绪释放的途径，有助于心理健康。

通过这些自我教育的方式，大学生可以在日常生活中不断地学习和提升自己的情感智慧，从而更好地应对生活中的各种挑战。

2.心理咨询

（1）寻求专业心理咨询

大学心理咨询中心通常配备专业的心理咨询师，他们具备丰富的心理学知识和咨询经验。学生可以主动预约咨询，与心理咨询师建立信任关系。在咨询过程中，学生可以敞开心扉，分享自己的情感困扰和挑战，通过心理咨询师的指导和帮助，深入了解自己的情感模式和存在的问题，寻找解决问题的途径和方法。专业心理咨询能够提供个性化、针对性的支持，帮助学生更好地认识自己，发展情感智慧。

（2）参加团体辅导

团体辅导是一种集体心理咨询形式，学生可以在一个安全、支持的环境中与他人分享和交流自己的情感体验。通过团体互动，学生能够更全面地了解自己，接收到来自同龄人的反馈和支持，借鉴他人的经验和观点。团体辅导还可以促进学生之间的情感共鸣和理解，增进彼此的情感联系，从而推动形成更加健康、积极的人际关系。在团体辅导中，学生可以学习到更多的人际交往技巧和情感管理方法，进一步提升自己的情感智慧水平。

3.社交活动

（1）参与社团活动

大学内有各种各样的社团，涵盖了文化、艺术、体育、学术等多个领域。加入感兴趣的社团，能够使大学生与来自不同学院、不同背景的人交往。在这个过程中，大学生可以锻炼自己的社交觉察能力，如学会如何察言观色、理解他人的非言语暗示等。同时，在社团活动中，大学生也需要与各种性格的人合作和协调，这无疑能够锻炼他们的关系管理能力，如处理人际冲突、建立和维护人际关系等。

（2）参加志愿服务

志愿服务活动是社会公益活动的一种，大学生可以通过参与志愿服务，为社会做出一份贡献。同时，志愿服务通常要求大学生与不同年龄段、不同职业背景的人合作，这不仅能培养大学生的社会责任感，还能提升他们的团队协作能力。在与各种人合作的过程中，大学生需要不断调整自己，以应对各种突发情况和人际挑战，这无疑能够提升他们的情感智慧。此外，志愿服务还能让大学生更加真实地接触到社会的多样性和复杂性，从而增强他们的情感抗压能力和心理韧性。

4.大学课程中的情感智慧教育

（1）整合情感教育课程

大学应该将情感智慧教育纳入课程体系，使其成为大学生教育的必要组成部分。这可以通过增设专门的情商培养课程、人际交往技巧课程等来实现。在这些课程中，学生可以学习到情感智慧的理论基础，如情感的识别、表达和管理，以及人际关系的建立和维护等。此外，也可以在其他课程中融入情感智慧教育的元素，例如在人文社科类课程中引导学生思考情感与社会现象的关系，或者在商学课程中讲解情感智慧在领导力和团队合作中的应用。

（2）心理健康工作坊

学校可以定期组织心理健康工作坊，为学生提供实践性和互动性的学习机会。这些工作坊可以邀请心理学专家、情商教练等进行讲座，通过案例分析、角色扮演、小组讨论等方式，让学生了解情感智慧在日常生活中的实际应用。工作坊的主题可以多样化，例如情绪管理、冲突解决、建立自信等，以满足学生在不同方面的需求。此外，心理健康工作坊还可以提供个别咨询和团体辅导服务，让学生能够在安全、支持的环境中探索自己的情感世界，提升情感智慧水平。

三、情感智慧在大学生活中的应用与实践

1.人际关系中的和谐之道

大学生活如同一个绚丽多彩的小世界，汇聚了来自五湖四海的学子。他们各自带着自己独特的背景、经历和性格，共同汇聚在这个相对狭小的校园环境中。因此，如何处理与他人的关系，如何在这般多元化的环境中找到与人相处的和谐之道，就显得尤为重要和微妙。情感智慧，就如同润滑剂，能让每一个交往的瞬间都变得顺滑、和谐，帮助大学生建立起深厚且长久的人脉关系。

（1）增进彼此理解

理解是人际关系的基石。而情感智慧，则能帮助大学生在交往中更进一步，不仅仅停留在言语的层面。微表情、语气、肢体语言等这些微妙的非言语线索，都能成为他们读取对方真实情感的途径。这样的交往方式，无疑更加深入、更加真实。它不仅能够减少误解，更能够深化彼此的理解，让友情变得更加真挚、更加深厚。

（2）人际冲突的化解

在与人交往中，不同的观点、不同的态度，都可能导致冲突的产生。但情感智慧却让大学生在面对冲突时有了不同的选择。情感智慧能让他们不再盲目争执，而是试图理解冲突背后的情感需求，洞察对方的立场和感受。这样的方式，不仅能让冲突得以更加冷静、更加理性地处理，更可能催生出富有创造性的解决方案。这些解决方案不仅能解决当前的冲突，更能确保人际关系的持久和谐。

2.面对挑战与压力，从容应对

大学是一段既充满希望与憧憬，又充满挑战与压力的旅程。在这个旅程中，情感智慧如同一盏指路明灯，能帮助学生们在风浪中稳住阵脚，保持内心的平和与坚定。

（1）保持积极心态

生活中，挑战与困难总是难免的。但正是情感智慧让大学生能够在困境之中依旧保持乐观的态度。他们懂得如何看待生活中的不如意，懂得在每一次的失败中寻找隐藏的机会。对他们而言，失败并不是终点，而是通往成功的必经之路。正是这种独特的视角，让他们在面对困境时能够保持积极心态，不断地为自己加油打气，向前迈进。

（2）有效应对策略

除了保持乐观，情感智慧还能赋予大学生冷静分析与应对问题的能力。面对挑战，他们不慌乱、不气馁，而是静下心来，深入分析问题的根源，找出问题的症结所在。在此基础上，他们能够迅速制定出切实可行的应对策略，确保自己在面对困难时能够游刃有余，迅速找到解决办法。这种能力，不仅能让他们在学业上更加得心应手，也为他们未来的人生铺设了坚实的基础。

3.助推学业进步与个人成长

（1）提升学习效果

我们常常忽视了情感状态对学习效果的深远影响。实际上，一个人的情感状态直接关联到其学习动力、专注度以及记忆效果。情感智慧能帮助学生深入了解自己的学习模式，洞察自己在不同情感状态下的学习表现。例如，当学生感到情绪低落、焦虑或厌倦时，情感智慧能指引他们选择适当的调整策略，如暂时放下学习，进行放松活动，或与朋友交流等，以调整情绪到最佳状态。通过这种方式，学生不仅维护了自己的心理健康，也能在最佳情感状态下提高学习效果。

（2）促进个人全面发展

情感智慧与个人成长之间存在着千丝万缕的联系。当一个人拥有较高的情感智慧时，他更能够对自己进行深入的探索。这样的探索使学生更加清晰地认识到自己的内心世界，明白自己的真实需求、目标、价值观以及潜在的能力。同时，他们也更能理解自己在人际交往中的行为模式，以及与他人的关系。这样的自我认知有助于学生确定自己的发展方向，并在生活中不断地自我完善，进而促进自己在各个方面的全面发展。这种全面发展不仅仅是学业上的成功，更包括心理、情感、社交等多方面的成熟与进步。

总的来说，情感智慧在大学生活中发挥着无法替代的作用。它是大学生走向社会、面对挑战的必要武装，也是他们维护心理健康、促进个人成长的重要工具。因此，我们应当更加重视大学生的情感智慧培养与实践，助力他们迎接更加美好的未来。

四、培养情感智慧的挑战与解决方案

1.面临的挑战

在时下的大学生情感智慧培养之路上，确实有一系列的挑战和难点阻碍了大学情感智慧的健全发展。这些挑战不仅限于外部环境，更与大学生自身的情感和认知有着紧密的关系。主要包括以下四个方面。

（1）自我意识不足

很多大学生并没有真正地走入自己的内心，进行深入的探索。他们对于自己的情感需求、情绪的起伏变化、个人的喜好与厌恶都缺乏必要的了解和认知。这种自我意识的不足，使他们在与人交往的过程中，容易出现误解他人的情况，甚至会因为对他人认知的不足而导致人际关系的冲突。

（2）沟通技巧的匮乏

沟通是人与人之间交流的桥梁，有效的沟通更是情感智慧的重要组成部分。但部分大学生在与人交往的过程中，表现出沟通技巧的明显不足。他们可能因为言辞不当、态度冷漠或过于直接等原因，造成与他人的交往困难。这种沟通上的障碍，不仅会影响他们的人际关系，更可能进一步影响他们的学习效果和团队合作能力。

（3）情绪管理困难

大学生正处于青春的盛放期，情感起伏较大，面对生活中的种种挑战和压力，他们的情绪很容易受到影响，出现焦虑、沮丧、愤怒等负面情绪。如何在这个关键时期有效、健康地管理自己的情绪，成为很多大学生的一大难题。

（4）情感智慧的重要性被低估

不可否认，还有一部分大学生对情感智慧的作用持怀疑态度。他们可能觉得情感智慧不如学术成绩重要，或者认为人际关系的处理可以随着年龄的增长自然而然地提升。这种观念导致他们对情感智慧的学习不够重视，缺乏主动提升和完善的意愿。

2.解决方案与策略

面对当代大学生情感智慧培养的诸多挑战，多方共同努力和合理的策略是必要的。下面提出了一些建议。

（1）加强情感教育宣传

为了提升大学生对情感智慧的认识和重视，学校、家庭和社会团体应当形成一个统一的战线。他们可以定期举办关于情感教育的宣传活动，比如讲座、工作坊、研讨会等，通过这些活动，让大学生更加明确情感智慧的重要性，并鼓励他们在日常生活中付诸实践，不断提升自己的情感智慧。

（2）将情感教育纳入课程体系

大学作为大学生走向社会的重要一站，除了专业技能的培训外，情感智慧的培养也应被提上日程。学校可以考虑增设一些与情感智慧培养相关的课程，如情商培养、人际沟通技巧、心理健康、情绪管理等，帮助大学生系统地掌握情感智慧的理论与实践。

（3）实践中的学习与磨练

真正的情感智慧不能仅停留在理论上，更需要在实践中得到检验和磨练。学校应该积极鼓励大学生参与各种社交活动、志愿服务、团队项目等，让他们在真实的人际交往中锻炼自己的情感智慧，加深对自我和他人的认知，提高情商水平。

（4）学校与家庭的紧密合作

学校和家庭在大学生的成长过程中各自扮演着不可或缺的角色。双方应该保持紧密的沟通与合作，共同关注和支持大学生的情感健康。家庭可以为学校提供大学生的情感背景和支持，学校则可以为家庭提供专业的指导和建议，确保大学生在一个充满爱与关怀的环境中健康成长。

总结起来，情感智慧的培养虽然面临诸多挑战，但只要学校、家庭、社会和大学生本人形成合力，共同努力，采用上述的合理培养策略，必定能帮助大学生建立起丰富的情感智慧，为他们未来的人生之路打下坚实的基础，助力他们成为情感成熟、全面发展的个体。

五、结论与展望

1.结论回顾

经过深入的探讨和分析，我们得出了明确的结论：提升大学生的情感智慧是一项紧迫而重要的任务。情感智慧对于大学生的个人成长、心理健康和社交能力具有深远的影响。它是大学生适应复杂社会环境的关键要素，也是塑造他们成为全面发展个体的基石。通过自我教育、心理咨询、积极参与社交活动以及大学课程中的情感教育等多种途径和方法，大学生可以积极地提升自己的情感智慧水平，增强自我认知、情绪管理和人际交往的能力。

2.面临的挑战与共同努力

然而，在情感智慧的培养过程中难免会遇到各种挑战和困难。这些挑战既可能源于个体自身的错误情感认知和情感表达的能力不足，也可能来自外部环境的复杂性和多样性。为了克服这些挑战，学校、社会和家庭应当紧密合作，共同为大学生提供全方位的支持和帮助。

- 学校的角色：学校可以设计专门的情感智慧课程和训练项目，帮助大学生增强情感智慧的理论基础和实践技能。同时，学校的心理咨询服务可以为大学生提供情感支持和指导，帮助他们解决情感困扰，提升情感自我调节的能力。
- 社会的责任：社会应当营造一个宽容、理解和包容的环境，鼓励大学生积极参与各种社交活动和实践机会。通过广泛的社交互动，大学生能够在实践中锻炼情感智慧，培养同理心、人际沟通和合作的能力。
- 家庭的支持：家庭是情感智慧培养的重要场所，家长应当与孩子建立亲密的沟通关系，倾听他们的情感需求，为他们提供情感上的支持和鼓励。家庭情感教育的加强，可以帮助大学生树立正确的情感价值观，培养积极的情感品质和情绪管理能力。

3.展望未来

展望未来，我们期待见到一个情感智慧普遍提升的大学生群体。这些大学生将拥有更高的自我认知、情绪觉察和表达能力，他们能够理解自己并关怀他人，善于处理各种人际关系，能有效地应对挑战和压力。通过全面而持续的情感智慧培养，我们相信这个愿景将成为现实。这将促使大学生在个人成长、学业进步和职业发展中取得更高的成就。为了实现这一美好愿景，我们必须持续努力，不断深入研究情感智慧的培养方法，并与时俱进地完善情感教育体系。只有这样，我们才能确保每一个大学生都能够在大学期间得到全面的情感智慧培养，为他们走向成功和幸福的人生奠定坚实基础。

第六章

大学生的网络心理与调适

第一节　网络心理概述

互联网不仅是一个工具或者平台，它更是一种生活方式，一种文化现象。在短短的几十年间，互联网已经深入了世界的每一个角落，影响了几乎每一个人的生活。这种普及和迅速发展，使网络对个体的心理和行为产生了前所未有的深远影响。

大学生是网络时代的主力军，是网络世界最为活跃的分子。他们的生活方式、交往方式、学习方式乃至思维方式，都深深地打上了网络的烙印。因此，网络对大学生的影响，不仅是一个学术问题，更是一个社会问题，是一个值得我们深入研究和探讨的问题。

网络心理学就是在这样的背景下应运而生的一门新兴的学科。它以网络为平台，以心理学为工具，研究网络环境下个体的心理和行为特点。这门学科的出现，为我们了解和把握大学生在网络环境中的心理特点和行为规律，提供了新的视角和工具。

了解网络心理学的基本概念和内涵，对于我们深入理解网络时代的大学生，具有重要的理论意义。同时，通过网络心理学的研究成果，我们也可以为大学生提供更为科学合理的网络使用建议，帮助他们更好地适应网络环境，更好地享受网络生活。因此，网络心理学的研究，也具有重要的实践意义。

一、网络心理的定义与内涵

1.定义深入解读

网络心理，作为一个跨学科的研究领域，汇集了心理学、社会学、计算机科学等多个学科的理论和方法。它不仅关注个体在网络环境下的心理活动，还深入探讨这些心理活动如何影响个体的线下行为，以及个体如何在线上和线下环境中进行心理调适。

在互联网环境中，个体的心理活动表现出许多独特的特点。例如，网络匿名性可能使个体更愿意表达真实情感，也可能导致一些不负责任的行为。此外，社交网络的普及使人们在网络上的社交互动成为日常生活的一部分，这也导致了新的社交心理和行为模式。

网络心理的研究内容非常丰富。例如，网络成瘾、网络暴力、网络欺凌等问题已经成为公众关注的焦点，网络心理研究可以帮助我们更深入地理解这些问题的形成机制，并寻求解决方法。另外，网络心理也研究如何利用网络技术来促进个体的心理健康，比如在线心理咨询、心理健康应用程序等。

此外，随着人工智能、虚拟现实等技术的发展，网络心理的研究领域还在不断扩大。例如，虚拟现实技术可以创建高度仿真的网络环境，为网络心理的研究提供新的实验工具。人工智能技术可以分析大量的网络行为数据，揭示出人类网络行为的隐藏模式。

总的来说，网络心理是一个富有挑战性和前景的研究领域。它通过结合传统的心理学理论和最新的网络技术，能为我们揭示人类心理现象的新特点，提供解决网络社会问题的新思路，同时也会为心理学的未来发展注入新的活力。

2.内涵解析

网络心理作为一个复杂且多维度的概念，其内涵丰富而深远，涉及多个层面。以下是关于网络心理内涵的详细解析。

（1）认知过程

网络心理涉及个体在网络环境中的认知过程，这包括信息的获取、处理、储存和回忆等环节。网络环境中的信息呈现方式和传播速度与传统环境存在巨大差异，这对人的认知过程产生了深远影响。网络心理研究有助于我们理解个体在网络环境中如何筛选、理解和记忆信息，以及这种认知过程如何影响他们的决策和行为。

（2）情感反应

网络活动引起的各种情感体验也是网络心理的重要组成部分。网络环境中的社交互动、内容消费等行为，能引发个体的喜怒哀乐、归属感等情感反应。

网络心理研究通过探究这些情感反应的生成机制和影响因素，帮助我们深入理解网络环境对人的情感世界的影响。

（3）动机驱动

网络心理还关注个体的网络使用动机。探究人们为什么以及如何使用网络，以及网络如何满足或挫败人的需求。这方面的研究有助于我们理解网络成瘾、网络疏离等问题的深层动因，也能为网络产品和服务的设计提供重要依据。

（4）社交互动

网络环境下的社交互动是网络心理的另一重要内涵。网络环境改变了人们的社交模式，使社交网络中的互动模式、网络成瘾等问题日益突出。网络心理研究通过解析这些网络社交行为的特征和规律，能揭示其对个体和社会的影响，为网络社交的健康发展提供指导。

总结起来，网络心理的内涵丰富多样，涵盖了认知过程、情感反应、动机驱动和社交互动等多个方面。这些内涵的解析有助于我们全面深入理解网络环境对人类心理与行为的影响，为构建健康的网络环境和促进个体的心理健康提供科学的依据和指导。

3.重要性深入分析

网络心理在现代生活中的重要性不容忽视，它对我们个人的心理健康和社会适应有着深远的影响。以下是对网络心理重要性的深入分析。

（1）互联网普及率的显著提高

随着科技的进步，互联网普及率逐年攀升，越来越多的人把互联网作为日常生活的一部分。这使网络心理的研究更加具有现实意义和广泛应用价值。网络心理能够帮助我们更好地理解和预测人们在网络环境中的行为和心理反应，对个体和社会的发展都具有重要意义。

（2）网络对心理健康的深刻影响

互联网作为一个虚拟的世界，虽然给人们带来了许多便利，但过度或不适当的网络使用却可能导致一些心理问题。例如，网络成瘾成了一个日益严重的社会问题，许多人沉迷于网络游戏、社交媒体等，影响了日常生活和工作学习。此外，网络欺凌也是一个备受关注的问题，它给受害者带来极大的心理伤害。网络心理的研究可以帮助我们预防和解决这些问题，促进个体的心理健康。

（3）人际关系和社会适应的新挑战

网络的普及改变了人们交往的方式，传统的面对面交往逐渐被网络交往所取代。这种转变对人际关系和社会适应产生了深远的影响。网络心理的研究可以帮助我们理解这种新型的人际关系模式，并提供指导，使人们在网络环境中更好地建立和维护人际关系，提高社会适应能力。

综上所述，网络心理在现代生活中的重要性不言而喻。它不仅关系到个体的心理健康和社会适应，还对整个社会的发展和进步具有重要意义。因此，我们应该加强对网络心理的研究和应用，以更好地应对网络时代带来的挑战和机遇。

4.与传统心理学的联系与区别

传统心理学和网络心理学之间存在着紧密的联系和明显的区别。传统心理学经过长时间的发展和积累，为我们提供了丰富的心理学理论和研究方法，这些成果为网络心理学的兴起和发展奠定了坚实的基础。网络心理学在构建理论框架和研究方法时，充分借鉴和吸收了传统心理学的精髓。

然而，网络心理学作为心理学的一个新兴分支，其研究环境、对象和问题具有独特性。传统心理学的研究主要基于现实生活中的面对面交往，而网络心理学则聚焦于网络空间中的心理现象和行为模式。例如，网络心理学需要研究人们在网络环境中的认知过程、情感反应、动机驱动以及社交互动等方面，这些都是传统心理学没有涉及的。

尽管网络心理学与传统心理学在研究内容和方法上存在差异，但两者并非相互替代，而是互补的关系。传统心理学为网络心理学提供了基础理论和方法指导，网络心理学则拓展了传统心理学的研究领域和应用范围。这种互补性使两者在共同推动心理学的发展和进步中起到了不可替代的作用。

总结而言，网络心理是一个多层次、多维度的概念，涵盖了人在网络环境中的各种心理和行为现象。随着互联网成为我们生活中不可或缺的一部分，网络心理的研究和理解变得日益重要。通过深入探讨网络心理与传统心理学的联系与区别，我们可以更加全面地把握网络心理的本质和内涵，为构建健康的网络环境和促进个体的心理健康发展提供科学的依据和指导。

二、网络心理的研究领域与方法

1.主要研究领域

网络心理学作为一个崭新且跨学科的领域，正吸引着越来越多研究者的目光。其探索范围甚广，与现实生活紧密相连，对现代社会具有十分重要的意义。以下是网络心理学中的一些详细研究领域。

（1）网络成瘾

网络成瘾是网络心理学中的一个核心研究领域。它深入研究网络的过度使用，如网络游戏成瘾、社交媒体依赖等，并分析这些现象背后的原因、形成的心理机制及其后果。此外，这一领域还致力于寻找有效的预防和干预策略，帮助人们建立健康的网络使用习惯。

（2）网络社交

网络社交探究在线社交平台如何改变了人们的社交模式、自我呈现方式以及人际关系。其中的研究课题包括但不限于虚拟身份认同、网络上的自我呈现、网络欺凌以及网络上的亲密关系等。这些研究利于我们深入洞察网络社交行为背后的心理现象。

（3）网络安全

在网络安全方面，网络心理学从心理的角度出发，研究如何增强个体的网络安全意识，防止网络犯罪、网络欺诈等行为。这包括深入探讨网络隐私保护、网络信任等问题，为网络安全提供心理学的解决方案。

（4）网络谣言

网络谣言的传播和影响也是网络心理学关注的重点。这一领域分析网络谣言的传播特点、影响其传播的社会和心理因素，以及网络谣言对社会和个体的影响。同时，也研究如何有效地遏制网络谣言的传播，维护健康的网络环境。

这些研究领域与大学生的生活紧密相连，因为大学生是网络使用的主要群体，他们面临的网络挑战和问题也最为突出。因此，对这些领域的深入研究不仅能为大学生提供更安全的网络环境，还能为网络心理学的进一步发展提供宝贵的理论和实践依据。

2.研究方法和技术

在探究网络心理现象的过程中，研究者们采用了丰富多样的研究方法和技术，以便更准确地把握网络心理的本质和规律。以下是具体的研究方法和技术。

（1）传统研究方法

尽管网络心理学是一个相对新的学科领域，但传统的研究方法仍然在其中发挥着重要作用。例如，问卷调查是一种常用的方法，通过编制精心设计的问卷，研究者可以收集到大量的数据用于分析网络用户的行为模式、态度、情感等。此外，实验法也常被采用，研究者可以操控某些变量，观察网络用户的反应和行为变化，从而揭示网络心理现象的因果关系。观察法和案例研究也是重要的研究方法，通过对特定个体或群体的深入观察和分析，研究者可以获取更具体、生动的研究资料。

（2）互联网技术利用

网络心理学的研究得益于互联网技术的发展，研究者们充分利用这些先进技术来深化对网络心理现象的探索。大数据分析是其中的一项重要技术，它可以处理和解析海量的网络行为数据，通过挖掘其中的模式和关联，揭示出用户的真实行为和心理特征。这种基于数据驱动的研究方式为网络心理学注入了新的活力。另外，社交网络分析也是一项关键技术，通过解析社交网络中的关系结构和信息传播模式，能够深入研究人们的社交行为、群体动态和意见传播等，可以为理解网络社交行为提供全新的视角和工具。

综上所述，网络心理学的研究方法和技术多种多样，既包括传统的研究方法如问卷调查、实验法等，也包括互联网技术如大数据分析和社交网络分析等。这些方法和技术的运用，有助于研究者们更全面、深入地了解网络心理现象，为网络心理学的发展提供更丰富的研究手段和更广阔的视野。

3.研究方法与技术的融合与创新

在网络心理学的研究中，为了更好地揭示网络心理现象的规律，满足不断变化的网络环境的研究需求，研究方法和技术的融合与创新显得尤为重要。这种融合与创新不仅能够为网络心理学的研究提供更强大的工具，还能推动整个学科的进步与发展。

一个明显的趋势是结合传统的研究方法和现代技术。例如，传统的实验法可以确保研究的严谨性和可控性，而大数据技术则能够处理大规模、多样化的网络行为数据。将这两者结合，可以进行更大规模、更精细的网络心理实验。通过这样的实验不仅能够得到更具代表性的数据，还能提高研究的外部效度，使研究结果更具现实意义。

除了方法的融合外，技术的创新也是网络心理学发展的重要驱动力。例如，研究者可以开发新的分析工具和模型，以更高效地处理和分析网络行为数据。这些工具和模型基于先进的机器学习算法，能够自动挖掘数据中的隐藏模式和关联，从而能更深入地揭示网络行为背后的心理意义。此外，研究者还可以利用虚拟现实（VR）和增强现实（AR）等技术，创建更接近真实网络环境的实验条件，以更准确地探究网络用户的心理和行为。

这种研究方法和技术的融合与创新，将为网络心理学的未来发展开辟广阔的前景。它们不仅有助于我们更全面地理解网络环境中的心理现象，还能为网络行为提供更具针对性的指导。特别是对大学生这一主要的网络用户群体，网络心理学的研究方法和技术的创新，将能够为他们提供更安全的网络环境和更高质量的网络服务。

综上所述，网络心理学作为一个跨学科的研究领域，其研究领域广泛且与现实生活紧密相连。同时，其研究方法与技术的不断融合与创新也为该领域的研究提供了强大的支持与动力。

三、大学生与网络心理的关系

1.大学生成为网络心理研究重点对象的原因分析

在信息化时代，大学生无疑成为网络使用最为频繁的群体之一。他们不仅是社交网络上的活跃分子，也是在线教育和游戏平台的主要用户。这种普遍性使得他们的网络行为和心理特点具有鲜明的代表性，因此也成为网络心理学领域的重要研究对象。对于这一现象的成因，我们可以从以下四个方面进行分析。

（1）时代特性

当代大学生生活在数字化、信息化的时代背景下，网络已经深深融入他们的日常生活。无论是学习、娱乐还是社交，网络都扮演着重要的角色。这种时代特性使大学生成为网络心理研究的重点对象，因为他们的网络行为和心理反应能够直观地反映出这个时代的网络心理特征。

（2）心理发展阶段

大学生正处于人生的心理发展和人格形成的关键时期。在这个阶段，他们的心理状态较为敏感，容易受到外部环境的影响。而网络作为他们生活中接触最多的外部环境之一，对他们的心理塑造起着重要的作用。研究大学生的网络心理，有助于我们了解网络如何影响他们的心理发展和人格形成，进而为他们的心理健康发展提供帮助。

（3）教育和研究的便利性

由于大学生群体高度集中，且多数时间都在校园内度过，这为研究者提供了方便的采样环境和实验条件。大学校园内通常也具备良好的网络连接和先进的信息化设备，便于进行各种在线调查和实验。

（4）为未来做准备

研究大学生的网络心理，也是为了更好地为他们的未来做准备。随着网络的日益普及，网络心理健康将成为未来社会公民必备的素质之一。通过对此阶段的大学生进行深入的研究，可以为他们的未来生活和职业发展提供有益的指导。

结合上述原因，我们可以理解为什么大学生会成为网络心理研究的重点对象。他们的网络行为和心理特点不仅具有当下时代的特性，同时也为心理学研究者提供了宝贵的研究机会和丰富的数据资源，有助于我们更深入地理解网络对人的心理与行为的影响。

2.网络对大学生心理发展的积极影响

网络已经成为现代大学生生活与学习的重要组成部分。网络环境为大学生提供了丰富多样的资源和机会，对他们的心理发展起到了诸多积极的影响。以下是网络对大学生心理发展的三个主要积极影响。

（1）信息获取与认知拓展

在网络时代，信息的获取变得异常便捷。网络提供了海量的信息和学习资源，使大学生可以轻易地接触到各种学科领域的知识。这种广泛的信息获取有助于大学生拓展视野，丰富自己的知识体系，进而提高认知能力。通过网络，他们可以了解到世界各地的文化、观念和最新的科研成果，从而更全面地认识世界。

（2）社交技能提升

网络社交平台已经成为大学生社交的重要渠道。通过网络社交平台，大学生能够结识更多志同道合的朋友，建立广泛的社交网络。在这个过程中，他们不仅能够锻炼社交技能，还能够增强人际沟通能力。网络社交的匿名性和跨越地域的特点也使得大学生能够更自信地与他人交流，克服社交障碍。

（3）自我实现与表达

网络空间具有极高的自由度和包容性，为大学生提供了充分展示自我、实现个人价值的平台。例如，他们可以通过博客、短视频创作等方式表达自己的观点和情感，分享自己的经历和见解。这种自我表达和实现的机会有助于增强大学生的自信心和自尊心，促进他们的心理健康发展和个人成长。

总结起来，网络环境对大学生心理发展产生了积极的影响，包括信息获取与认知拓展、社交技能提升以及自我实现与表达等方面。然而，我们也应该注意到网络可能带来的负面影响，并引导大学生合理利用网络资源，促进他们的健康成长。

3.网络对大学生心理发展的消极影响

网络在为大学生带来诸多便利和机会的同时，也不可避免地带来了一些消极影响。过度或不适当地使用网络，可能会对大学生的心理健康造成负面影响，以下是其中的一些问题。

（1）网络成瘾

过度沉迷于网络游戏、社交媒体等虚拟世界，可能导致部分大学生出现网络成瘾问题。他们可能会花费大量时间和精力在网络世界中，忽视现实生活中的学习和社交活动。这种沉迷不仅会影响他们的学业成绩，还可能破坏他们的作息和饮食习惯，导致身体健康出现问题。

（2）社交焦虑

虚拟的网络社交虽然为大学生提供了新的社交渠道，但也可能加剧他们的社交焦虑。在网络世界中，人们可以选择性地展示自己，甚至可以通过匿名方式与他人交流。这种不真实的社交环境可能会让大学生在现实中更加不自信，难以与人交往。同时，过度关注网络上的评价和反馈，也可能让大学生陷入社交比较的陷阱，进一步加剧他们的社交焦虑。

（3）信息过载

网络信息浩如烟海，大量的信息输入可能让大学生面临信息过载的压力。他们可能会在不断刷新社交媒体、新闻网站等过程中，感受到无尽的焦虑和迷茫。这种信息过载不仅可能导致他们的注意力不集中，还可能引发他们的情绪波动，使他们变得更加浮躁和不安。

因此，我们需要正视网络对大学生心理发展的消极影响，并积极引导和帮助大学生合理使用网络资源，促进他们的心理健康发展。同时，学校和家庭也应该为大学生提供一个健康的网络环境，加强心理健康教育，提高大学生的网络素养和心理素质。

4.综合分析与展望

对于网络与大学生心理发展之间的关系，我们可以得出一个综合的结论：网络是一把双刃剑，既能为大学生提供宝贵的资源和机会，促进他们的心理发展；也可能带来一系列的消极影响，对他们的心理健康造成威胁。因此，我们需要对这种关系进行更加深入、全面的分析。

在这种背景下，未来的工作重点应该放在引导大学生健康、合理地使用网络上。家长在家庭教育中应更加注重网络素养教育，与孩子建立良好的沟通机制，了解他们的网络使用状况，并及时进行干预和指导。学校可以增设相关的心理健康教育课程，提高学生的网络心理健康意识，教授他们如何正确、有效地利用网络资源。社会整体也应该加强对网络环境的监管，打击网络犯罪和网络欺凌，营造一个健康、积极的网络环境。

展望未来，我们期望看到一个网络环境与大学生心理发展和谐共生的局面：网络技术继续发展，为大学生提供更丰富、更高质量的学习资源和发展机会；同时，大学生也能在健康、积极的网络环境下茁壮成长，充分利用网络带来的便利，不断提升自己，实现全面发展。这需要我们每一个人的共同努力和持续关注，以达到网络与大学生心理发展的最佳结合，共创美好的未来。

五、结论与展望

1.结论回顾

经过详细的分析和探讨，我们可以确认，网络心理在现今社会，特别是在风华正茂的大学生群体中，拥有着不可忽视的重要地位。网络环境对大学生的心理健康成长产生了深远的影响，其中既有正面的积极效应，也有负面的挑战。这一情况无疑对我们的教育研究、心理健康工作提出了新的时代课题和要求。

2.大学生网络心理的重要性

在现今的数字化时代，大学生的网络心理需求日益凸显，他们通过网络渴望交流、表达、获取知识和娱乐。与此同时，他们的网络心理特点也呈现出与众不同的一面，更加开放、多元和敏感。这种开放和多元的网络心理，为大学生提供了广阔的学习和社交平台。但值得注意的是，网络环境同样为大学生带来了正负双重的影响。尽管网络为大学生提供了无数便利和机会，但同时也带来了网络成瘾、信息焦虑等一系列心理问题。

为此，深入研究大学生的网络心理，准确把握他们的真实需求和面临的困惑，显得尤为重要，这也是当下社会的必然要求。

3.网络与大学生心理健康的关联

为了确保大学生的心理健康，推动他们全面、健康的发展，我们必须密切关注网络与大学生心理健康之间的紧密关联。具体而言，我们需要引导和帮助大学生培养健康的网络使用习惯，例如合理控制上网时间、增强网络信息真伪的辨识能力等。此外，教育大学生如何应对网络带来的各种心理压力和挑战，如妥善处理网络欺凌、保护个人隐私等，同样不可忽视。

4.加强网络心理学的研究与应用

作为一个新兴但迅速发展的学科领域，网络心理学拥有着广阔的研究空间和应用前景。通过深入研究，它不仅可以为教育领域提供科学、有力的理论依据，帮助教育者更加深入地理解学生的网络行为和心理。同时，它还能为心理咨询提供实操性的指导，如利用网络进行心理疏导、预防和治疗网络成瘾等。

5.展望

随着技术的不断进步和社会的持续发展，未来网络与大学生的心理关系将更加紧密、更加复杂。我们相信，通过不断的研究和努力，我们有能力为大学生创造一个既充满活力又健康的网络环境。在各方努力下，大学生群体将走向更加美好、光明的未来。

第二节　常见的大学生网络心理问题

在21世纪，数字化浪潮席卷全球，网络无疑已经成为大学生活中不可或缺的一部分。对现代的大学生而言，网络不仅是学习、交往、娱乐的重要工具，也是他们与外界联接的主要桥梁。然而，网络的普及和便利性同样带来了一系列的心理问题，这些问题逐渐凸显，并引起了社会各界的广泛关注。

一、网络与大学生的关联

1.网络与大学生活的融合

网络与大学生的日常生活已经紧密融合，表现在以下几个方面：

· 学习助手：过去的图书馆和资料室已被现代的网络资源取代。大学生可以随时随地通过网络获取海量的学习资料和在线课程，无论是学术论文、公开课，还是专业指导，网络都为他们的学习提供了巨大的便利。

· 社交平台：大学生的社交模式也已经从线下转为线上。微博、微信、抖音等社交平台不仅为他们提供了与朋友交流的空间，也成为他们展现自我、建立社交网络的重要场所。

· 娱乐工具：网络游戏、在线直播、短视频等网络娱乐方式成为大学生课余时间的首选，为他们提供了放松、娱乐的渠道。

2.网络环境带来的心理问题

但是，随着大学生对网络的依赖程度不断加深，一些心理问题也开始浮现。

· 网络成瘾：部分大学生沉迷于网络游戏、社交平台，导致正常的学习、生活受到很大的影响，甚至出现昼夜颠倒、学业弃置的现象。

· 信息焦虑：每日大量的网络信息让一些大学生感到焦虑。他们担心错过重要的信息，时常处于紧张状态，导致学习、生活受到影响。

· 社交障碍：网络社交的盛行使部分大学生在现实社交中出现障碍，他们更习惯于网络上的交流方式，面对现实交往时显得无所适从。

· 网络安全焦虑：随着网络安全事件的增多，大学生对网络安全问题日益担忧。他们担心自己的个人信息泄露，害怕成为网络诈骗的受害者。

3.问题的重要性和紧迫性

上述心理问题不仅影响大学生的学业、职业发展，更对其身心健康产生威胁。网络成瘾可能会导致学生成绩下滑、健康受损，而信息焦虑则可能导致学生产生睡眠障碍、注意力不集中等问题。这些问题的解决迫在眉睫。

4.研究和干预的必要性

为了解决这些问题，深入研究大学生在网络环境下的心理状态变得非常重要。学校、家庭和社会都应该承担起责任，合作解决这个问题。只有这样，我们才能确保大学生在健康的环境下成长，充分利用网络带来的便利，同时避免其带来的负面影响。

综上所述，这一课题的研究不仅具有深远的学术意义，更具备重大的现实意义。在后续的研究中，我们将深入探讨这些问题的原因、发展趋势及解决方法，以期为大学生提供一个更加健康的网络环境。

二、网络成瘾

1.定义和描述

网络成瘾，也被称为互联网成瘾，已经被医学界和心理学界定义为一种心理疾病。这种病症描述了个体过度、强制性地使用互联网，并对其日常生活、学业、工作和社交关系产生不利影响的状况。这种沉迷行为导致个体在网络上花费过多的时间，经常连续在线，无法控制自己的网络使用行为，对其他日常活动失去兴趣。

2.原因和后果

对大学生来说，陷入网络成瘾的境地有多种原因。

· 逃避现实：面对学业压力、就业困难或人际关系挑战，一些大学生选择将网络世界作为逃避现实的途径。

· 即时满足：网络游戏、短视频等网络活动能为大学生提供即时的快乐和满足，这种即时的满足感很容易让人上瘾。

· 社交需求：现代社交网络为大学生提供了一个便捷的社交平台，能满足他们的社交需求，但过度依赖网络社交可能导致他们现实生活中社交能力的下降。

长期的网络成瘾会带来严重的后果。

· 学业受损：长时间沉迷于网络会导致大学生在学习上投入的时间大大减少，从而影响他们的学习成绩和学术表现。

· 社交障碍：过度依赖网络社交使大学生在现实生活中与人交往的能力下降，可能导致社交障碍，甚至产生孤独感和抑郁情绪。

· 健康问题：长时间的网络使用可能对大学生的身体健康产生负面影响，如视力下降、颈椎病、肥胖等，同时，不规律的作息时间也会对他们的生理健康产生影响。

3.识别方法

识别大学生是否网络成瘾是解决问题的前提，以下是具体的观察方法。

· 时间沉迷：观察大学生是否每天花费大量时间在网络上，且几乎总是处于在线状态，甚至牺牲睡眠和吃饭时间。

· 行为反复：注意大学生是否无法控制自己的上网行为，是否经常尝试减少或停止网络活动但总是失败。

· 情绪与身体反应：网络成瘾的大学生常常会出现情绪波动，如易怒、焦虑或抑郁，以及身体不适，如头痛、眼睛疲劳、手指酸痛等。

三、网络社交焦虑与抑郁

1.解释

在数字化时代，网络社交已然成为现代人类社交活动的主要方式，特别是在大学生群体中，网络社交的受欢迎程度更为突出。但这种社交方式也带来了一系列的心理健康问题。当人们在网络社交中体验到的压力、恐惧和挫败感持续累积时，会导致焦虑和抑郁情绪的产生，我们称为网络社交焦虑与抑郁。对于正处于心理成长期的大学生来说，这种情绪的影响更为明显和深远。

2.情绪影响

网络社交焦虑和抑郁对大学生带来的情绪影响主要表现在以下几方面：

· 比较心理：在网络社交平台上，人们倾向于展示自己生活中最好的一面，这种现象常常引发大学生之间的比较心理。他们可能会将这种“完美”的展示作为标准，将他人与自己进行比较，进而产生自卑、焦虑等消极情绪。

· 虚拟社交压力：网络社交平台上的互动方式，如点赞、评论等，虽然为人们提供了更多的社交机会，但同时也带来了虚拟的社交压力。特别是对于那些追求认可的大学生来说，他们可能会因为这种压力而过度在意他人的评价，进而影响自我价值的认同和自信心。

如果上述情绪持续存在并加剧，可能会导致更为严重的后果。

· 自信心受损：长时间的比较心理和虚拟社交压力可能会导致大学生自信心受到严重打击，进而影响其在学习、工作等各方面的表现。

· 社交障碍：过度依赖网络社交并受到其带来的负面情绪影响，可能会使大学生在现实中与人交往时出现障碍，造成人际关系紧张。

- 心理健康恶化：如果焦虑和抑郁情绪得不到及时的缓解和排解，可能会导致心理健康状况进一步恶化，甚至可能引发严重的心理障碍或疾病。

四、网络身份认同困惑

1.身份认同的建立

在网络时代，大学生的身份认同逐渐从现实生活扩展到了虚拟的网络空间。网络为大学生提供了一个自由塑造自我形象的平台，他们可以在网络上构建一个与现实中不同、更加理想的身份。这种网络身份认同的建立成了他们追求他人认同、实现自我价值的重要途径。通过网络身份的塑造，大学生能够在虚拟世界中获得更多的关注、认可和尊重，进而满足他们的心理需求。

2.问题和挑战

然而，过度追求网络身份认同也会给大学生带来许多问题和挑战。长时间沉浸在网络世界中，他们可能会逐渐迷失自我，模糊真实身份与虚拟身份的界限。这种身份界限的模糊可能导致以下问题的出现：

- 自我认知的混乱：网络上塑造的虚拟形象可能会干扰大学生对真实自我的认知，使他们对自己的定位、价值观产生困惑，不清楚自己真正的追求和目标。
- 价值观的扭曲：为了迎合网络潮流、获取更多的网络认可，一些大学生可能会违背自己的真实价值观，盲目追求网络上的所谓“热门”和“流行”，导致价值观的扭曲和道德底线的失守。

3.总结

网络身份认同的困惑已经成为影响大学生群体心理健康的重要因素。为了帮助大学生建立健康的网络身份认同，我们需要从多方面进行引导和教育。这包括引导他们正确看待网络与现实的关系，教育他们珍惜真实的自我，鼓励他们勇敢面对自己的不完美，不过度沉迷于网络上的虚幻光环。同时，我们也应该提供一个更加健康的网络环境，减少网络暴力和虚假信息的传播，让网络成为促进大学生健康成长的平台。

五、结论与建议

1.结论回顾

经过深入的分析和研究，我们可以清晰地看到，网络环境为大学生带来了一系列的心理问题。这些问题不仅局限于网络成瘾，还涉及网络社交带来的焦虑与抑郁，以及网络身份认同的困惑。每一个问题都可能对大学生的学业、身心健康产生重大的影响，进而对他们未来的职业道路和社会角色产生深远的影响。

2.问题的严重性

我们必须正视网络心理问题给大学生带来的严重影响。网络成瘾可能导致学生沉溺于虚拟世界，忽视学业，造成成绩的大幅下滑。网络社交的焦虑和抑郁可能会使原本开朗的学生变得孤僻，甚至产生自杀的念头。而网络身份认同的困惑则可能让学生迷失在虚拟的世界中，无法找到真正的自我。

3.解决策略与建议

为了有效解决上述的网络心理问题，以下的策略与建议值得关注。

（1）强化网络素养培训

高校不仅是传授知识的地方，更应该引导学生正确地对待和使用网络。网络素养课程应成为大学生的必修课程，从而帮助他们建立正确的网络观念和使用习惯。

（2）鼓励实体社交

大学可以举办各种活动，鼓励学生走出宿舍，参与各种社交活动，从而减少他们对网络的过度依赖。

（3）心理咨询服务的建设

每所高校都应配备专业的心理咨询团队，为学生提供心理咨询和心理治疗服务。

（4）家校联合机制

家长与学校的沟通是预防学生网络心理问题的第一道防线。家长应定期与学校沟通，了解孩子的情况，学校也应为家长提供指导和帮助。

4.长远意义

大学生是国家的宝贵人力资源，他们的健康与成长关系到国家的未来。我们不应只关注他们的学业，更要帮助他们培养健康的人格和习惯。引导他们正确对待和使用网络，实际上是为他们的未来打下坚实的基础，从而助力他们成为身心健康、对社会有贡献的人才。这对国家的发展和社会的进步都具有深远的意义。

综上所述，对大学生在网络环境中所面临的种种挑战，我们需要从教育、辅导、咨询、家校合作等多个方面共同努力，助力他们健康成长，迎接美好的未来。

第三节　大学生网络心理调适策略

在21世纪的今天，我们身处一个信息爆炸的时代，网络无疑已经成为大学生日常生活中的重要组成部分。不论是学术研究、社交活动，还是娱乐休闲，网络都为他们提供了前所未有的便利。然而，正如一枚硬币有正反两面，网络环境在为大学生带来巨大便利的同时，也带来了许多心理层面的挑战。

考虑到大学生正处于人生发展的关键阶段，他们面对网络环境时的心理状况，不仅会影响其当下的学业和生活质量，更可能对其未来的人生观、价值观产生深远的影响。因此，我们不能忽视网络心理问题的严重性和紧迫性。

网络心理调适策略，简单来说，就是一系列帮助大学生健康、理性使用网络的方法和建议。掌握这些策略，能够使大学生在网络环境中更加从容、自信，不被虚拟世界的纷纷扰扰所困扰，更能充分发挥网络的优势，为自己的学业、人生加分。

为此，本文旨在深入探讨网络心理调适策略的重要性和具体方法。希望通过本文的研究和探讨，能够为大学生提供一些实质性的帮助和指导，助力他们在网络世界中游刃有余，健康成长。这也正是本文研究的意义和价值所在。

一、自我觉察与自我管理

1.提高自我觉察能力

自我觉察，对每一个人而言都是心理健康的重要前提。它要求我们能够深入了解自己的情绪、需求、动机等。对生活在现代社会的大学生来说，网络环境中的自我觉察显得尤为重要。

· 定期反思网络行为：为了达到真正的自我觉察，大学生可以制订一个周期性的反思计划，比如每周或每月一次，对自己的网络行为进行深入的思考和反省。这种反思可以围绕一些问题展开，比如“我在网络上主要做了哪些活动？”“这些网络行为真正满足了我哪些内在需求？”等。通过这样的反思，大学生能够更为清晰地认识到自己在网络世界中的真实状态。

· 留意情绪变化：网络环境中，人们常常体验到情绪的起伏。对大学生而言，他们应当学会观察自己在网络环境中的情绪变化，例如从兴奋到失落，或从焦虑到放松。这些情绪的变化都是自我觉察的重要线索，通过捕捉这些情绪，大学生可以更深入地理解自己内心的需求和真实的感受。

这种深入的自我觉察，有助于大学生在网络环境中找到真正的自我，明确自己与网络的关系，从而为自己的网络使用行为打下更为坚实的基础。

2.自我管理方法和技巧

为了在网络环境中保持健康的生活状态，大学生还需要掌握一些行之有效的自我管理方法。

· 设定目标与时间表：网络世界丰富多彩，很容易让人迷失方向。为了避免无意义地沉迷于网络，大学生应该为自己的网络使用设定清晰的目标和时间表。例如，设定每天晚上8点到9点为网络使用时间，专门用于查找学术资料或进行其他有益的活动。

· 采用放松技巧：长时间的网络使用可能导致紧张、焦虑等不良情绪。当大学生感到这些负面情绪时，应该采取积极的放松技巧来缓解压力。例如，深呼吸、冥想以及简单的伸展运动，都是有效的放松方法，可以帮助大学生恢复平静和冷静。

除了以上的方法，自我管理还包括持续的网络使用监控和调整。大学生可以使用各种辅助工具来管理自己的上网时间，确保自己始终保持在健康的网络使用轨道上。一旦感觉到自己对网络产生了依赖，他们应该及时寻求外部的支持和帮助，如与亲密的朋友、家人交流，或咨询专业的心理咨询师。

综上所述，自我觉察与自我管理对大学生在网络环境中维护心理健康十分重要。通过加强自我觉察，大学生能够更真实地了解自己；通过有效的自我管理，他们能够确保网络成为推动自己前进的助力，而非阻碍。这两大利器，将为大学生走向更加健康、充实的人生提供坚实的保障。

二、建立健康的社交网络习惯

1.健康的在线社交网络习惯的重要性

在数字化时代，社交网络成为大学生日常生活中的重要部分。然而，随着网络技术的不断发展，不良的网络社交习惯也随之浮现，为大学生的网络生活带来了不少困扰。诸如个人隐私的泄露、网络欺凌等问题，都直接或间接地与不良的网络社交习惯有关。因此，养成健康的习惯，对大学生而言，是保障个人权益、确保心理健康的关键。

2.建立健康的在线社交网络习惯的具体行为

为了确保网络社交的健康，大学生需要做到以下几点：

· 保持真实：在虚拟的网络世界中，保持真实的自我非常重要。大学生应避免为自己设立一个虚假的网络形象，不做作、不夸张，真诚待人。

· 尊重文化差异：在社交网络上，大学生可能会遇到来自不同背景的人，应该尊重各种文化差异，避免发表冒犯性的言论。

· 保护个人隐私：在分享生活片段时，要注意哪些信息可以公开，哪些需要保密。例如，身份证号、家庭地址等敏感信息，绝对不应在公共网络上分享。

做到这些，不仅能帮助大学生建立一个正面、健康的社交网络形象，还能为他们赢得更多真诚的朋友，减少网络带来的负面影响。

3.应对网络社交中的压力和焦虑的策略

面对网络社交带来的压力和焦虑，大学生可以采取以下策略：

· 平衡线上与线下生活：过度依赖网络社交可能导致现实生活中的孤独感。大学生应积极参与校园活动，如社团、学术研讨会等，以丰富自己的现实生活。

· 拓展社交途径：参与志愿者服务、实习等活动，不仅可以丰富人生经验，还能结识更多朋友，减轻社交焦虑。

· 增强自我认知：正确理解自己的价值，不盲目追求网络上的“完美”标准。每个人都有自己的闪光点和不足，关键是要接纳自己。

总之，学校和家庭也需要积极发挥作用，为大学生提供必要的支持和资源，如心理健康教育、心理咨询服务等，帮助他们构建一个健康的社交网络，应对各种挑战。同时，也要鼓励他们积极参与现实生活中的社交活动，从而实现线上与线下社交的平衡与健康发展。

三、寻求专业帮助与支持

1.面对严重的网络心理问题时的选择

在数字化时代，网络成为大学生生活中不可或缺的部分。然而，过度依赖或不当使用网络可能导致一系列的网络心理问题，例如网络成瘾、网络抑郁症等。当大学生或他们的朋友碰到这些困境时，首先要做的是认识到问题的存在并了解其严重性。

对大多数大学生来说，他们可能没有足够的经验和知识来处理这些复杂的心理问题。这时，寻求专业帮助显得尤为重要。心理咨询师、心理医生等专业人士经过深入的学习和实践，拥有解决这些问题的方法和经验。他们可以为受困的大学生制定治疗方案，提供有针对性的建议，帮助他们从困境中走出来。

2.大学资源的支持与援助

现代大学不仅注重学生的学科知识，更关心他们的身心健康。因此，很多大学都设立了心理咨询中心，为学生提供一站式的心理服务。这些中心通常有专业的心理咨询师，他们可以为学生提供心理咨询、心理测试、心理辅导等服务。这种全方位的支持确保了学生能够在需要时得到及时的帮助。

更值得一提的是，这些服务往往都是免费的或收费非常低，能确保每一位学生都能够负担得起。此外，大学还会定期组织心理健康相关的讲座和培训，帮助学生提高他们的心理健康意识，教会他们如何自我调节，以及如何预防网络心理问题。

3.社会资源的支持与援助

除了学校提供的资源，社会上也有许多机构和组织关心大学生的心理健康。例如，一些机构提供了24小时的热线电话服务，能为处于困境中的大学生提供即时的支持和援助。这些机构的工作人员经过严格的培训，懂得如何与大学生沟通，提供有效的建议，甚至进行心理危机干预。

随着社会进步，越来越多的人开始关心心理健康问题。这意味着，有更多的资源和力量可以为受困的大学生提供帮助。无论是资金支持、志愿服务，还是专业指导，社会都在积极为大学生提供一个更加健康和和谐的环境。

4.总结

网络为大学生带来了很多便利，但也可能带来一些挑战。当面对这些挑战时，大学生应该认识到自己并不孤单。从学校到社会，有无数的人和组织愿意伸出援手，提供支持。大学生要做的，就是勇敢面对问题，迈出寻求帮助的第一步。只要这样，他们就能够克服困境，走向更加健康、美好的未来。

四、网络素养教育与预防策略

1.网络素养教育的作用

网络素养教育对现代大学生而言，其重要性不言而喻。以下详细描述了其作用。

（1）培养健康、负责任的网络使用习惯

这种教育形式可以指导大学生高效、理性地使用网络资源。在面临海量的网络信息时，能够做出明智的判断，选择对自己真正有益的内容，避免被网络牵着鼻子走，落入网络成瘾的陷阱。

（2）预防网络心理问题的发生

网络素养教育不止于技能层面，更多的是一种价值观和认知层面的教育。通过此种教育，大学生能更加清晰地认识到网络的双面性，并对可能出现的网络心理问题有所警惕，如网络欺凌、网络焦虑等。

（3）树立正确的网络价值观

网络虽然是一个虚拟空间，但其中的行为仍然需要道德和法律的约束。网络素养教育能够帮助大学生明确自己的网络行为准则，知道哪些行为是应该为之，哪些行为是应该避免的。

（4）增强网络安全意识

随着网络的普及，网络安全问题也日益凸显。网络素养教育可以使大学生对网络安全有更深的了解，从而避免不必要的损失和风险。

2.推动网络素养教育的建议和策略

要想真正提高大学生的网络素养，必须从多个角度出发，以下是针对学校、家庭和社会的建议。

（1）学校层面

· 除了专业技能课程外，学校还应设置网络素养为必修或选修课程，确保学生在校期间能够受到系统的教育。

· 定期进行与网络相关的讲座或活动，邀请行业专家为学生进行分享，使学生能够了解网络的最新动态和潜在风险。

（2）家庭层面

· 家长应时刻保持与孩子的沟通，了解他们的网络行为，并为他们提供正确的引导。

· 家长自己也应提高警惕，注意自己的网络行为，为孩子树立一个好榜样。

（3）社会层面

· 相关的政府部门应出台政策，推动网络素养教育的普及和实施，确保每个大学生都能受益于此。

· 企业和社会团体也应该承担起自己的责任，利用自己的资源和平台，为大学生提供网络素养的培训和教育。

在现代社会，网络已经成为生活中不可或缺的一部分。因此，提高大学生的网络素养，不仅对他们的个人发展有着重要意义，更对社会的和谐稳定有着长远的影响。希望学校、家庭和社会能共同努力，为大学生创造一个健康、积极的网络环境。

第七章

大学生的人格心理与人文素养

第一节　人格心理基本理论

人格心理学是心理学领域中的一个重要分支，专注于研究个体在社会和文化背景中如何形成独特的心理特征和行为模式。这门科学不仅能帮助我们理解每个人的独特性，还揭示了人类存在的共性。

对大学生来说，人格心理学的研究具有深远的影响。首先，了解人格心理的理论和研究成果可以帮助大学生更为深刻地认识自我。通过了解自己的性格特质、情绪反应以及行为习惯，大学生能对自己的优势和不足有更清晰的认知。

其次，人格心理学的研究还有助于大学生的自我提升。认识到自己的不足之后，大学生可以有的放矢地去改变那些不良的行为习惯，提升自我控制能力，形成更健康的人格特质。

再次，人格心理学在人际交往方面也为大学生提供了重要的指导。了解他人的人格特质，就能更好地理解他人的行为，预测他人的反应，从而更有效地与他人交往。这对于建立良好的人际关系，提高社交效率都有很大的帮助。

最后，在职业规划方面，人格心理学也能给大学生以启示。不同的职业需要不同的人格特质，了解自己的人格特质，就能更准确地找到自己的职业定位，规划自己的职业生涯。

因此，深入探讨人格心理的基本理论，不仅能帮助大学生更好地认识自我，提升自我，还能在人际交往、职业规划等方面提供重要的指导。这对大学生来说，具有无可置疑的重要意义。

一、人格的定义与内涵

1.定义解析

人格是一个深入探究个体心理特质的概念。在心理学的体系中，它被视为每个人的心理特质的独特集合。这些特质不仅包括习惯、情感、动机，还涵盖了价值观、行为模式等。这些特质的形成，与环境、社会、文化交互作用，并在形成后的一段时间内保持相对的稳定性。因此，人格被认为是心理现象中最复杂、最独特的部分，因为它涉及了个体的每一个心理和行为层面，表现出了每个人的独特性。

2.人格的组成

（1）能力

个体在某一专业领域的才能和技能，是人格的重要组成部分。这些才能和技能为个体在学术、职业或社会环境中提供了有效的问题应对手段。

（2）气质

气质是人格中的先天部分，它主要由生物学因素决定，是个体在情绪反应性、活动水平和注意力等方面的差异的基础。

（3）性格

性格是人格的核心，它是个体对社会环境的适应方式的主要表现。性格主要体现在个体的行为、情感和态度的差异上。

（4）情感

情感是人格的重要组成部分，表现为个体对外部世界的感情反应。情感与个体的价值观和经历密切相关，反映了个体的心理特质。

（5）动机

动机是推动个体行为的内在原因，与个体的需求和目标密切相关。动机塑造了个体行为的方式和方向，是人格的重要组成部分。

（6）价值观

个体的价值观和信念，是人格的重要组成部分。它们会对个体的行为方式和决策产生重要影响，反映了个体的认知和选择。

3.人格与气质、性格的异同

（1）气质与人格的异同

气质是个体与生俱来的，而人格则是个体在后天的成长过程中形成的。气质是人格的基础，但气质更多地体现在生理层面，如个体的情绪反应性、活动水平等。而人格则更偏向于心理层面，如个体的习惯、情感、动机、价值观和行为模式等。气质稳定不易改变，而人格则可能会因为环境因素和经验的影响而发生改变。

（2）性格与人格的异同

性格是人格的一个重要部分，它是影响个体行为方式的重要因素。性格主要体现在个体对社会环境的适应方式，以及个体在行为、情感和态度等方面的差异。与人格相比，性格更强调稳定性，更侧重于描述个体的核心特质。而人格则包含更广泛的内容，除了性格外，还包括能力、气质、情感、动机和价值观等方面。因此，人格是一个更全面的概念，它不仅包括性格的部分，同时也包含了个体的其他重要心理特质。

二、人格的结构与理论

1.经典人格理论

（1）弗洛伊德的精神分析理论

· 理论描述：弗洛伊德的精神分析理论不仅探讨了人的潜意识，更细致地描述了人格的三个构成部分。本我，像是一头冲动的野兽，追求即刻的愉悦，不受任何约束。超我，如同内心的审判者，遵循社会道德和规范，时常约束和指引我们的行为。而自我，则如同调解者，处于本我和超我之间，努力平衡两者的需求，确保个体既不会过于放纵，也不会过于压抑。

· 意义与应用：通过弗洛伊德的理论，我们能更深入地了解到人的心理冲突的根源，这也为心理治疗提供了更为明确的方向和策略。

（2）荣格的集体无意识理论

· 理论描述：荣格的理论中，除了强调个体无意识的重要性，更提出了“集体无意识”的观点。他认为，人类共享着一种深层的、遗传下来的记忆和智慧，这部分记忆和智慧是普遍存在的，超越了文化和个体的差异。

· 意义与应用：这不仅能解释为何不同文化背景下的人在某些情感和行为上有相似之处，也为心理学的研究开辟了新的领域。

2.现代人格理论

（1）大五人格理论

· 理论描述：大五人格理论将人格特质归纳为五个大维度，这五个维度几乎涵盖了人的所有性格特征。开放性是对新奇事物的接纳和探索精神；责任心体现了人的自律和责任感；外倾性则是人对社交的需求和活跃程度；宜人性反映了人的善良和合作精神；而神经质则与人的情绪稳定性密切相关。

· 意义与应用：此理论为现代心理学研究提供了坚实的基础，也为人力资源、心理咨询等多个领域提供了有力的研究工具。

（2）人本主义理论

· 理论描述：人本主义理论更加关注人的潜能和成长。它认为，每个人都有内在的力量，能驱使自己向更好的方向发展，实现自己的价值。

· 自我实现的意义：当人达到自我实现的状态时，会体验到真正的满足和幸福。这种满足和幸福源于对自己潜能的充分认识和发挥。

· 应用与影响：在教育领域，人本主义理论鼓励教育者关心学生的成长和需求，而不仅仅是成绩。在企业管理中，该理论指导管理者关注员工的幸福感和发展，以提高员工的工作效率和创造力。心理咨询中，人本主义的方法强调咨询师与来访者之间的真诚互动，推动来访者自我探索，达到更高层次的自我认知。

三、人格的形成与发展

1.影响因素

（1）生物学因素

· 遗传因素：遗传学研究已经证实，某些基因与人格特质的存在有关。例如，有些基因与人的外向性、神经质等特质有关。这些基因可能通过影响大脑发育和功能，从而影响个体的行为、情绪和思维方式。因此，遗传因素为人格的形成提供了基础。

· 生理因素：除了基因，生理因素也对人格产生影响。例如，脑内的神经递质如血清素、多巴胺等，它们的不平衡或异常都可能导致人的情绪波动、行为变化，进而影响人格的塑造。

（2）家庭环境因素

· 家庭氛围：家庭是孩子成长的第一个课堂，家庭氛围对孩子的性格养成起到关键作用。在温暖、和谐的家庭环境中，孩子更容易形成乐观、开朗的性格；而在冷漠、冲突的家庭环境中，孩子可能变得孤僻、内向或具有攻击性。

· 家庭教育：父母的教养方式直接影响了孩子性格的形成。例如，民主教育方式有利于培养孩子的自主性和独立性；而过于严格或放任的教育方式可能导致孩子过于依赖或反叛。

（3）社会文化因素

· 社会习俗与价值观：每个社会都有其独特的习俗和价值观，这些都会影响个体的人格形成。例如，一些社会强调个人主义，鼓励人们追求自我实现，而另一些社会则更看重集体主义，强调团队和家族的利益高于个人利益。

· 媒体与社交环境：现今的社交媒体和网络环境也为人格的形成提供了新的影响因素。网络上的“点赞”和“关注”可能影响着人们的自尊和自信，而网络暴力或过度使用社交媒体也可能导致人们产生焦虑和抑郁。

2.人格发展的阶段性特点

除了上述的影响因素外，人格的发展在不同阶段也呈现出不同的特点。

· 儿童期：儿童的人格发展主要体现在对环境的探索和认知上，此时的儿童好比一张白纸，对环境中的一切充满好奇，同时也容易受到外界的影响。

· 青春期：进入青春期的个体开始更加关注自我，追求独特性和独立性。这也是自我认同形成的关键时期，青少年开始思考“我是谁”“我想成为怎样的人”。

· 成年早期：这是人格相对稳定的时期。大多数人在此时已经形成了固定的人格特质和行为习惯，但这些特质仍可能因为生活中的挑战和经历而有所调整。

· 成年中晚期：随着年龄增长和生活经验的积累，个体的人格可能会更加成熟和稳重，对生活和自我有了更深入的理解。

总之，人格的形成与发展是一个多元化、长期的过程，既有先天因素的影响，又与后天的环境和经验密切相关。每一阶段都有其特点，而这些特点共同塑造了一个完整、独特的个体。

四、人格心理的测量与评估

1.常见测量工具

（1）自陈量表

· 定义与原理：自陈量表是基于个体自我报告的方式来评估其人格特质和心理健康状况的工具。在这种量表中，个体需要回答一系列问题，这些问题都是经过精心设计的，旨在揭示个体的人格特点和心理状态。

· 明尼苏达多项人格问卷（MMPI）：MMPI是自陈量表中的经典之作，广泛应用于临床和研究中。它包含多个子量表，每个子量表都针对某一种特定的人格特质或心理症状。通过MMPI，我们可以获取关于个体的情绪稳定性、社交适应性、焦虑、抑郁等多方面的信息。

（2）投射测验

· 定义与原理：投射测验是一种间接的测量方法，它基于个体对模糊、不明确刺激的反应来推断其内隐的人格特质和心理状态。与自陈量表不同，投射测验不直接询问个体的感受或行为，而是通过个体对某种情境或刺激的解释来进行分析。

· 罗夏墨迹测验：罗夏墨迹测验是投射测验中的代表。在这个测验中，个体会看到一系列墨迹，然后被告知要解释这些墨迹像什么。通过对个体解释的分析，心理学家可以了解到个体深层的心理动态、情绪状态和人格特点。

2.信度与效度

· 定义与重要性：信度和效度是衡量人格心理测量工具质量的两大核心指标。信度关乎测量结果的一致性和稳定性，即无论何时、如何进行测量，结果都应该保持一致。而效度则涉及测量结果的真实性，即工具能否准确地捕捉到所要测量的人格特质。

· 应用与检验：为了确保测量工具的信度和效度，心理学家会进行大量的实证研究。这些研究包括重复测量、与其他工具的对比、以及与专家评定的比较等，以确保所使用的工具能够提供准确、可靠的数据。

综上所述，人格心理的测量与评估是心理学领域中的一项复杂而重要的任务。为了确保测量的准确性，不仅需要使用适当的工具，还要确保这些工具具有良好的信度和效度。

四、结论

1.人格心理基本理论的重要性

· 揭示个体差异：人格心理基本理论是打开人类心理奥秘之门的钥匙。它深入研究个体的思维、情感和行为背后的原因，为我们揭示了为什么每个人在这些方面都有所不同。这种理论帮助我们接纳并尊重人与人之间的差异。

· 提供评估框架：人格心理基本理论不仅为我们提供了评估人格的工具，更重要的是，它为我们提供了一个清晰的框架，使我们能够有条理地、系统地理解和分析个体的人格特质。

2.大学生与人格心理理论

· 自我认知与发展：在大学阶段，大学生正处于自我认知和世界观形成的关键时期。掌握人格心理的基本理论可以帮助他们更深入地探索自己的内心世界，挖掘潜在能力，进而实现自我价值。

· 人际交往的价值：大学生活是一个小型社会，大学生需要与各种性格的人交往。了解人格心理理论可以助力大学生更加游刃有余地与人交往，提高他们的人际交往技巧，建立更有深度的人际关系。

· 职业规划意义：在选择未来职业方向时，了解自己的人格特质是至关重要的。这可以帮助大学生选择更适合自己的职业路径，避免走弯路，并在未来的职业生涯中获得更大的满足感。

3.后续研究展望

· 大学生人格特质研究：为了进一步了解大学生，我们计划在未来的研究中深入挖掘这个群体的人格特质，期望找到属于这个特定阶段的心理和行为模式。

· 培养策略探讨：理论的研究是为了更好地指导实践。基于研究结果，我们期望能够提出一套针对性强的人格培养策略，为大学生的成长助力。

· 人文素养在人格培养中的角色：我们不仅关注心理层面，还希望探讨人文素养如何在人格培养中发挥作用。研究如何将这两者结合，将有助于我们更全面地培养大学生，使他们在知识和人格上都得到成长。

综上所述，人格心理基本理论在理解个体差异、指导大学生成长和职业选择方面都发挥着不可替代的作用。为了更好地服务于大学生，未来我们将持续深入地研究这一领域，并努力提供更多实用、有价值的建议。

第二节　大学生的人格特质及其培养

在现今这个日新月异、快速发展的社会中，大学生被誉为未来的希望，是国家的栋梁，是社会中坚力量的预备队。他们正处在人生中最关键的发展阶段，他们的人格特质，不仅直接关系到他们自身的成长和发展轨迹，而且将塑造他们未来在社会中的角色，影响整个社会的进步与和谐。正因如此，了解和分析大学生的人格特质，以及研究如何培养和塑造这些特质，就显得尤为重要。

这样的研究和分析，其意义和价值是多层面的。首先，对大学生个体而言，通过了解自我，他们可以更准确地了解自己的人格特质，从而有意识地自我调整和完善，为自我成长铺平道路。其次，对家庭、学校和社会来说，深入了解大学生的人格特质，能够为他们提供更为精准的教育培养参考方向。家庭可以更好地引导孩子的成长，学校可以更精准地设计教育方案，社会也可以更有效地利用这些未来的人才资源。

因此，我们将通过一系列的研究和探讨，尝试去理解和解读大学生的人格特质，寻找有效的培养方法，以期能对大学生的自我成长，以及家庭、学校和社会的教育工作，提供一定的帮助和指导。这是一个充满挑战和机遇的任务，但我们相信，只要通过共同努力，我们一定能够为大学生的成长、社会的进步，做出贡献。

一、大学生的人格特质分析

1.一般特点

在大学生这一群体中，多数人都表现出一些共同的人格特质。这些特点一般包括：

- 开放性：他们通常对外界的新观念、新思想持开放态度，愿意接纳并尝试新的事物。
- 进取心：大学生群体普遍具有较强的进取心，他们追求进步，渴望实现个人价值。
- 热情：他们对待生活、学习、社交等活动都充满热情，积极参与并从中获得成长。
- 创造力：大学生常常能展现出丰富的创造力，这是他们思维活跃、善于思考的表现。

此外，大多数大学生都渴望知识，对未知领域充满好奇，并具备较强的自我学习和探索能力。这些特质为他们提供了在学习、研究、实践等领域取得成就的基础。

2.差异性

尽管大学生群体具有一些共同的人格特质，但不同的大学生个体之间还是存在一定的差异性。这些差异可能受到学业压力、生活经验、性别、专业等多种因素的影响。

· 不同年级的差异：随着年级的增长，大学生的人格特质也会发生一定的变化。例如，高年级学生可能表现出更为成熟稳重的特质，而新生则可能更加充满活力和冒险精神。

· 性别的差异：男性和女性大学生在某些人格特质上可能存在差异。例如，女性大学生通常被认为更加细心、沉稳，而男性大学生可能更倾向于表现出坚定、自信的特质。

· 专业的差异：不同专业的大学生，由于接受不同的学科训练，可能表现出与其专业领域相关的人格特质。例如，理工科学生可能更注重理性、逻辑的思维方式，而文科学生则可能更擅长批判性思考和表达。

这些差异性不仅体现了大学生群体的多样性，也提醒我们在教育和培养过程中应尊重每个个体的独特性，因材施教，促进他们全面而个性化的发展。

二、大学生人格特质的影响因素

1.先天遗传因素

· 基因影响：研究表明，遗传基因对个体的性格、气质等人格特质有一定的影响。例如，某些基因可能与内向或外向的性格倾向有关。

· 先天基础：先天遗传因素为个体的人格特质提供了基础，但它仅仅是众多影响因素中的一部分。

2.后天环境因素

· 家庭环境：家庭是个体成长的第一课堂，家庭环境对孩子的性格养成起着至关重要的作用。例如，家庭的和睦与否、父母的教育方式等都会对孩子的性格产生影响。

· 学校教育：学校不仅是知识传授的场所，也是性格塑造的重要基地。老师的教育方式、同学间的交往等都会对学生的性格产生影响。

· 社会环境：个体所处的社会环境，如社区、媒体、网络等，也会对人格特质产生影响。例如，媒体和网络中的社交互动可能促进开放性和社交能力的培养。

3.大学生活的独特作用

· 学术氛围：大学中的学术氛围鼓励自由探索、独立思考，这有助于培养大学生的开放性和创造力。

· 社交活动：大学中的社交活动丰富多样，如社团、学术竞赛等，这些活动为大学生提供了与人交往的机会，能够锻炼他们的社交能力和团队合作精神。

· 实践机会：大学生活中的各种实践机会，如实习、志愿服务等，让大学生能够尝试不同角色，可以锻炼他们的适应能力和责任感。

综上所述，大学生的人格特质是由先天遗传因素和后天环境因素共同作用的结果。而大学阶段作为大学生人格塑造的一个关键时期，提供了学术、社交、实践等多方面的机会和挑战，对大学生的人格特质产生了深远的影响。了解这些影响因素，有助于我们更有针对性地关心和引导大学生的成长。

三、大学生人格特质的培养方法

1.针对性教育措施

为了培养大学生的人格特质，可以采取一些针对性的教育措施，包括：

· 情感教育：情感教育是培养大学生人格特质的重要组成部分。可以通过课程设置、心理辅导、专题讲座等方式，增强大学生的情感认知、情感表达和情感调控能力。这将有助于他们更好地理解自己和他人的情感，形成更为成熟稳定的情感特质。

· 挫折教育：挫折教育是帮助大学生遇到困难时能够积极应对的教育方式。可以适当设置一些挑战和困难，引导大学生在面对逆境时保持乐观态度，积极寻找解决问题的方法，从而增强其抗压能力，培养其坚韧的意志品质。

2.日常培养途径

除了有针对性的教育措施，日常的生活和学习也是培养大学生人格特质的重要途径。

· 学习生活：学习生活是大学生的主要活动之一。鼓励大学生自主学习，独立思考，解决问题，不仅有助于提高其学业成绩，还能够培养其独立思考、自律、自主解决问题的人格特质。

· 社交活动：大学生活中的社交活动丰富多彩，如团队项目、社团活动等。参与这些活动，能够与不同背景的人交往，提高大学生的人际交往能力，培养其团队协作精神和社交技巧。

· 实践锻炼：实践是检验真理的唯一标准。利用实习、志愿服务等实践机会，可以让大学生走出校园，接触社会，锻炼自己。通过实践操作，大学生不仅能够提升自己的专业技能，还能够培养勤奋、踏实等人格特质。

综上所述，培养大学生的人格特质需要综合运用针对性教育措施和日常培养途径。通过情感教育、挫折教育等针对性教育措施，可以奠定大学生良好人格特质的基础；而学习生活、社交活动、实践锻炼等日常培养途径，则能在实践中不断磨砺和完善大学生的人格特质。

四、大学生人格特质培养的案例分析与实践经验分享

1.成功案例

· 案例描述：某位大学生在大学期间积极参与社区服务活动。他选择加入了一个为弱势群体提供教育支持的志愿者组织，并担任了其中的组织者和教师角色。通过与受助对象的深入交流和合作，他不仅成功地为这些孩子提供了教育帮助，还培养了自己强烈的社会责任感和高效的人际交往能力。

· 案例分析：这个案例显示了社区服务如何成为培养大学生人格特质的有效途径。在服务过程中，大学生能够真实地感受到自己的行动对他人的影响，从而培养起社会责任感。同时，与不同背景的受助对象和其他志愿者合作，也锻炼了大学生的人际交往能力。

2.经验分享

为了更好地推广和实践大学生人格特质的培养，可以邀请以下人士进行经验分享。

- 心理学家：他们可以从专业的角度，解析大学生人格特质形成的心理机制，提供科学依据，并给予教育者和家长相应的建议。
- 教育专家：教育专家可以分享如何在日常教育中嵌入人格特质培养的内容，以及如何平衡知识传授与性格培养的关系。
- 优秀大学生：那些在大学期间表现出色、人格特质鲜明的大学生，可以分享他们的成长经历和自我培养方法。他们的经验更接近普通大学生的实际生活，因此更容易被同龄人接受和模仿。

3.实践经验

在实践方面，各大高校也可以尝试将人格特质培养融入日常教育和校园活动中。例如，设立社区服务学分要求，鼓励学生参与社会实践；举办团队建设活动，提升学生的团队协作能力；开设心理辅导课程，帮助学生认识自我，调控情感。通过这些实践措施，高校能更有效地助力大学生的人格成长。

五、结论

1.大学生人格特质培养的重要性

在现代社会中，大学生被视为国家的未来、民族的希望。他们的人格特质，不仅影响个体的命运，更关系到一个国家、一个社会的走向。大学阶段正是人格形成和稳定的关键时期。因此，重视和加强大学生的人格特质培养，具有不可估量的意义。它不仅是大学教育的根本目标，更是塑造社会良好风尚、推动社会和谐发展的基础性工作。

2.共同努力的必要性

人格特质的培养不是单方面的责任，而是需要多方面的共同努力。家庭是孩子最初的教育场所，家长应当重视家庭教育，为孩子创造健康的成长环境，培养其良好的行为习惯和道德品质。学校则是学生成长的摇篮，应当通过教育活动、课程设置等方式，有针对性地引导学生培养和巩固正面的人格特质。社会作为一个大环境，更应当为学生提供实践机会，让他们在实际的社会交往中体验、磨练，进而形成稳定的人格特质。

3.长期的复杂任务

人格的形成是一个长期的过程，而培养大学生的人格特质则需要更加系统和专业的方法。这不仅需要教育者具有足够的耐心和责任心，更需要他们具备相应的专业知识和教育技巧。与此同时，随着社会的发展和时代的变迁，教育方法和培养策略也必须与时俱进，确保其科学性和实效性。

4.为社会的繁荣与进步贡献力量

每一个具备健全人格的大学生，都是社会的一份子。他们不仅能够在自己的领域里发光发热，更能通过自己的言行影响他人，传递正能量。这些大学生的存在，为社会注入了活力和动力，推动社会不断向前发展。

5.未来的展望

展望未来，我们期望每一个大学生都能够成为具备健全人格特质的个体。为了实现这一目标，我们需要家庭、学校、社会和每一个大学生的共同努力。同时，我们也期待社会各界能够更加重视大学生人格特质的培养，为其提供更多的支持和帮助。相信在大家的共同努力下，我们一定能够创造一个更加美好、和谐的未来。

第三节　人文素养在人格培养中的作用

在当代教育中，人文素养的培育被视为个体成长的核心要素。那么，何为人文素养？其实，人文素养涵盖了对人类文化的深刻理解、对人生价值的深入探究，以及对美的追求和鉴赏等多方面的能力。它代表了一种深厚的文化底蕴，体现了全面的人类精神文明。更重要的是，这种素养对于个体的人格培养具有不可替代的作用。

大学生作为社会的新一代，正处于人生中的黄金时期，他们的人格正在形成和塑造中。这一时期的教育与经历，将深深地影响他们的人生观、价值观，以及未来的发展方向。因此，对这一特殊群体而言，人文素养的滋润和熏陶显得尤为重要和必要。通过深入接触和理解人文知识，大学生能够更好地认识自己、理解他人，更积极地面对人生的挑战。

本节将围绕人文素养这一核心概念，进行深入探讨。我们将详细解析其内涵，以及它如何与大学生的人格培养发生紧密联系。希望通过这样的探讨，我们能更加明确人文素养在当代教育中的重要地位，以及它对大学生人格形成的深远影响。

一、人文素养的内涵与外延

1.人文素养的内涵

人文素养的内涵深厚，其背后代表了人类文化的积淀与智慧的提炼。详细来说，它包括以下四个层面。

· 历史知识：历史是一面镜子，能够反射出人类的过去与未来。深入学习历史，不仅是为了了解过去，更是为了从中汲取经验，理解社会、文化、经济的变迁规律，从而更加明智地面对现在，预见未来。

· 哲学思考：哲学，被誉为“智慧之学”，是对生活、世界、存在的根本追问。哲学思考能够训练人的思维深度，帮助人们深入探究生命的意义，思考人在宇宙中的地位，以及如何与社会、自然和谐共处。

· 文学情怀：文学是人类的情感记忆，记录了人类的喜怒哀乐。通过阅读文学作品，人们可以深入体验到各种情感，更加敏锐地感触到生活中的种种情感，成为一个情感丰富、细腻的人。

· 艺术审美：艺术，无论是绘画、音乐、戏剧还是舞蹈，都是人类情感的表达方式。它不仅是美的呈现，更是心灵的触动。艺术审美能够培养人的审美观念，使人们在日常生活中也能发现美，创造美。

2.人文素养的外延

人文素养不仅局限于上述提及的内容，它的外延广泛，与现代科技、社会发展都有深厚的联系。

· 与现代科技的关系：在科技日新月异的今天，人们享受到了科技带来的便利，但同时也面临着科技带来的伦理、道德挑战。人文素养能够为科技发展提供伦理的边界，确保科技在发展的同时，不失人性、不失伦理。

· 与社会发展的关系：社会是一个大熔炉，里面包含了各种各样的人、事、物。而社会的发展，离不开每一个个体的努力。人文素养高的个体，更能够为社会带来正能量，推动社会向正向发展，为社会的和谐、进步做出贡献。

总结而言，人文素养不仅涵盖了历史、哲学、文学、艺术等领域，还与我们的日常生活、科技发展、社会进步都息息相关。它是一种复合性的素质，能够提升人的思维深度、情感丰富度、审美水平，使人在社会中更加有价值、有意义。

二、人文素养对人格培养的影响机制

1.认知层面的影响

· 深化认知：通过历史、哲学等人文学科的学习，大学生能够培养更深入的认知能力。历史研究让他们了解到前人的智慧与失误，从而更好地在当前情境中做出决策；哲学思考则帮助他们建立清晰、逻辑的思维框架，使他们更全面地看待问题。

· 价值观与世界观的塑造：基于深入的历史与哲学认知，大学生的价值观和世界观得到进一步的塑造。他们能够学会批判性思考，不轻易接受表面信息，更注重挖掘背后的真相与意义。

2.情感层面的影响

· 丰富情感世界：文学和艺术是人文素养中非常重要的组成部分，它们极大地丰富了大学生的情感世界。通过阅读经典文学作品和欣赏各种艺术形式，大学生更加懂得欣赏美、体验情感。

· 情感调控能力：文学和艺术作品往往描绘了人性的各种情感。接触这些作品，不仅能让大学生的情感世界变得丰富多彩，还能提高他们的情感调控能力。他们从而能够更加懂得如何平衡自己的情感，避免情感的极端波动，并在日常生活中更加稳定、成熟。

3.行为层面的影响

· 行为选择指导：基于深厚的认知与情感基础，人文素养可以进一步指导大学生的行为选择。他们明白，每一个行为决策都与其内在的价值观和世界观紧密相连，因此会在行为上更加谨慎、有策略。

· 社会交往能力：人文素养的培养让大学生在社会交往中更加得体、有分寸。他们知道如何在各种社交场合表现自己，既能展现自己的个性，又能尊重他人，维持和谐的人际关系。

综上所述，人文素养从认知、情感到行为层面，能够全方位地影响大学生的人格培养，使其成为思考深入、情感丰富、行为得体的现代青年。

三、以人文素养为基础的人格培养策略

1.融入大学课程

将人文素养教育深入地融入大学课程中，是确保每位大学生都能够接触到丰富人文内容的关键。

· 通识课程建设：通识课程作为大学的基石，应当注重为学生打下坚实的人文基础。例如，开设“中华文明史”课程，可以引导学生对中华几千年的文明有更深入的认识，而“世界哲学史”则能够帮助学生理解不同文化背景下的哲学思考，培养其对多元文化的尊重。

· 跨学科学习：在当前的复杂社会背景下，单一学科知识难以满足社会需求。大学应鼓励学生综合学习自然科学与社会科学，如物理学与哲学、生物学与社会学等，培养出既有专业技能又有人文关怀的综合人才。

2.校园文化活动

校园文化活动作为课堂的延伸，提供了更多实践与体验的机会。

· 人文讲座：讲座是校园文化的重要组成部分。邀请各界名人来校分享，不仅为学生带来了前沿的知识，更能够激发他们的学术热情，如作家分享创作经历，可以引导学生关注社会现象。

· 艺术节与读书会：艺术节可以为学生提供一个展示才艺的平台，同时也能够让学生欣赏到各种艺术形式。读书会则可以促进学生间的学术交

流，鼓励学生深度阅读，如读经典、读名著，都有其独特的教育价值。

3.社会实践

真正的人文素养不能仅停留在理论层面，更需要在实践中体验和践行。

· 志愿服务：志愿服务不仅是大学生回馈社会的方式，更是他们接触社会、理解社会的窗口。通过参与志愿活动，学生能够深入社区、农村，真正了解国情、民情。

· 文化保育：中华文化博大精深，其中有大量的文化遗产需要年轻人去传承和保护。通过参与文化保育项目，大学生能够对自己的文化有更深的认同，进而产生对国家和民族的自豪感。

4.整合教育资源

学校并不是教育的终点，应整合校内外资源，为大学生提供更广泛的学习机会。

· 合作与交流：学校与校外机构的合作，能够为学生提供更多的实践机会。如与博物馆合作，学生可以参与到展品的策划和布展中，亲身体验文化的魅力。

· 网络资源：在信息时代，网络为学生打开了另一个世界。利用在线教育平台，学生可以选修全球顶级大学的课程，与世界各地的学者进行交流，极大地丰富了学习内容和方式。

总而言之，人文素养是大学生人格培养的重要基石。通过课程的改革、校园文化的建设、社会实践的加强以及教育资源的整合，我们可以为大学生打造一个全面、深入的人文教育环境，帮助他们塑造健全的人格，为未来的生活和职业铺设坚实的基石。

四、人文素养教育与人格培养的案例分析与实践经验分享

1.某知名大学人文素养教育案例

某知名大学一直走在人文素养教育的前沿，其全面的教育方法和丰硕的实践成果受到了广大教育界人士的关注。

· 课程体系：这所大学将人文素养教育设置为大学生的必修课程，确保每

个学生都能够接受到系统的人文教育。除了传统的文学、历史、哲学等课程，学校还引入了跨学科的研究课程，如“科学与社会”“艺术与科技”等，能使学生在学习科学知识的同时，也能深入了解到科技与社会、文化的关系。

· 教学方法：在课堂教学中，学校应注重与学生的互动，可以经常采用小组讨论、角色扮演等形式，让学生在参与中深入思考问题。比如在哲学课程中，学生可以分组讨论“人生的意义”，这样的学习的方式更有助于学生的思考和理解。

· 实践活动：学校还可以与多个文化机构合作，为学生提供实习机会。例如，与当地的博物馆合作，让历史专业的学生参与到展览的策划中，使其在实践中深化对历史的认知。

2.实践经验与心得分享

· 教育者观点：学校的教育者坚信，人文素养不仅是对知识的积累，更要培养学生的同理心，使其能够理解和尊重不同的文化。应鼓励学生关心社会问题，用所学的人文知识为社会发展做出贡献。

· 优秀毕业生经验：很多毕业生表示，大学的人文教育使他们形成了独特的人生观和价值观。在工作中，他们更容易理解同事、客户，能够更和谐地与人交往。这种深厚的人文背景，也使他们在处理复杂问题时更有创新思维和策略眼光。

3.分享的价值与意义

这所知名大学的教育方法和经验，为其他学校提供了人文素养教育的成功模板。它的分享能够鼓励更多学校重视并加强人文教育，培养出既有专业技能，又具备良好人文素养的大学生。同时，通过这种经验传播，可以让更多学生和教育工作者认识到人文素养在个体成长和社会进步中的不可替代的价值。

4.总结

希望通过这样的案例分享和实践经验传播，能够推动全国的人文素养教育发展，为国家的未来培养更多全面发展、有责任心的优秀人才。

五、未来展望与结论

1.未来展望

随着科技的持续进步，如AI、大数据等技术的广泛应用，人们的生活方式、思维模式都将发生深刻变革。在这样的背景下，人文素养教育面临着前所未有的机遇与挑战。未来的人文素养教育需要更加注重与科技的融合，利用科技手段提升教育效果。

例如，可以利用虚拟现实（VR）和增强现实（AR）技术，为学生营造更为逼真的历史场景，让他们亲身体验历史，深化对历史文化的理解。同时，大数据和人工智能技术可以帮助学生分析海量的文化资料，为他们提供个性化的学习建议和资源推荐。

在社会变革方面，随着全球化的深入推进，跨文化交流的能力将成为大学生必备的素养。人文素养教育需要更加注重跨文化内容的传授，从而培养学生的全球视野和跨文化交流能力。

2.教育方法与手段的创新

为了满足大学生的发展需求，我们必须不断创新人文素养教育的方法和手段。除了传统的课堂教学，还可以探索在线课程、短视频、微电影等多元化的教学方式，以适应不同学生的学习习惯和兴趣。

此外，学校还可以与企业、社区等合作，为学生提供实践机会，让他们在实际的人文环境中体验和学习，使人文素养教育更加接地气、有温度。

3.结论

回顾本节内容，人文素养在大学生人格培养中的重要性不言而喻。它是培养健全人格、推动社会和谐发展的基石。为了更好地培养大学生的人文素养，我们需要不断创新教育方法和手段，与时俱进地满足学生的发展需求。

让我们携手努力，打破传统教育的束缚，为大学生提供更加丰富、有效的人文素养教育。只有这样，我们才能真正培养出既具有深厚人文素养，又能适应未来社会发展需求的全面发展的大学生，为构建更加和谐、文明的社会打下坚实的基础。

第八章

大学生的艺术素养与人文实践

第一节　艺术素养释义及其重要性

在当下，我国正经历着社会、经济、科技等各个领域的飞速进步。这样的时代背景对大学生的期待和要求也随之增长。除了专业技能和知识的掌握外，如今，大学生的综合素质培养被放置在了一个更为重要的位置。这些素质不仅关乎他们的学术表现，还决定了他们走向社会后，如何与世界互动，如何度过自己的人生。

其中，艺术素养这一概念，逐渐浮出水面，被越来越多的人所重视。那么，什么是艺术素养？它为何如此关键？在大学生的成长成才之路中，它扮演了怎样的角色？

简单来说，艺术素养是个人对艺术的认知、欣赏、评价和创造的能力。但这样的定义显然过于简单。在一个日益注重个体全面发展的时代，艺术素养的含义显然要丰富得多，它不仅意味着会欣赏一首音乐或一幅画作，更体现了一个人的审美、情感、创新思维和跨文化交流的能力。

之所以在当代大学生中强调艺术素养，是因为艺术作为人类文明的重要组成部分，能够帮助大学生更好地认识自己、理解他人，更好地面对生活中的种种挑战。艺术素养的培养，有助于提高大学生的创新思维、批判性思维，使其在未来的生活和工作中，更加自信、从容和有深度。

因此，本文将对艺术素养在大学生中的意义进行深入探讨，希望引起更多教育者、学生和社会的关注，共同推动大学生的全面发展。

一、艺术素养的定义与内涵

1.定义

艺术素养，指的是一个人在艺术领域具备的综合素质和能力的集合。它并不仅仅停留在对艺术的表面了解，而是深入艺术的精髓，展现的是对艺术的深刻感悟与理解。这种深入骨髓的感悟体现了一个人对各种艺术形式的认知、情感反应和技能掌握的综合程度。对于每一个个体而言，艺术素养如同一个在艺术世界里的导航仪，引导我们探索艺术的无穷奥秘，同时也是个体艺术灵魂的体现。

2.内涵

艺术素养的内涵丰富多样，它包括但不限于以下四个方面。

- 艺术基础知识：这包括对艺术的基本认知和理解，例如艺术的历史发展、各种艺术的理论体系、不同流派的特点等。
- 情感体验：艺术作品往往能够触发人们的情感，艺术素养也包括个体如何通过艺术作品感受到喜怒哀乐，以及对生活的深深体悟。
- 艺术创作技能：这部分涵盖了个体在艺术创作方面的实际技能，如绘画、舞蹈、歌唱等。
- 艺术评价与批判能力：对于艺术作品，不仅要欣赏，还需要理性地分析和评价。艺术素养也包括个体是否能够理性地对艺术作品进行深入的分析和评价。

3.与个人修养、审美能力的关系

艺术素养与个人修养之间存在着深厚的联系。艺术，被誉为人类文明的瑰宝，它的价值不仅在于作品本身的美，更在于人们如何通过欣赏这些作品得到精神的提升。对具有良好艺术素养的人而言，他们更容易在生活的细微之处发现美、感受美，这使他们的心灵得到更深层次的滋养，进而提升个人的整体修养。

而审美能力在很大程度上是依赖于艺术素养的。一个人的艺术素养越高，他的审美能力通常也会越强。这种能力的提高，使这类人在面对各种艺术作品和日常生活场景时，拥有更加敏锐的鉴别力，能够更加准确地分辨美与丑、高尚与低俗。因此，他们会更加珍视生活中的真善美，持续追求更高的精神境界。

二、艺术素养的重要性

在高等教育中，艺术素养被视为一项必不可少的能力，它不仅对大学生个人成长具有重要影响，还对其职业发展产生深远作用。以下将进一步探讨艺术素养在大学生发展中的重要性。

1.提高审美能力和创新思维

对现代大学生而言，拥有高审美能力意味着能够独立地、深入地欣赏并分析艺术作品。这种深入的洞察能力，使他们能够理解作品背后的文化、历史内涵，以及作者的创作意图。而这种能力，不仅作用于艺术作品，更渗透到生活的各个方面。例如，对环境美化的独特追求，反映出他们对生活品质的追求；对服装搭配的见解，展现了他们对流行与个性的敏锐捕捉。

而艺术素养对创新思维的培育，其价值更加无法估量。艺术，作为一种创造性的表达，鼓励人们打破常规，追求新颖与独特。在此过程中，大学生的传统思维模式会受到挑战，从而激发他们的创新思维，使他们提出富有创意的观点和解决方案。

2.促进大学生的全面发展，提升综合素质

在快速发展的21世纪，社会对人才的需求变得更为综合与多元。艺术素养，作为综合素质的关键组成部分，对大学生全面发展起到了推动作用。

- 情感丰富：艺术作品中的情感表达，为大学生提供了情感认同与抒发的途径，使他们的情感世界更为深沉与丰富。
- 人际交往能力提升：艺术的普世价值，在于它能够跨越语言、文化的障碍，触动人心。大学生通过艺术交流，能够更为轻松地与他人建立情感联系，提高他们的人际交往能力。
- 文化底蕴增强：艺术是历史的见证，是文化的载体。深入接触艺术，能够使大学生对人类文明有更深入的了解，从而丰富他们的文化底蕴。

结论：艺术素养在现代教育中占据了不可替代的位置。它不仅有助于提高大学生的审美和创新思维能力，还能促进他们的全面发展，更好地满足现代社会的多元化需求。因此，我们应当深化对艺术素养的认识，确保每一位大学生

都能够充分体验到艺术的魅力，进而成长为全面、有深度的新时代人才。

三、艺术素养与大学生心理健康的关系

在现今这个日新月异的社会中，大学生身负学业、就业、人际等多方面的压力，这些如同隐形的重担，时刻压迫着他们的心灵。若这些压力得不到适当的释放和疏导，可能会对大学生的心理健康造成不可小觑的负面影响。而艺术素养，如同一道亮丽的曙光，在这方面起到了不可或缺的作用。

1.艺术活动的心理治疗作用

众多的研究表明，艺术活动如音乐、绘画、舞蹈等，不仅是一种艺术形式，它们更具有独特的心理治疗作用。例如：

- 音乐：音乐被称为人类的通用语言，它能够直接触动人的情感深处，帮助大学生在音符的流淌中宣泄和释放深藏的情感，达到情绪的平衡与调和。
- 绘画：绘画是情感的具象化，它可以让大学生通过色彩和线条表达自己的内心世界，从而达到自我认知和情感释放的目的，每一笔、每一划都是心灵的呐喊。
- 舞蹈：舞蹈是身体的诗篇，它通过身体的运动来释放情感，帮助大学生缓解紧张和焦虑，同时也有助于提高身体自我认知，让身心得以合一。

2.培养艺术素养对心理健康的促进

培养艺术素养，其意义远远超出掌握一种新技能的范畴。更重要的是，它为大学生提供了一个情感的出口和心灵的寄托。艺术创作和欣赏的过程，实际上也是一个自我对话、自我疗愈的过程。通过艺术的表达，大学生能够更为深入地探索自己的内心世界，找到心灵的平衡点，从而在面对生活中的种种困境时，能保持一颗平和的心。

3.艺术素养为大学生提供应对压力的方式

人生总是充满了未知与变数，面对压力和挑战，艺术素养能为大学生提供一套积极应对的方式方法。当大学生在学业、人际、就业等方面感到压力和焦虑时，他们可以通过艺术创作或欣赏来转移注意力，放松心情，从而达到缓解

压力的目的。这种应对方式不仅能够帮助他们在困境中寻找到出路，更能提升他们的抗压能力，使其在未来的人生道路上走得更加从容与坚定。

总的来说，艺术素养与大学生的心理健康之间的关系是相辅相成的。艺术如同生活中的一抹暖阳，它不仅能为大学生提供情感的慰藉与支持，还能成为他们面对生活挑战的一个有力武器。因此，我们应当更加深切地重视艺术素养在维护大学生心理健康中的不可或缺的作用，积极鼓励大学生参与各种艺术活动，提升他们的艺术素养。同时，也为他们的心理健康筑起一道坚固的屏障，让他们在人生的旅途中，无论面对怎样的困境与挑战，都能保持一颗健康、积极、乐观的心。

四、结论

1.艺术素养的重要性

经过前面的深入探讨，我们可以清晰地得出结论：艺术素养在当代大学生的生活中，占据着举足轻重的地位。它不仅是大学生个体全面、多元发展的核心组成部分，更是塑造其高品质、高素养人格的关键。艺术为大学生提供了与世界对话的独特语言，使其能在深入的思考与实践中，更好地理解并应对生活中的种种挑战。

2.艺术素养与心理健康、社会进步的紧密联系

更为重要的是，艺术素养的培育在大学生心理健康建设中也发挥了不可替代的作用。艺术作为大学生缓解压力、释放情感的安全阀，有助于他们在快节奏、高压力的生活环境中，保持情绪的平衡和心灵的宁静。

而在更宏观的社会层面，大学生群体作为社会发展的重要驱动力，他们的艺术素养水平会直接影响社会的整体文化氛围和创新活力。因此，提升大学生的艺术素养，不仅是为了满足他们个体发展的需要，更是出于推动社会持续、和谐、进步的考虑。

3.倡导大学生艺术素养的全面提升

综上所述，每一个大学生都应当具备基本的艺术素养，这不仅是他们个人成长的需要，也是社会发展的必然要求。作为教育者、社会的一份子，我们

应当共同努力，推动并实现大学生艺术素养的全面提升。通过优化教育资源配置、举办丰富多彩的艺术活动、营造良好的校园文化艺术氛围等方式，让每一个大学生都能在艺术的熏陶下，成为既有专业知识，又有深厚文化底蕴的全面发展的人才。

4.共筑美好未来

在艺术素养的滋养下，我们期待每一个大学生都能以更加自信、乐观、坚韧的态度面对生活的挑战，用他们的智慧与才华，共同为构建更加美好、和谐的社会做出贡献。让我们携手并进，共筑未来！

第二节　中国传统文化中的艺术思想

中国作为一个文明古国，拥有数千年的历史积淀和深厚的文化底蕴。在这片广袤的土地上，艺术资源如同繁星般璀璨，且独具魅力。中国传统文化中的艺术思想，更是这座文化宝库中的璀璨明珠。它们蕴含了古人的智慧结晶，也承载了历代文人墨客的深厚情感。

对当代大学生而言，身处这样一个文化大国，接触、了解并传承这些艺术思想，不仅可以增强自己的艺术素养，还能为个人的全面发展提供有力支持。更重要的是，传统艺术思想中蕴含的哲学和智慧，有助于大学生在面对现代生活的种种挑战时，得到心灵的慰藉并找到前行的动力。

因此，本节旨在深入剖析中国传统文化中的艺术思想，让更多的人了解其背后的深厚内涵和独特魅力。同时，我们还将探讨这些传统艺术思想如何影响当代大学生的艺术素养，以及它们在现代社会中的价值所在。通过这样的探讨，我们希望能够激发大学生对传统文化的热爱，并为其艺术素养的培养提供一些新的思路和启示。毕竟，只有真正了解并珍视自己的文化传统，我们才能更好地面对未来，走向更加光明的明天。

一、中国古代艺术思想

1.儒家艺术思想

儒家艺术思想在中国古代的艺术领域中具有深远的影响。儒家重视艺术在社会教化中的作用，认为艺术是传播道德伦理、塑造社会风气的重要方式。对儒家而言，艺术的价值不仅体现在审美和情感表达上，更重要的是其能够传递正统的道德观念和价值观念，进而为社会的稳定和和谐做出贡献。

在儒家的艺术观念下，“文以载道”成为艺术的核心思想。这意味着艺术作品的内容应当反映正统的道德观念，成为道德教育的载体，而其形式则应当规范有序，体现社会的和谐与秩序。

这种思想在艺术创作中的体现是对正统内容的追求和对形式的严谨要求。古代艺术家在儒家的影响下，创作时总是思考如何更好地反映社会正统观念，如何在形式上达到完美和规范。这也使中国古代艺术在风格上展现出庄重、典雅的特点，强调艺术的教育和感化功能。

2.道家艺术思想

与儒家的规范性和正统性相比，道家艺术思想更加注重艺术的自然性、自由性和超脱性。道家崇尚“无为而治”，倡导与自然和谐共处，这种思想对道家的艺术观念产生了深远的影响。

道家认为，艺术应当追求与自然的和谐，表现出天真、自由的状态，而不应受到过多的人为约束。在艺术创作中，道家思想体现在对自然意境的追求和对形式的自由变革上。艺术家们渴望通过作品表达一种超脱世俗、与自然融为一体的精神境界，作品中经常可以看到对自然的崇敬和对常规形式的突破。

3.佛家艺术思想

佛家艺术思想的核心是“心境合一”，认为艺术的真正价值在于助人修行，达到精神的解脱和超越。对佛家来说，艺术的最高境界是使观者通过作品体验到一种超脱、空灵的精神状态，获得内心的平静与宁静。

在此思想影响下，古代艺术家常常试图在他们的作品中描绘出超脱与空灵的意境，以此触发观者的内省与冥想。这种超脱、空灵的艺术表现也成为佛家艺术的独特标志。

总结起来，儒家、道家和佛家三家的艺术思想在古代中国各自发挥着重要的作用，并深深地影响了中国古代艺术的发展方向与表现形式。这些思想既相互区别，又相互补充，共同构建了中国古代艺术丰富多样、独具魅力的风格特征，为后世留下了不可替代的文化与艺术遗产。

二、中国传统艺术的形式与特点

1.传统艺术形式

· 书法：中国书法是华夏文化的瑰宝，被誉为“无言的诗，无形的舞，无图的画，无声的乐”。它依赖毛笔、墨、纸和砚，将文字书写升华为艺术。书法的五种书体——真、草、隶、篆、行，宛如五岳，各具特色，各有其美。真书端庄秀丽，草书狂放不羁，隶书古朴厚重，篆书神秘深邃，行书则流畅自然。每一种书体都代表了一种情感，一种境界，是书法家内心世界的写照。

· 绘画：中国传统绘画如同东方的明珠，尤其是山水画和花鸟画。它们以墨色的深浅、线条的粗细，勾勒出大自然的和谐与生机。画家常常通过细腻的笔触，捕捉大自然的微妙变化，表达出对生命的热爱和对自然的敬畏。

· 剪纸：剪纸是中国民间艺术的一朵奇葩，它凭借一把剪刀、一张纸，就能创造出丰富多彩的世界。人物、动物、植物等形象在剪纸艺术家的手中栩栩如生，细致入微，展现了中国人对细节的极致追求和构图的精湛技艺。

2.传统艺术特点

中国传统艺术在表现形式上有两大显著特点：意境的营造和神韵的表达。

· 意境营造：中国传统艺术追求的是超越形式的意境美。艺术家们在创作中注重的是情感的表达和意境的营造。如在山水画中，画家通过山水的描绘，使观者仿佛置身其中，感受到大自然的恢宏与宁静，寻求与自然的和谐共生。这种追求意境美的倾向，使中国传统艺术具有深厚的内涵和无穷的魅力。

· 神韵表达：对神韵的追求，是中国传统艺术的另一大特点。艺术家们认为，作品的真正价值在于其内在精神和气质的传达。如书法中的“气韵生动”，书法家通过自由挥洒的笔墨，使文字背后蕴含的情感和精神跃然纸上，让观者不仅感受到字形的美，更体会到其背后的神韵。

3.哲学思想与人文精神

隐藏在这些传统艺术形式背后的，是中国深厚的哲学思想和人文精神。例如，“天人合一”的思想体现了中国古代哲学家对人与自然和谐相处的哲学思考。这一思想在山水画中得到了完美体现，画中的山与水、树与石都融为一体，展现出大自然的和谐与统一。而“物我两忘”的境界则是艺术家在创作中追求的一种超脱世俗、达到心灵自由的境界，这也体现了中国人对精神自由的不懈追求。

三、中国传统文化艺术思想在现代的应用

1.在现代设计中的应用

· 简约设计：道家思想中的“无为而治”和“自然天真”与现代设计理念中的“简约而不简单”不谋而合。这种设计理念代表了一种回归本质，追求简洁外观下的深厚内涵和功能性的风格，反对过度的装饰和繁复。

· 色彩与布局：儒家思想对色彩和布局的注重也在现代设计中得到体现。设计中注重色彩的和谐，不过于刺眼，同时布局的规整与对称也显得尤为重要，这种设计手法可以营造出稳重、大气的视觉效果。

2.在教育领域的应用

· 德育教育：在现代教育中，儒家所强调的“仁义礼智信”等核心价值观仍被视为教育的根基。除了知识的传授，学校更加注重学生的德育教育，帮助他们培养起正确的道德观念和社会责任感。

· 自然教育：与儒家思想相呼应，道家思想与现代教育中的自然教育观也起到了相辅相成的作用。学生被鼓励走出课堂，接触大自然，这种教育方式旨在培养学生对自然的热爱和保护之心。

3.在企业管理中的应用

·仁爱管理：儒家思想中的“仁爱”为现代企业管理提供了人本关怀的哲学依据。企业不仅看重员工的工作效率，更要关心员工的工作环境与生活质量，努力创造一个充满爱的工作氛围。

·无为而治：道家的“无为而治”理念在现代企业管理中也有所体现。企业开始认识到，过度的干预和控制往往会适得其反。因此，企业开始注重授权与信任，更多地激发员工的自主性和创造性。

4.传承与发扬

为了在现代社会中更好地传承与发扬中国传统文化艺术思想，创新是其中的关键。我们可以结合现代科技和方法，创造出既具有传统韵味又符合现代审美和需求的产品。更重要的是，我们需要加强传统文化艺术思想在学校的教育，让更多的年轻人能够了解、热爱并传承自己的文化传统。这样，中国传统文化艺术思想就能在现代社会中得以更好的传承和发扬，并焕发出新的光彩。

四、中国传统文化艺术思想与大学生艺术素养的关系

1.传统文化艺术思想对大学生艺术素养的积极影响

深入研究和学习中国传统文化艺术思想，对大学生的艺术素养产生了积极深远的影响。这种影响不仅局限于艺术领域，更渗透到了大学生的全面素质培养中。以下为主要表现。

·培养审美情趣：道家思想中的“自然天真”倡导真实、不做作的美，而儒家的“文以载道”则注重文字与艺术的道德教化功能。这些思想帮助大学生树立健康、正向的审美观念，使他们在追求美的过程中，更注重真实、自然与和谐。

·提高创作能力：传统书画艺术、陶瓷艺术等都需要长时间的练习和模仿，这种过程锻炼了大学生的观察力和手眼协调能力。而模仿之后的创新，更是锻炼了他们的创新思维，使他们在艺术创作中更有自己的思想和风格。

·丰富人文内涵：深入研究古典文学、历史等传统文化，能够让大学生更

加深入地了解到古人的智慧、情感和人生观。这不仅可以增强他们的人文底蕴，还助于形成正确、稳健的价值观和世界观。

2.将传统文化艺术思想融入大学生艺术教育与实践的途径

为了让大学生更好地体验和传承中国传统文化艺术，高校教育在其中的作用不可忽视。

· 开设相关课程：除了常规的书法、绘画、古典文学课程外，还可以开设诸如陶瓷艺术、传统舞蹈、戏曲欣赏等课程，使大学生在课堂上能够多角度、全方位地接触和学习传统文化艺术。

· 举办传统艺术工作坊：除了传统的艺术展览，高校还可以定期组织传统艺术工作坊，如书法创作、陶瓷制作等，让学生亲身体验传统艺术的魅力，加深他们的理解和兴趣。

· 与社区合作：高校可以与当地的艺术团体、博物馆等社区机构合作，为大学生提供实地学习和实践的机会，如参与社区的艺术活动、志愿服务等。

邀请传统艺术家进行现场创作示范、学者进行主题讲座等，都为大学生提供了与传统艺术零距离接触的机会。利用高校这一平台，结合多种教育方式，大学生能够更为深入地了解、热爱并传承中国的传统文化艺术，进而提高自身的艺术素养，为未来的生活和工作积累宝贵的文化财富。

五、结论

1.对大学生艺术素养的培养意义

中国传统文化中的艺术思想，对大学生艺术素养的培养具有不可估量的价值。这种培养不仅关注技能的提升，更加关注内心的修养和审美能力的提升。

· 丰富精神世界：深入研究中国传统艺术思想，如“意境”“神韵”等概念，可以加深大学生对艺术背后深层意义的理解。这种理解能够丰富他们的精神世界，培养他们对美好事物的敏感性，进而使他们在日常生活中更具有人文关怀。

· 提高审美能力：儒家的“文以载道”强调艺术的社会责任，而道家的

“无为而治”则注重艺术的自然与真实。这些思想能帮助大学生树立健康、积极的审美观，使他们不被浮躁的外部世界所左右，坚持自己的审美追求。

- 激发创新思维：传统并不与创新相矛盾。事实上，深入了解并研究传统艺术思想，能够为大学生的艺术创作提供广阔的想象空间。他们可以在传统的基础上，结合现代元素，创造出既具有传统韵味又具有现代感的作品。

2.传承与弘扬中华民族优秀文化遗产

中国传统文化艺术思想承载了中华民族五千年的文明史。这种深厚的文化底蕴不仅包含了古人的智慧，也代表了中华民族在历史上的精神追求和文化成果。这些文化遗产是中华民族的骄傲，也是全人类的宝贵财富。

学习和传承中国传统文化艺术思想，意味着我们要深入了解自己的文化根源，理解并继承古人的智慧。这种学习不仅是对过去的尊重，更是对现代社会的积极贡献。在全球化日益深入的今天，保持和传承自己的文化传统，有助于我们在世界文化交流中保持独立的声音，展现中华民族的特色与魅力。

大学生作为国家的精英力量，对中华民族的文化传承具有不可推卸的责任。他们的思想活跃，接受能力强，是传承和弘扬中华民族优秀文化遗产的最佳人选。大学生应该通过学习和实践，深入了解和热爱自己的传统文化，从中汲取智慧和力量，为未来的人生道路提供坚实的支撑。

同时，大学生还应该积极传播和弘扬中华民族的文化遗产。他们可以利用现代科技手段，如互联网、社交媒体等，将传统文化的魅力传播到更广泛的人群中。此外，他们还可以通过参与文化活动、组织文化展览等方式，为推广中华民族的文化遗产做出实质性的贡献。

总之，传承与弘扬中华民族优秀文化遗产是每一位大学生的责任和使命。只有通过不断学习和实践，我们才能真正理解并继承这些宝贵的文化遗产，为中华民族的文化繁荣和全球文化交流做出积极的贡献。

3.鼓励大学生深入学习的建议

鼓励大学生更深入地学习传统艺术思想，需要多方面的努力：

· 建立完善课程体系：除了书法、绘画等传统课程，还可以开设诸如“中国传统艺术品评”“古代艺术史”等高级课程，满足大学生更高层次的学习需求。

· 增强实践环节：鼓励大学生成立艺术社团，如书法社、国画社等，并提供资金支持。此外，还可以与当地的博物馆、艺术馆合作，为大学生提供实习或担当志愿者的机会。

· 社会与家庭的支持：社会各界应重视大学生的艺术教育，为其提供展示的平台和资源。家庭则应该鼓励子女追求艺术，为其提供精神和经济上的双重支持。

总的来说，中国传统文化艺术思想在培养大学生艺术素养方面具有不可替代的重要性。它是大学生精神家园的沃土，是他们创造力和审美力的源泉。只有深入学习并传承这些思想，大学生才能在全球化的背景下，更加自信地走向未来，为中华民族的文化繁荣作出更大的贡献。

第三节　提升大学生艺术素养的途径与方法

在当今这个瞬息万变的社会，科技和经济的飞速发展带来了前所未有的机遇与挑战。为了应对这些挑战，社会对大学生的综合素质要求逐渐提高。他们不仅需要拥有扎实的专业知识，还必须具备良好的人文素质。

艺术素养，作为人文素质的核心组成部分，对大学生来说具有不可或缺的意义。它可以帮助大学生在忙碌的学习生活中，寻找到一片宁静的精神家园。

一、艺术的重要性

（1）培养审美情趣

通过欣赏和创作艺术作品，大学生能够培养对美的感知和追求，从而增强自己的审美情趣，使生活更加丰富多彩。

（2）激发创新思维

艺术创作需要丰富的想象力和创新思维。大学生在参与艺术活动的过程中，可以锻炼自己的思维能力，从而有助于解决学习和生活中的问题。

（3）增强社会适应能力

艺术活动往往需要团队合作和沟通交流。通过这些活动，大学生可以提高自己的人际交往能力，为将来步入社会做好准备。

因此，考虑到艺术素养为大学生带来的诸多益处，我们必须深入探讨提升大学生艺术素养的途径与方法，并付诸实践，以确保他们在未来的人生道路上实现更为全面的发展。这不仅是教育部门的责任，也是全社会的共同使命。

二、完善艺术教育课程体系

艺术教育在现代大学教育中，对塑造学生的全面发展具有不可或缺的作用。一个健全且丰富的艺术教育课程体系，不仅能够为学生提供多元化的知识结构，还能培养他们的审美能力和创新思维。为了构建这样一个艺术教育体系，值得从以下四个层面进行深入的探讨和实践。

1.将艺术教育全面纳入大学课程体系

为了确保每一位大学生都能够接受到系统、完整的艺术教育，艺术教育课程应被定位为大学的基础必修或选修课程，确保其普及性。无论学生的专业背景如何，他们都应该有机会接触到艺术，感受艺术所带来的独特魅力。

2.丰富并细化现有艺术教育课程内容

目前的艺术教育课程内容可能较为单一，不能满足学生日益增长的多样化需求。因此，有必要进一步细化课程内容，不仅要有音乐、舞蹈、美术、戏剧等基础课程，还可以考虑增设如电影艺术、设计艺术、摄影艺术等拓展课程。这样的课程设计不仅能满足学生的不同兴趣，还有助于挖掘他们潜在的艺术天赋。

3.强化课程质量，注重理论与实践的结合

课程的质量是教育的生命线。对艺术教育而言，单纯的理论教学远不能满足学生的需求。因此，我们应该加强实践教学，如在音乐课程中，除了基本的

乐理教学，还可以增设乐器实践环节；在舞蹈课程中，除了舞蹈动作的教学，还可以引入舞蹈赏析和舞蹈创作等内容。这种理论与实践的结合，有助于学生更加深刻地理解艺术，真正地提升他们的艺术修养。

4.教学方式多样化，打破传统课堂限制

教学方法的创新也是提升艺术教育质量的关键。我们可以尝试引入工作坊、艺术家讲座、实地考察等多种教学方式，让学生亲身体验艺术的创作过程，与艺术家进行近距离的交流，感受艺术的真实与生动。

综上所述，完善艺术教育课程体系是一项长期且艰巨的任务，但它对于提升大学生的艺术素养，培养他们的全面发展具有重要意义。这需要教育部门、艺术家、学者及社会各界的共同努力和支持，共同为建设更加丰富多彩的艺术教育课程体系贡献力量，为大学生提供更加优质的艺术教育资源，助力他们在人生的道路上更加全面、更加深入地体验和欣赏艺术的美。

三、加强校园文化建设

校园文化是一所学校的灵魂，它是学校师生共同创造的精神财富和文化氛围。一个良好的校园文化可以潜移默化地影响学生，起到教育、激励和陶冶情操的作用。对提升大学生的艺术素养而言，加强校园文化建设显得尤为重要。

1.开展多样化的校园艺术活动

为了让艺术深入学生的日常生活，学校应该全面、多样化地开展各种校园艺术活动。

- 校园艺术节：不仅是舞蹈、歌唱、戏剧等的表演，还可以包括诗歌朗诵、小品、相声等多种艺术形式，充分展现学生的艺术才华和创意。
- 音乐会：除了学校乐团、学生歌手的表演，也可以考虑引入不同的音乐风格和流派，如古典音乐、民族音乐、流行音乐等，使学生能够接触到多元化的音乐元素。
- 美术展览：在展示学生和教职工作品的同时，也可以设立互动环节，如现场绘画、手工制作等，使学生更直接地参与到艺术创作中。

2.邀请艺术家、专家学者进行讲座和交流

学校可以与艺术家、专家学者建立长期的合作关系，定期为学生带来高质量的艺术讲座。艺术家可以分享他们的创作经验和艺术观点，专家学者则可以解析艺术现象，提供理论支撑，从而深化学生对艺术的理解。

3.学生艺术团体的建设与管理

学生艺术团体是校园文化建设的重要力量。学校应该鼓励学生根据自己的兴趣成立各种艺术团体，不仅限于合唱团、舞蹈团、戏剧社，还可以有摄影社、设计社、书法社等。同时，学校应提供必要的资金、场地和指导支持，确保这些团体能够稳定、持续地发展，并代表学校参与外部的艺术交流和比赛。

4.艺术设施建设与管理

强化校园内的硬件设施建设是校园文化建设的物质基础。除了音乐室、舞蹈房、画室外，还可以建设小剧场、黑匣子实验剧场、多媒体艺术工作室等。这些设施不仅可以满足学生的日常学习需求，还可以作为校园文化活动的举办场所，增强校园的文化氛围。

总的来说，加强校园文化建设是一个系统性的工程，需要学校各部门的密切合作和广大师生的共同参与。只有这样，我们才能真正创建一个充满活力、富有艺术气息的校园环境，助力每一位大学生在艺术的道路上走得更远、更坚定。

四、开展社会实践活动

将艺术理论与实践结合是深化大学生艺术认知的关键。社会实践活动为大学生提供了应用所学知识的机会，使他们在亲身体验中感知艺术的魅力和价值。

1.参与社区文化建设

- 组织艺术工作坊：这不仅是技艺的传授，更是艺术的普及和传播。工作坊可以吸引社区各年龄层的人们，促进社区居民的互动和交流。
- 壁画或装饰项目：此类项目不仅可以美化社区环境，更能使大家了解社区的历史和文化习惯，增强居民的社区认同感。

2.乡村艺术教育支援

·“艺术支教”活动：将艺术的种子播撒在乡村的土壤中，为乡村孩子带去多元化的艺术教育体验，助力乡村教育的均衡发展。

·艺术与乡土文化结合：这是一个双向的过程，既可以挖掘和传承乡村的本土艺术，也可以为现代艺术注入新的灵感和元素。

3.参与或组织大型艺术活动

·社区文化艺术节：这类活动能够汇聚社区内外的艺术资源，为居民呈现丰富多彩的艺术盛宴，同时也能为大学生提供宝贵的组织和策划经验。

·公共艺术展览：这样的展览可以为公众提供欣赏艺术的机会，同时也是对学生艺术创作成果的展示和认可。

4.艺术与社会议题结合

·环保艺术创作：通过艺术创作呼吁人们关注生态和环境问题，既可以展现艺术的多元价值，也可以推动社会的绿色发展。

·为社会公益事业献艺：艺术可以为公益事业筹集资金，也可以为社会公益事业提高关注度，鼓励更多的人参与到公益事业中来。

综上所述，社会实践活动是提升大学生艺术素养的有效途径。它不仅能促进大学生对艺术的深度学习和理解，还能培养他们的社会责任感和团队协作精神。通过这些实践，大学生可以在社会中发挥积极的作用，为推动文化建设和艺术普及贡献自己的力量，从而使他们的艺术素养得到真正的提升和体现。

五、利用网络资源

互联网技术的快速发展，为大学生提供了前所未有的艺术学习资源。网络成为了学生拓展艺术素养的重要途径。

1.在线教育平台

·优质艺术课程：诸如网易云课堂、慕课网等在线教育平台上，有大量的艺术课程供学生选择，如美术、音乐、设计、戏剧等。

·碎片化学习：网络课程多数支持碎片化学习，学生可以利用零碎时间，如通勤、午休等，进行艺术知识的汲取。

2.艺术论坛与交流

·专业艺术论坛：如豆瓣艺术、知乎艺术等论坛，聚集了大量艺术爱好者和专家，学生可以在其中发表观点、交流经验。

·跨领域交流：在论坛中，学生不仅可以与本专业的人交流，还能接触到其他领域的人群，从而得到跨领域的启示。

3.艺术家网络直播

·直播教学：很多艺术家、专家会在网络平台上进行直播教学，学生可以通过直播互动，实时提问、学习。

·艺术家创作分享：学生可以观看艺术家的创作直播，了解他们的创作过程、思路，加深对艺术创作的理解。

4.网络艺术展览与收藏

·虚拟艺术展览：网络上有很多虚拟艺术展览馆，学生可以在线观展，了解历史艺术与现代艺术的发展脉络。

·网络艺术收藏：学生可以在合法的网络平台上收藏、购买艺术作品，支持自己喜爱的艺术家，同时也丰富自己的艺术藏品。

利用网络资源进行学习，学生能够跨越地域、时间的限制，接触到更为广泛的艺术形式、流派和观点。这不仅能深化他们对艺术的理解，还能培养他们的自主学习能力和跨领域思考能力，为其艺术素养的全面提升打下坚实的基础。

六、建立艺术评价和鼓励机制

为了持续推进大学生艺术素养的提升，并鼓励他们积极参与艺术实践，一个综合的评价与鼓励机制的建立显得尤为重要。

1.艺术奖学金制度

·奖学金设立：学校可以设立专门针对艺术的奖学金，用于鼓励那些在艺术领域有杰出表现的学生。

·评价标准：奖学金的评价标准应该涵盖学生在艺术课程的学习成绩、艺术实践活动的参与度、艺术创作的创新性等多个方面。

2.艺术创作比赛

· 定期举办：学校定期举办艺术创作比赛，如绘画比赛、音乐创作比赛、舞蹈大赛等，为学生提供展示才华的舞台。

· 专家评审与学生互评：比赛评审团可以由学校艺术系的老师、外邀艺术家组成，同时也可引入学生互评机制，让学生从同龄人的角度评价作品。

3.艺术作品展览

· 校园艺术展：定期在校园内举办学生艺术作品展，展示学生的绘画、雕塑、设计等各类艺术作品。

· 校外交流展：推选优秀作品参与各类校外艺术展览，与其他学校、艺术机构进行交流，开阔学生的艺术视野。

4.艺术实践活动积分制度

· 活动积分：学生参与艺术实践活动，如舞台表演、艺术工作坊、社区艺术服务等，都可以获得相应的活动积分。

· 积分奖励：积分达到一定数量后，可以兑换课程免修、优先参与特定艺术活动等奖励。

5.艺术团体与个人的荣誉制度

· 团体荣誉：对于表现优异的学生艺术团体，如合唱团、舞蹈团、戏剧社等，授予“优秀艺术团体”等荣誉称号。

· 个人荣誉：对那些在艺术领域有突出表现的学生，授予“艺术之星”“杰出艺术家”等荣誉称号，并在学校官网、公告板等显眼位置进行公示。

这一系列的评价和鼓励机制，可以为大学生提供一个全面而具有激励性的艺术发展环境。这不仅能够激发他们的艺术热情，还将促进他们不断提升自己的艺术素养，为未来的艺术发展和人生道路铺设坚实的基石。

七、结论与建议

提升大学生的艺术素养不仅对其个体发展有深远影响，也关系到整个社会的文化建设与传承。为此，这不仅是学校的任务，更需要社会、家庭的共同参与和努力。

1.结论

· 艺术素养是大学生人文素质的核心组成部分，对其全面发展具有重要意义。

· 提升大学生艺术素养需要综合多种途径和方法，全方位、多角度地对学生进行培养和熏陶。

· 学校、社会和家庭三方的合作与努力是提升大学生艺术素养的关键。

2.对学校的建议

· 进一步完善艺术教育课程体系，确保课程的多样性与实用性，满足学生不同的兴趣需求。

· 加强校园文化建设，使学生能在校园中充分感受到艺术的氛围和魅力。

· 积极开展社会实践活动，让学生走出课堂，将所学知识应用于实际，加深对艺术的理解。

· 充分利用网络资源，为学生打开一扇通向世界艺术的窗户。

3.对社会和家庭的建议

· 社会应为大学生提供更多的艺术实践机会和资源，如艺术馆、博物馆的实习机会，艺术节的参与机会等。

· 家庭也应重视孩子的艺术素养培养，鼓励孩子参与艺术活动，为其提供必要的支持和资源。

4.对大学生自身的建议

· 要充分发挥自己的主观能动性，珍惜学校、社会提供的各种资源和机会。

· 积极自主学习和实践，不断提高自己的艺术修养和人文素质。

· 将艺术与生活融合，用艺术的方式去体验、感知世界，不断丰富自己的内心世界。

总之，提升大学生艺术素养是一个长期且需要多方共同努力的过程。只有当学校、社会、家庭和学生自己都为之努力时，大学生的艺术素养才能得到真正的提升，为他们的全面发展打下坚实的基础。

第九章

大学生人文素养培养的实践教学方法

第一节　讨论教学法在人文素养教学中的应用

在现代教育中，教学法的选择与运用对教学效果的影响日益凸显。其中，讨论教学法作为一种被广大教育工作者逐渐重视的教学方法，正在发挥着越来越重要的作用。讨论教学法强调学生参与讨论、辩论和思考，激发学生的学习兴趣，提高其学习的积极性和主动性。在人文素养这一学科领域中，讨论教学法的应用尤为重要。

人文素养教育是培养学生综合素质的重要途径，旨在通过对学生的人文知识、人文精神和人文行为的培养，使其具备全面的人文素养。然而，传统的人文素养教学方法往往以讲授知识为主，缺乏对学生思考和表达能力的培养。而讨论教学法的应用可以有效地弥补这一缺陷。

通过讨论教学法，学生可以在课堂上就某一问题进行深入的探讨和思考。在讨论过程中，学生需要运用批判性思维，对问题进行多角度、全面的分析，从而培养其独立思考和解决问题的能力。同时，讨论教学法还要求学生之间进行交流和沟通，倾听他人的观点并表达自己的见解，从而培养其沟通能力和团队协作精神。

因此，本节将对讨论教学法在人文素养教学中的应用进行深入的分析和研究。首先，将介绍讨论教学法的基本理念和特点；其次，分析讨论教学法在人文素养教学中的适用性和优势；再次，结合实际案例探讨如何有效地组织和实施讨论教学法；最后，提出在应用讨论教学法时需要注意的问题和建议。希望通过本研究，能够为广大教育工作者提供有益的参考和启示，并促进人文素养教学的创新和发展。

一、讨论教学法的特点与优势

1.讨论教学法的主要特点

（1）开放性

讨论教学法不受传统教学内容的限制，讨论的主题和内容可以多样化。这不仅包括教材内容，而且可以引入各种社会热点、历史事件、文化现象等。这样的开放性使学生能够在讨论中拓宽视野，接触更广阔的知识领域。

（2）互动性

与传统的单向教学模式不同，讨论教学法强调学生和教师之间、学生与学生之间的多边互动。这种互动不仅体现在知识和信息的交流，更在于思维的碰撞和激发。

2.讨论教学法的显著优势

（1）培养批判性思维

· 分析问题：讨论教学法要求学生不盲目接受信息，而是学会对问题进行深入的分析和思考。

· 提出观点：学生需要在讨论中学会表达自己的观点，并为之提供合理的论据。

· 辩证看待事物：通过与他人的讨论，学生能够学会从多个角度看待问题，形成辩证思维。

（2）锻炼沟通能力

· 倾听他人：讨论不仅需要发表自己的观点，更需要倾听他人的意见，理解他人的观点。

· 表达自我：学生在讨论中需要清晰、准确地表达自己的思想，这对提高他们的口头表达能力非常有益。

· 协商解决分歧：当讨论中出现不同观点时，学生需要学会理性地与他人沟通和协商，以达成共识或妥协。

因此，讨论教学法的特点和优势使其成为人文素养教学中的有力工具，对培养学生的高级思维和综合能力具有重要的价值。

二、讨论教学法在人文素养教学中的实施步骤

要在人文素养教学中成功实施讨论教学法，教师需要遵循一系列有序的步骤。

1.确定讨论主题

· 选择依据：主题的选择是讨论教学法的起点，教师应依据课程内容、社会热点、学生兴趣等因素来确定主题。

· 主题特性：主题应具有一定的深度和广度，能够激发学生的兴趣并引发深入的思考。

· 示例主题：如“互联网时代的言论自由与责任”“古代儒家思想与现代社会的价值观”“全球化背景下的文化冲突与融合”等。

2.学生分组

· 分组原则：教师需要根据学生的兴趣、能力、性别等因素进行合理的分组，确保每个小组的学生能够互补、互助。

· 分组数量与时间：根据班级人数，可分为4~6人一组，每组推选一名组长，负责组织和协调小组内的讨论。

3.资源收集与准备

· 收集内容：学生需要利用图书馆、互联网等资源，收集与主题相关的信息、资料、文献。

· 准备方式：学生需要对收集的资料进行筛选、整理，并提前预习、思考，形成自己的观点和疑问。

4.讨论过程管理

· 教师角色：教师作为讨论的主持人和引导者，需要确保讨论的秩序、深度和广度。

· 讨论氛围：教师应鼓励学生积极发言、展现自己的观点，同时也要确保学生能够认真倾听他人的观点，营造一个开放、平等、尊重的讨论氛围。

· 互动方式：鼓励学生之间互相提问、回应，达到真正的互动和交流。

5.总结与反思

· 总结内容：讨论结束后，教师和学生需要共同总结本次讨论的主要观点、争议和共识。

· 反思目的：对讨论的过程和效果进行反思，找出存在的问题和不足，为下一次的讨论提供改进的方向。

通过这些步骤的实施，讨论教学法能够在人文素养教学中发挥最大的效果，帮助学生提升批判性思维、沟通技巧以及人文素养的综合能力。

三、讨论教学法在实际教学中的应用与注意事项

1.讨论教学法在实际教学中的应用

讨论教学法在实际的人文素养课程中已经得到了广泛的应用，并取得了显著的成果。以下是几个具体的应用例子：

（1）文学课程

· 讨论主题：教师引入“文学作品的解读与批评”“文学作品中的人物塑造与情感表达”等讨论主题。

· 实施方式：学生小组内选择具体的文学作品进行深入研读，提炼出作品中的主题、情感、人物特点等，然后在课堂上进行讨论和分享。

· 效果：通过讨论，学生能够更加深入地理解文学作品，提高文学鉴赏能力。

（2）历史课程

· 讨论主题：设置“历史事件的多视角解读”“历史人物的功过评价”等主题。

· 实施方式：学生分组从不同的角度研究同一历史事件或人物，收集相关资料，形成不同的观点，并在课堂上进行辩论。

· 效果：讨论教学法能够帮助学生全面、客观地看待历史问题，避免片面和偏颇的观点。

2.讨论教学法在实际教学中的注意事项

虽然讨论教学法有很多优势，但在实际应用中，教师也需要注意一些关键

问题，以确保讨论的效果。

（1）营造良好的讨论氛围

· 鼓励表达：教师应鼓励学生积极、勇敢地表达自己的观点和想法，不怕说错。

· 尊重他人：同时，也要教育学生尊重他人的意见，不轻易打断他人发言，避免对立和冲突。

（2）控制讨论时间

· 时间分配：教师需要合理分配讨论的时间，确保每个学生都有发言的机会。

· 避免拖延：教师应设定明确的讨论时间段，避免讨论时间过长导致课堂内容无法完成。

（3）引导讨论方向：

· 敏锐洞察：教师需要时刻保持警觉，注意学生的讨论是否偏离了主题。

· 及时干预：一旦发现学生的讨论偏离主题，教师应适时进行干预，引导学生回到正题。

综上所述，讨论教学法在实际教学中具有高度的应用价值和显著的效果，但也需要教师在实施过程中注意一些关键细节，以确保讨论的质量和效率。

四、结论

经过深入的分析和研究，我们可以得出以下结论：讨论教学法在人文素养教学中的应用效果显著，且具有广泛的实际应用价值。

第一，讨论教学法不仅能激发学生的学习兴趣，使学生更加主动地参与到学习中来，还能通过讨论的过程，培养学生的批判性思维。在讨论中，学生需要学会分析问题，提出观点，辩证看待事物，这些都是批判性思维的重要构成部分。

第二，讨论教学法也对学生的沟通能力进行了有效的锻炼。在讨论过程中，学生需要清晰、准确地表达自己的思想，同时也需要倾听他人的观点，理解他人的视角，这都有助于提高学生的沟通能力。

然而，要让讨论教学法在人文素养教学中发挥出最大的作用，教师的作用至关重要。教师需要根据教学内容和学生特点，精心设计讨论主题和分组方式，确保每个学生都能在讨论中充分发挥自己的长处，同时也需要在实际教学中注意营造良好的讨论氛围，控制好讨论时间，避免讨论偏离主题。

因此，我们广大教师需要积极尝试运用讨论教学法，通过不断地实践、反思和改进，提升人文素养课程的教学质量。同时，学校和教育部门也需要为教师提供必要的支持和帮助，如定期组织教师培训，分享成功的教学经验等，共同推动讨论教学法在人文素养教学中的广泛应用。我们相信，只要大家共同努力，讨论教学法一定能在人文素养教学中发挥出更大的作用，培养出更多具有批判性思维和良好沟通能力的学生。

第二节　案例教学法在人文素养教学中的应用

在现代教育中，教学方法的选择与应用对学生的学习效果和个人发展具有至关重要的作用。案例教学法作为一种独特且富有成效的教学方法，日益受到教育工作者的关注和青睐。它通过模拟真实、复杂的情境，使学生能够置身于实际问题的场景之中。学生可以通过亲身参与、主动思考和实践操作，深入分析和解决问题，在这一过程中更加有效地学习和掌握知识。

在人文素养教学中，案例教学法的应用尤为重要。人文素养教育注重培养学生的批判性思维、价值观、道德观以及社会责任感等方面，而这些素养的单纯传授往往难以达到预期效果。通过案例教学法的运用，可以将真实的社会问题、伦理困境等引入课堂，让学生在探讨、分析、解决这些问题的过程中，将理论知识与实际情况相结合，从而更深刻地理解人文知识的内涵和价值，并提升自身的人文素养和综合能力。

本文将对案例教学法在人文素养教学中的应用做进一步的探讨和分析。首先，将介绍案例教学法的基本原理和优势；其次，阐述在人文素养教学中如何运用案例教学法，并列举一些具体的案例；再次，分析案例教学法在应用中可能面临的挑战和解决办法；最后，对于案例教学法的未来发展前景进行展望。希望通过本文的阐述，能够激发更多教育工作者对于案例教学法的兴趣和关注，共同推动其在人文素养教学中的进一步发展与应用。

一、案例教学法的特点与优势

1.案例教学法的特点

（1）实战性

案例教学法将真实的事件、情境引入课堂，使学生置身实际的背景之中，面对真实的问题和挑战，从而增强学生的实战能力。

（2）情境性

通过模拟真实的情境，案例教学法使学生能够身临其境地体验问题的复杂性和多变性，加深对问题的认识和理解。

2.案例教学法的优势

在人文素养教学中，案例教学法的优势体现在以下三个方面。

（1）增强实境体验

通过真实的案例，学生能够更加直观地了解到人文素养知识在实际生活中的应用，增强对知识的实境体验。

（2）促进知识与实践的结合

案例教学法的应用使学生不再局限于抽象的理论知识，而是能够将所学的知识与实际情境相结合，提高知识的实用性和可操作性。

（3）教学更加生动、具体

真实的案例使教学内容不再枯燥和抽象，而是变得生动、具体，容易引起学生的兴趣，激发学生的学习热情。

综上所述，案例教学法的实战性和情境性特点以及其在人文素养教学中的诸多优势，使这一教学方法日益受到广大教育工作者的重视。它不仅能够提高学生的学习效果，更有助于培养学生的人文素养和综合能力，为他们的未来发展奠定坚实的基础。

二、人文素养教学中的案例选择与设计

1.案例选择

在人文素养教学中，案例的选择是案例教学法的首要环节，选择适宜的案例对于教学效果至关重要。具体而言，案例选择应遵循以下原则：

（1）源于现实生活

案例应源于现实生活，尽可能是学生所熟知或感兴趣的事件，从而使学生能够产生共鸣，增强对案例的认同感。

（2）代表性和普遍性

选择的案例应具有代表性和普遍性，能够反映一类问题或者社会现象的本质特征，以便于学生从特殊到一般进行思考和归纳。

2.筛选标准

在选定案例之后，还需要根据一定的筛选标准进行筛选，确保选定的案例适用于教学。筛选标准包括：

（1）难易程度

案例的难易程度应适中，既不过于简单也不过于复杂，以适应学生的认知水平和思考能力。

（2）与教学目标的关联度

案例应与教学目标紧密关联，能够体现教学目标所要求的知识点和能力点。

（3）讨论价值

案例应具有讨论价值，能够引发学生的思考和辩论，激发学生的探索欲望。

3.设计原则

在案例设计环节，应遵循以下原则，以确保案例教学的有效性。

（1）完整性

案例设计应保持完整，包括背景介绍、问题描述、数据分析等各个方面，以便于学生全面了解案例。

（2）真实性

案例设计应尽量保持真实性，不做过多的加工和修饰，使学生能够接触到真实的问题和情境。

（3）启发性

案例设计应具有启发性，能够引导学生进行深入思考和探索，培养学生的创新思维和解决问题的能力。

综上所述，人文素养教学中的案例选择与设计是案例教学法的核心环节。只有选择适宜的案例，并遵循科学的筛选标准和设计原则，才能确保案例教学法的有效实施，进而提高人文素养教学的质量。

三、案例教学法在人文素养教学中的实施

案例教学法的实施是一个系统性过程，涉及多个环节和步骤。下面将详细阐述案例教学法在人文素养教学中的实施过程。

1.前期准备

在前期准备阶段，教师需要完成以下工作：

（1）确定教学目标

明确本次案例教学所要达到的教学目标，确保与人文素养课程的整体教学目标相契合。

（2）选择合适的案例

根据教学目标，从众多案例中挑选出适合的案例，确保案例内容与学生的认知水平和兴趣点相匹配。

（3）设计教学计划

结合案例的特点和教学目标，设计出详细的教学计划，包括教学时间、教学步骤、教学资源等。

2.案例呈现

案例呈现是引导学生进入情境的关键环节。教师可以通过以下形式展示案例：

·文字描述：通过文字描述案例的背景、情境、问题等，使学生产生一个

初步的认识。

· 图片展示：利用图片展示与案例相关的场景、人物等，帮助学生更加直观地理解案例。

· 视频播放：通过视频播放案例的相关影像资料，让学生更加深入地了解案例的细节和背景。

3.案例分析与讨论

在案例分析与讨论环节，教师需要引导学生积极参与讨论，完成以下任务：

· 鼓励学生发言：教师应创造一个开放、包容的讨论氛围，鼓励学生积极表达自己的观点和见解。

· 提出问题：教师可以针对案例提出一系列问题，引导学生深入思考案例的各个方面。

· 剖析案例：通过小组讨论、角色扮演等方式，引导学生对案例进行深入剖析，发现案例中蕴含的人文素养问题和挑战。

4.总结与反思

在完成案例分析与讨论后，教师需要组织学生进行总结和反思：

· 梳理学习成果：帮助学生回顾本次案例教学的学习过程，梳理所获得的知识和能力。

· 总结经验教训：引导学生总结在案例分析过程中的经验教训，思考如何在未来的学习中加以改进。

· 提供借鉴：将本次案例教学的经验和成果作为学生今后学习的借鉴，促进学生人文素养的持续提升。

综上所述，案例教学法在人文素养教学中的实施涉及多个环节，需要教师在前期准备、案例呈现、案例分析与讨论、总结与反思等各个阶段进行精心设计和有效引导，以确保学生能够通过案例教学实现人文素养和实践能力的培养。

四、案例

以下是两个具体的人文素养教学案例的详细描述。

案例一：“文艺复兴时期的艺术家及其作品”案例分析

1.案例背景与目标

·背景：文艺复兴时期是欧洲历史上的一个重要时期，涌现出了众多杰出的艺术家，他们创作了许多不朽的作品。

·目标：通过分析文艺复兴时期的艺术家及其作品，让学生理解文艺复兴时期的人文精神和文化内涵。

2.案例实施步骤

·教师介绍文艺复兴的历史背景，以及达·芬奇、米开朗基罗等艺术家的生平事迹。

·展示艺术家的代表作品，如达·芬奇的《蒙娜丽莎》、米开朗基罗的《创世纪》等，引导学生观察和分析。

·学生分组进行讨论，分析作品中的艺术技巧、主题表达等，探讨作品所体现的人文精神和文化内涵。

·学生以小组为单位进行课堂展示和交流，分享各自的观点和分析成果。

案例二：“社交媒体时代的网络伦理与道德”案例分析

1.案例背景与目标

·背景：当今社交媒体时代，网络传播的影响力越来越大，网络伦理和道德问题备受关注。

·目标：通过选取社交媒体中的热门话题和争议事件，引导学生探讨网络伦理、道德责任等议题，提升学生在网络时代的道德素养和批判性思维能力。

2.案例实施步骤

·教师首先介绍社交媒体的普及率和影响力，并引入一些热门话题和争议事件，如网络暴力、隐私泄露、虚假信息传播等。

·学生分组，每组选择一个热门话题或争议事件进行深入研究，收集相关资料和案例。

·小组内部讨论，分析话题或事件背后的伦理和道德问题，探讨个人和社会在网络时代的道德责任和底线。

·学生以小组为单位，撰写一份关于所选话题或事件的分析报告，明确提出自己的观点和见解。

·组织学生进行课堂讨论或辩论，分享各组的分析报告，相互交流和质疑，进一步提升学生的批判性思维能力和道德素养。

通过以上两个案例的实施，学生可以在实际情境中深入理解和探讨人文素养相关的议题，从而提升他们的分析能力、批判性思维能力以及道德素养，实现人文素养教学的目标。

五、结论

案例教学法在人文素养教学中的应用已经得到了广大教育工作者的认可。这种方法的独特之处在于它能够将真实世界的情境引入课堂，使学生在学习过程中不仅是知识的接受者，更是问题的解决者和思考者。

1.案例教学法的效果

·深化理解：通过真实的案例，学生能够更为深入地理解人文知识，这种理解不再是表面的、抽象的理解，而是基于实际情境的理解。

·提升能力：学生在分析、讨论案例的过程中，其批判性思维、团队协作能力、沟通能力等都得到了锻炼，从而提升了其综合能力。

2.如何更好地应用案例教学法

·精心选择和设计案例：案例的选择是首要的环节。教师应选择那些与教学目标紧密相关、具有讨论价值的案例，并确保案例内容完整、真实。

·注重实施过程：在实施案例教学法时，教师要从呈现案例、引导讨论到总结反思，确保每一步都能够激发学生的兴趣和主动性。

3.教师的角色

在案例教学法的实施过程中，教师的角色尤为关键。他们不仅是知识的传授者，更是引导者、协调者。他们需要：

·引导学生思考：鼓励学生从多个角度思考案例，提出自己的看法和观点。

·创造良好氛围：为学生创造一个开放、包容的讨论氛围，使学生能够自由发表意见。

综上所述，案例教学法在提升人文素养教学效果方面有着不可替代的作用。但同时，也需要教师们的精心设计、悉心指导，才能确保这种方法发挥出最大的价值。当教育工作者真正掌握了案例教学法的核心，并与实际教学相结合，相信我们的学生会在人文素养的学习上有更深的造诣。

第三节　角色扮演法在人文素养教学中的应用

角色扮演法，是一种高互动性、高参与性的教学方法，这种方法的应用已经成为教育领域中的一股新兴潮流。它通过赋予学生特定的角色，让他们在模拟的真实场景中互动，从而使学生能深入体验、理解人文精神与文化内涵。在人文素养教学中，传统的讲授方式往往难以触动学生的心灵，而角色扮演法则以一种寓教于乐的方式，让学生亲身感受文化的魅力，进一步培养和提高学生的人文素养。

随着教育的进步和创新，越来越多的教育者认识到传统教学方法的局限性，开始探索更具互动性和参与性的教学方法。角色扮演法正是其中的佼佼者，它不仅激发了学生的学习热情，还让他们在互动中收获了更为深刻的人文体验。尤其是在当今社会，在文化多元化、信息爆炸的背景下，培养学生的人文素养显得尤为重要。因此，如何将角色扮演法更好地融入人文素养教学中，以适应当代教育的需求，是一个值得深入探讨的课题。

本节将对角色扮演法在人文素养教学中的应用进行详尽而深入的探讨，分析它的理论基础、实施方式、实际效果及潜在问题。我们希望通过这种方式，为教育工作者提供一个更全面、更实用的视角，以帮助他们在日常教学中更好地应用角色扮演法，从而更有效地提升学生的人文素养，为培养全面发展的未来人才做出贡献。

一、角色扮演法的原理与优势

1.原理

角色扮演法是一种基于情境模拟与角色扮演相结合的教学方法。其核心在于通过让学生置身于模拟的情境中，扮演特定角色，亲身体验角色的情感、思考与决策过程，以达到学习和提升的效果。这种方法在人文素养教学中尤其有效，因为通过模拟真实场景，学生能够更加深入地理解和体验人文精神与文化内涵。

2.优势

角色扮演法具有多个优势，以下是详细分析。

- 积极参与与主动学习：通过身临其境地参与模拟情境，学生由被动的听众变为主动的参与者。这种积极参与的态度有助于提高学生的学习兴趣和动力，增强学习效果。
- 培养同理心与人际交往能力：在角色扮演过程中，学生需要理解和模拟角色的情感、思考方式，这有助于培养他们的同理心，进而提升与人交往的能力。
- 深化理解与实用应用：通过角色扮演，学生能够在模拟的情境中实际应用所学知识，从而深化对人文知识的理解，并提高其在实际生活中的应用能力。
- 多维度能力提升：除了知识层面，角色扮演还涉及沟通、协作、领导力等多方面的能力。学生在角色扮演过程中，能够锻炼自己的综合素质，提升综合能力。

3.详细分析

当学生在一个设计精良的角色扮演活动中时，他们需要运用批判性思维去决策，用创新思维去解决问题，并依赖团队合作来达成共同的目标。这样的教学方法不仅使学生在知识上有所收获，还促进了学生的全面发展，帮助他们为未来的生活和工作做好准备。更重要的是，角色扮演法鼓励学生站在不同的角度看待问题，从而培养他们的包容性和多元文化意识，这在全球化时代尤为重要。

通过上述的原理和优势分析，不难看出角色扮演法在人文素养教育中的巨大价值。教育者应充分利用这一方法，结合学生的实际需求，设计出生动、有趣且富有教育意义的角色扮演活动，进而促进学生全面、深入地发展。

二、角色扮演法在人文素养教学中的设计与实施

1.设计

在人文素养教学中应用角色扮演法，设计环节至关重要。以下是设计阶段的详细步骤。

- 目标与内容确定：教师首先需要明确教学目标和内容，确保角色扮演法与课程的整体目标相契合。
- 场景与角色选择：根据教学目标和内容，选择合适的场景和角色设置。这可以是历史事件、文学作品中的情境，或者是现实生活中的场景。
- 角色分配：根据学生的特点与意愿，进行角色分配，确保每个学生都能在活动中找到自己的定位并参与其中。
- 剧本编写：为了更好地引导学生，教师可以编写简略的剧本，明确每个角色的任务、对话和基本的互动关系。

2.实施

实施阶段的细致管理决定角色扮演法的成功与否。以下是实施环节的主要步骤。

- 前期准备：教师需要对场地进行布置，准备相应的道具和服装，帮助学生更好地进入角色。
- 现场指导：在活动开始时，教师要引导学生进入角色，确保他们理解自己的任务和目标。在活动过程中，教师要维护剧情的连贯性，帮助学生解决遇到的问题，鼓励他们充分发挥。
- 后期总结：角色扮演活动结束后，教师要组织学生进行总结，回顾整个活动过程，梳理学习成果。学生可以分享自己的体会和感受，教师则针对活动的优缺点进行评估，为后续的教学提供参考。

为了确保角色扮演法在人文素养教学中的效果，设计和实施环节都需要教师的精心策划和指导。只有这样，学生才能在角色扮演的过程中真正体验到人文精神的魅力，提升自己的综合素养。

三、角色扮演法在课堂教学中的效果评估与改进

1.效果评估

为了确保角色扮演法在课堂教学中取得良好效果，全面的效果评估是必不可少的步骤。以下是几种主要的效果评估方法。

· 问卷调查：设计问卷以收集学生对角色扮演活动的反馈，包括活动的趣味性、参与度、知识点的掌握情况等。

· 学生自评：学生要对自己在角色扮演活动中的表现进行自评，反思自己的参与度、合作能力和知识点应用情况。

· 教师评价：教师根据学生在角色扮演活动中的表现，进行评价，关注学生的知识理解、技能运用、创新思维等方面。

通过综合以上几种评估方法的结果，可以更全面地了解角色扮演法在课堂教学中的效果，并找出可能存在的问题和不足。

2.改进与优化

在收集到效果评估的结果后，教师应针对发现的问题和不足，进行相应的改进和优化。以下是一些建议。

· 调整角色设置：根据学生的反馈，教师可以调整角色的设置和数量，确保每个学生都能充分参与，并更好地理解和体验角色。

· 增加剧情复杂度：如果大部分学生觉得剧情过于简单，教师可以适当增加剧情的复杂度和挑战性，以提高学生的参与感和思考深度。

· 提供更具挑战性的任务：教师可以设计更具挑战性的任务，让学生在角色扮演活动中面临更多的问题和决策，从而培养他们的解决问题的能力和团队协作精神。

3.借鉴成功案例

教师可以积极寻找和借鉴其他成功运用角色扮演法的教学案例，从中汲取

灵感和方法。通过不断学习和实践，教师可以不断完善自己角色扮演法的应用技巧，提高教学效果。同时，教师之间也可以进行经验分享和交流，共同推动角色扮演法在课堂教学中的发展与应用。

四、角色扮演法教学案例

1.案例背景与目标

为了让学生更直观地了解古代雅典民主政治，并深入体验其运作机制，教师设计了一堂以“古代雅典民主政治体验”为主题的角色扮演课程。主要目标是帮助学生掌握雅典民主政治的基本知识，同时培养他们的辩证思考、公共演讲和团队协作能力。

2.角色设置与活动流程

· 角色设置：学生被分为不同角色的小组，分别扮演雅典公民、议员、执政官等。

· 活动流程：

（1）准备阶段：教师简要介绍古代雅典民主政治的背景和基本知识。

（2）角色扮演阶段：学生根据自己的角色，准备相应的演讲稿和辩论材料。

（3）模拟公民大会：学生按照角色进行辩论和投票，体验雅典民主政治的决策过程。

（4）总结与反思：活动结束后，学生和教师共同进行总结，评估活动的成果和不足。

3.实施细节与亮点

· 场地布置：教室被布置成古代雅典公民大会的场景，增强了活动的代入感。

· 道具与服饰：学生穿着与角色相符的服饰，使用仿古道具，增加活动的真实感。

· 互动与辩论：学生之间展开激烈的辩论，不仅锻炼了他们的辩证思考能力，还加深了他们对知识点的理解。

· 教师指导：教师在整个过程中提供指导和建议，确保活动的顺利进行和目标的达成。

4.效果评估与反馈

通过问卷调查、学生自评和教师评价，该角色扮演课程获得了极高的评价。大多数学生表示，通过活动深入了解了古代雅典民主政治，并且在活动中锻炼了自己的多项能力。教师也认为这种教学方法不仅提高了学生的学习兴趣，还使课堂氛围更加活跃。

5.思考与展望

此次“古代雅典民主政治体验”角色扮演课程成功实现了教学目标，证明了角色扮演法在人文素养教学中的价值。未来，教育者可以进一步开发更多与课程内容相匹配的角色扮演活动，让学生在亲身体验中更好地吸收和理解知识，实现知行合一的教学效果。

五、结论

1.角色扮演法的重要性

角色扮演法在人文素养教学中不仅是一种独特的教学策略，更是一种强有力的学习工具。它通过为学生创建一个模拟的真实环境，使学生有机会深入探索和理解人文精神与文化内涵。这种教学方法对提升学生的人文素养、培养同理心、增强社交技能以及提高实践能力与综合素质都表现出了显著的效果。

2.关注设计与策划

当教师在人文素养课程中采用角色扮演法时，他们不仅要关注教学内容的传递，更要重视活动的设计与策划。这意味着教师需要仔细选择场景和角色设置，确保它们与教学目标和内容相匹配。同时，角色的分配应考虑到每个学生的特点和兴趣，以便更好地激发他们的参与热情。

3.效果评估与持续改进

为了确保角色扮演法在课堂教学中的有效实施，效果评估是一个不可或缺的环节。通过问卷调查、学生自评和教师评价等多种方式，可以收集到宝贵的反馈意见。这些意见为教师提供了改进和优化活动的方向，例如调整角色设置、增加剧情复杂度或提供更具挑战性的任务等。这种持续改进的态度和方法确保了教学方法始终保持其活力和有效性。

4.培养新时代人才

在新时代背景下，社会对人才的需求也在不断变化。通过在人文素养教学中广泛应用角色扮演法，我们可以培养出更多具有深厚人文底蕴和全面素质的人才。这些人才不仅具备专业知识，还拥有良好的沟通技巧、团队合作精神和创新思维，能为社会的持续发展提供坚实的支撑。

角色扮演法在人文素养教学中的作用不容忽视。为了更好地满足学生的学习需求和社会的发展需要，教师应珍视这一方法，不断完善和创新，使其成为培养学生全面素质的有效途径。

第四节　项目教学法在人文素养教学中的应用

项目教学法是一种新颖而有效的教学方法，它以学生为中心，以项目为驱动，通过引导学生主动参与、实践探究，使学生达到知识的获取和能力的提升。这一教学方法的出现，不仅对传统教学模式产生了冲击，更为现代教育注入了新的活力。尤其在人文素养教学中，项目教学法的应用显得尤为重要。

人文素养教学，不仅是知识的传递，更是个体精神世界的丰富和深化。传统的人文素养教学方式，往往以教师的讲授为主，学生则处于被动接受的状态。然而，真正的人文素养不仅是对知识的记忆和理解，更是对人类文化的深度体验、感悟与创新。项目教学法在人文素养教学中的应用，能够充分发挥学生的主体性，让他们通过实际操作，深入体验、感受人文精神的魅力，从而培养出具有深厚人文素养的新时代人才。

本节将对项目教学法在人文素养教学中的应用进行详细的探讨。我们将分析项目教学法在人文素养教学中的实施步骤、教学策略、教学效果以及可能遇到的问题和解决策略。希望通过这样的方式，让更多的教育者了解并尝试运用项目教学法，以推动人文素养教学的创新与发展。同时，也希望激发更多的学者和研究者对这一领域进行深入的研究，不断丰富和完善项目教学法的理论与实践，为培养具有全面素养的新时代人才做出更大的贡献。

一、项目教学法的基本原理与特点

1.基本原理

项目教学法是建基于建构主义学习理论的现代教学方法。建构主义学习理论认为，学习是一个主动的过程，学习者通过参与实践活动，与社会环境互动，从而构建和发展自己的知识和经验。项目教学法充分利用这一理论，以学生为中心，以项目为载体，引导学生主动学习、实践、探究，达到掌握知识、提升技能的目的。在此过程中，学生不再是知识的被动接受者，而是知识的主动建构者，教师则转变为引导者和协助者。

2.主要特点

- 学生中心性与实践导向：项目教学法充分尊重学生的学习主体地位，所有教学活动均以学生为中心展开。同时，该方法具有强烈的实践导向，注重学生通过实际操作、亲身体验来获得知识和技能。
- 综合性与跨学科性：项目通常包含多个学科的知识点和技能，要求学生进行综合运用。这种跨学科的学习方式有利于培养学生的综合素质和复合能力。
- 创新性与探索性：项目教学法鼓励学生进行创新和探索，允许学生在项目中尝试新的想法和方法。这种创新和探索的精神有助于培养学生的创新思维和解决问题的能力。
- 自主学习与终身学习：项目教学法强调学生的自主学习，鼓励学生在项目中自我驱动、自我管理。这种学习方式有助于培养学生的自主学习能力，为他们的终身学习打下基础。
- 团队合作与社交能力：项目通常需要小组完成，这就要求学生学会团队合作，锻炼他们的沟通协调和社交能力。

总的来说，项目教学法是一种深化学生学习体验、提升学生学习效果的有效方法。它注重学生的主体性、实践性和创新性，旨在全方面提升学生的综合素质和能力，为他们的未来生活和职业发展做好准备。

二、人文素养课程中项目的设计与实践

1.项目设计

· 围绕核心概念和主题：在人文素养课程中，每个项目都应紧紧围绕课程的核心概念和主题进行设计。这确保了项目与课程内容紧密相连，能够深化学生对人文领域的理解。

· 引导学生选题：教师应鼓励学生根据自己的兴趣和专长选择项目主题，同时确保选题具有一定的学术和实践价值。

· 明确项目目标与范围：清晰定义项目的目标和范围，有助于学生在后续实践中明确方向，避免偏离主题。

· 制订详细计划：计划内容包括时间表、任务分配、所需资源等，为项目的顺利进行提供蓝图。

2.项目实践

· 知识与技能运用：学生根据项目计划，逐步完成各项任务。在这个过程中，他们需要调用自己的知识储备，结合实际操作，锻炼自己的技能。

· 团队合作与沟通：在项目实施中，学生之间的团队合作至关重要。他们需要相互沟通、协调，共同解决遇到的问题。

3.项目成果与总结

· 成果呈现：项目完成后，学生需要以合适的方式呈现项目成果，如学术论文、展览、演出等。这不仅是对项目成果的展示，也是对学生努力和汗水的肯定。

· 反思与总结：项目结束后，学生应对整个项目过程进行反思和总结，找出自己的不足，总结成功的经验，为今后的学习和实践提供宝贵的参考。

通过这种方式，人文素养课程中的项目设计与实践不仅锻炼了学生的实践能力，还提升了他们的创新思维和团队协作能力，为他们的人文素养教育增添了浓厚的一笔。

三、项目教学法在人文素养教学中的评估与反馈

1.评估的重点

· 项目完成度：评估学生是否按照预定计划，按时、按质地完成了项目的各项任务。

· 学生参与度：考察学生在项目过程中的参与情况，是否积极投入、主动探索。

· 能力提升：对比学生在项目开始前的能力，评估项目完成后学生在知识、技能、态度等方面是否有明显的提高。

2.评估方法

为了更全面地评估项目教学法的效果，教师可以采用多元化的评估方法。

· 作品评价：针对学生的项目成果进行评分，评价其创意、实用性、学术性等。

· 口头报告：要求学生进行项目总结报告，通过他们的口头表述来评价他们的理解、沟通和表达能力。

· 小组讨论：组织学生进行小组内或小组间的讨论，观察他们的团队合作能力和社交技巧。

3.及时反馈与指导

评估不仅是为了打分，更重要的是为了指导学生更好地学习。因此，教师在评估后应及时给予学生反馈，针对学生的不足之处提供改进建议，为学生的进一步发展指明方向。同时，对于学生展现出的亮点和创意，教师也应给予充分的肯定和鼓励。

4.调整教学策略与方法

根据评估结果，教师可以对项目教学法在人文素养教学中的应用进行反思，找出可能存在的问题和不足。针对这些问题，教师可以调整教学策略和方法，如重新设计项目任务、增加或减少某些教学环节、引入新的教学方法等，从而提高教学效果，更好地满足学生的学习需求。

四、项目教学法的挑战与对策

1.面临的挑战

项目教学法尽管有许多优点，但在实施过程中可能会遇到一些挑战。

· 学生参与度不足：部分学生可能对项目缺乏兴趣，或是不知道如何入手，导致参与度不高。

· 项目时间紧张：人文素养课程中的项目通常涉及的内容较为广泛，要在有限的时间内完成可能会有困难。

· 资源有限：学校或教室可能缺乏项目实施所需的某些特定资源，如特定书籍、资料或专家指导。

2.对策与建议

为了克服上述挑战，教师可以考虑以下对策。

· 激发学生的学习兴趣和动力：通过设定与现实生活紧密相连的项目主题，让学生明白项目的实际意义，从而产生浓厚的兴趣。同时，教师可以为学生设定明确的奖励机制，激励他们更好地完成项目。

· 合理安排项目时间与进度：在项目开始前，教师与学生共同制订详细的项目时间表，确保每个阶段都有明确的时间节点和成果输出，保证项目能在规定时间内完成。

· 充分利用与拓展资源：校内资源有限时，教师可以寻求校外的资源与合作，如与其他学校、研究机构或文化组织合作，为学生提供更丰富的资源和更广阔的实践平台。同时，教师也可以鼓励学生利用互联网资源，进行自主学习和资料收集。

3.持续的反思与调整

对策的实施并不意味着所有问题的解决。教师需要在项目实施中持续观察、反思，针对新出现的问题不断调整自己的教学策略和方法，确保项目教学法能够持续、有效地在人文素养教学中发挥作用。

五、结论

项目教学法在人文素养领域中的教学实践，已经得到了广大师生的积极反馈和高度认可。它不同于传统的教学模式，更加注重学生的实践操作与主动探索，对于提高学生的综合素质具有显著的效果。

1.教学效果显著

- 提高实践能力：通过项目实践，学生可以将理论知识与实际操作相结合，从而提高他们的实践能力。这种实践经验的积累，为学生未来进入职场或深造都奠定了坚实的基础。
- 激发创新能力：项目教学法鼓励学生尝试新的方法和思路，从而培养他们的创新能力。在人文素养领域，这种创新能力可以体现为对传统文化的创新解读，或者对人文现象的新颖分析。
- 增强团队协作能力：项目通常需要多人合作完成，学生在项目中学会了沟通、协调，提高了他们的团队协作能力。

2.深化人文领域理解

项目教学法确保学生不是表面地了解人文知识，而是通过实践，深化对人文领域的理解，使得这些知识更加鲜活、有深度。

3.评估与反馈机制的价值

项目教学法的评估与反馈机制对教学效果的提高起到了关键性的作用。它能帮助教师及时发现问题，调整策略，确保教学始终与学生的需求相匹配。

4.应对挑战，积极前行

尽管项目教学法在实施中可能会遇到一些困难，但只要师生共同努力，采取适当的对策，这些挑战都可以被克服。我们坚信，项目教学法能够为人文素养教育带来更加美好的未来。

因此，我们强烈推荐并鼓励更多的教师在人文素养教学中采纳并运用项目教学法。它不仅能够帮助学生在知识、技能、态度等多个层面得到全方位的提高，还能为教师的职业发展带来新的活力和方向。让我们共同努力，推动人文素养教育的创新与进步，为培养新时代全面发展的人才做出贡献。

参考文献

[1] 王小莉.浅论高校大学生心理咨询与思想政治工作[J].甘肃农业，2006（11）：350.

[2] 周飞燕.基于积极心理学视域分析高职大学生心理健康教育路径[J].亚太教育,2016（1）：269.

[3] 刘生思，汪杰敏，何啸轩，等.积极心理学视野下独立学院的大学生心理健康教育[J].科教导刊（上旬刊），2014（23）：241–242，252.

[4] 王希永,田万生.学校心理健康教育教程[M].北京:开明出版社,2002.

[5] 王春娜,金鹏.建设大学生心理健康教育新课程体系探索[J].四川教育学院学报,2008（1）：31–33.

[6] 杨云.不同体育锻炼项目对大学生心理健康水平的影响研究[D].长春：东北师范大学,2006.

[7] 孟勇.大学生自我意识的冲突及其矫正[J].中国临床康复，2005（16）：152–153.

[8] 孔杰.音乐审美欣赏对大学生心理健康的影响分析[J].音乐时空，2015（8）：183.

[9] 朱燕聪.在音乐欣赏中培养大学生的健康心理[J].音乐时空，2014（9）：115–116.

[10] 张宏斌.中国高校人文素质教育研究[D].大连：大连海事大学，2012.